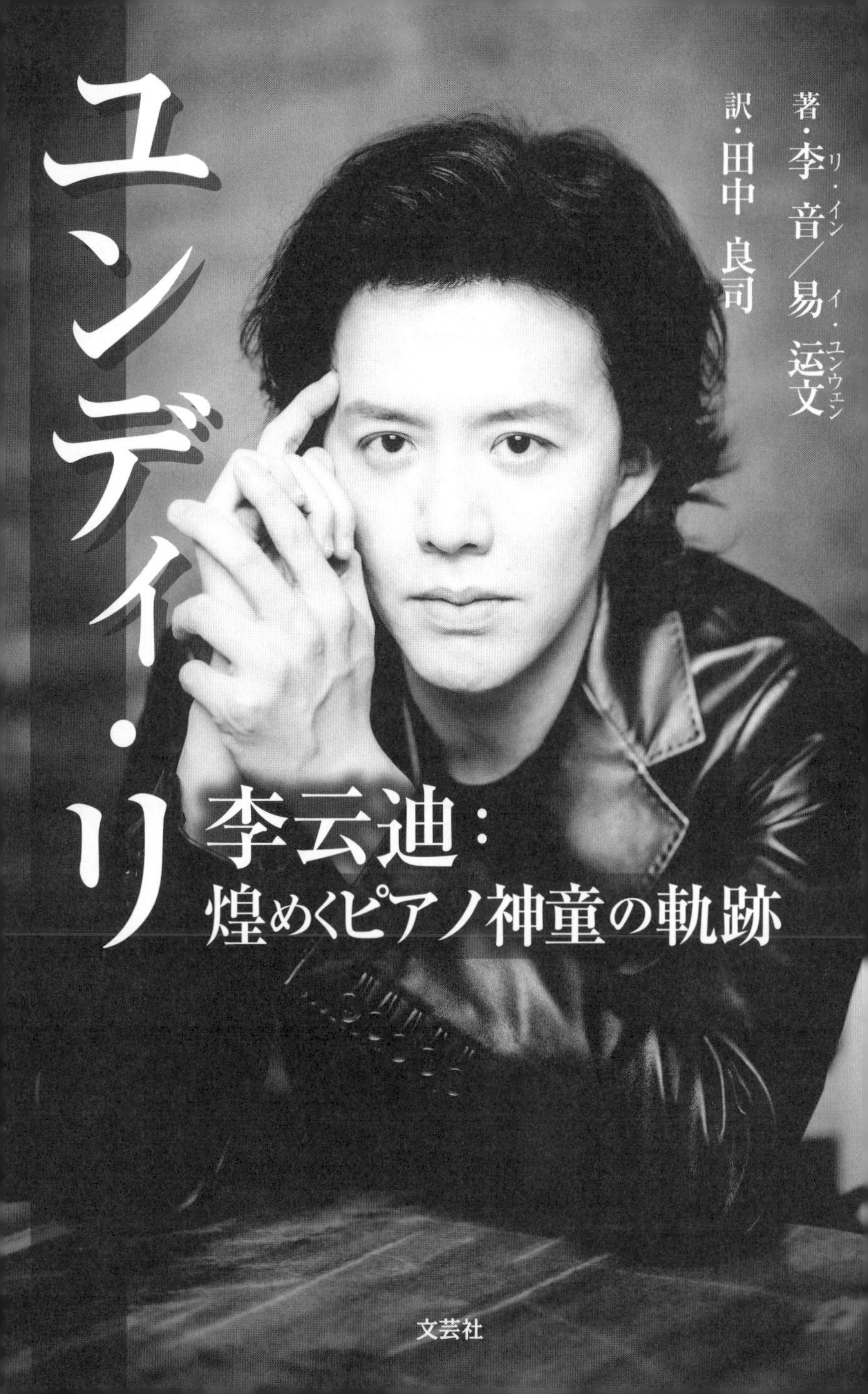

ユンディ・リ

李云迪：煌めくピアノ神童の軌跡

著・李音《リ・イン》／易运文《イ・ユンウェン》
訳・田中良司

文芸社

目次

推薦の言葉

『ユンディ・リ　李云迪：煌めくピアノ神童の軌跡』（「中国鋼琴神話　李云迪」の日本語版）が、この度、田中良司さんの翻訳により出版された。アコーディオンからピアノに進み、その才能を開花させ、世界へ羽ばたいた天才ピアニスト、ユンディ・リの成功物語である。

彼は中国国内だけのピアノ教育により、世界の最高峰ショパン国際ピアノコンクールに最年少で優勝に輝いた、中国の歴史と土壌が育てた奇才である。成功の背景には多くの支えがあった。文中、中国の諺にある、〝人生の成功のカギは［天の時、地の利、人の和］が重要である〟に触れて言及する。本人の才能や努力はもとより、ユンディ・リが五年に一度開催されるこの国際ピアノコンクールに須らく準備し参加を可能にした〝天の時〟、深圳市政府や深圳芸術学校の支援という〝地の利〟、但昭義先生を初め校長先生、家族の温かな応援による〝人の和〟である。これらの支えが彼を押し上げたのだ。

本の最後には、〝彼は「惑星」のように時代と民族の中で輝き、その光芒は人々に希望を与える。それは「恒星」の作用とも似たものだ。底知れぬ潜在能力を秘めたこの若いピアノ大家は、これからも私たちにさらに大きな驚きと喜びをもたらすことだろう〟と締めくくっている。

多くの人に読んでいただきたい本である。

スタインウェイ・ジャパン前会長
鈴木達也

まえがき

世界のピアノ楽壇の中で、名の知られた中国人あるいは東洋人ピアニストは数えるほどしかいない。一世代前のフー・ツォンや李名強《リ・ミンチャン》、日本の内田光子、ベトナムのダン・タイ・ソン等。音楽には「国境がない」といわれながら、ピアノ界にはあたかも国境が存在するかのようだ。しかしこれも二十世紀末で終わりを告げることになる。

新世紀の始まりがピアノ界の歴史のリスタートを予告したかのようである。二十一世紀初め、世界のピアノ界は中国から来た若者にあっと驚かされた。二〇〇〇年、中国・深圳から来た十八歳の若者ユンディ・リ（李云迪《リ・ユンディ》）は、第十四回ショパン国際ピアノコンクールで第一位を獲得し、二回連続して空位だった「第一位優勝」の座に十五年ぶりに就いたのだ。彼はコンクール開始以来の最年少の優勝者であるだけでなく、この栄誉に輝いた最初の中国人ピアニストとなった。これは世界のピアノ界の一大壮挙だ、と世界の音楽評論家たちがこぞって伝えた。

その後二〇〇一年、ユンディ・リはドイツ・ハノーファー音楽大学への留学が決まり、イスラエルのピアノ教育家アリエ・ヴァルディのもとで研鑽をする道を選んだ。同年、中国人ピアニストとして初めてドイツ・グラモフォンと専属契約を結び、その後ＣＤ五枚をリリースしてヨーロッパ・メディアから「ドイツ・グラモフォンの歴史を塗り替える若者」といわれるまでになる。二〇〇七年五月にはベルリンフィルハーモニーホールで、世界的な指揮者、小澤征爾が指揮するベルリンフィルと共演し、最高難度といわれるプロコフィエフのピアノ協奏曲第2番を演奏して成功を収めた。さらに新企画の映画とCDアルバムの収録を行い、ベルリンフィルとのライブによるCD製作を行った最初の中国人ピアニストとなった。

二〇〇二年、ユンディ・リはニューヨークのアメリカ・コロムビアエンタテインメント社と専属契約を結ぶ。同社総裁ウェイフが企画する国際音楽マネジメントにより、世界各地の音楽ホールや音楽祭から招聘されるゲスト・ピアニストとなる。そして数回にわたりウィーン楽友協会大ホールやベルリンフィルハーモニーホール、ニューヨークカーネギーホール、リンカーン芸術センターなど、世界各地の著名な音楽ホールでピアノコンサートを開催。コンサート出演はロンドン、ベルリン、ニューヨーク、トロント、東京、ソウルなど欧米やアジア各都市に及び、共演した指揮者は小澤征爾、プレトニョフ、ヤノフスキ、ジェームズ・レヴァイン等、また共演したオーケストラはベルリンフィル、ウィーンフィル、フィラデルフィア管弦楽団、NHK交響楽団等、世界の一流オーケストラが名を連ねる。

世界のピアノ界でコンサートや録音活動を行うピアニスト、ユンディ・リに各国のメディアも高い評価を与えている。「人を驚かせる天才」（ニューヨーク・タイムズ）、「才気にあふれている」（ロサンゼルス・タイムズ）、「まさしく天才の演奏」（ボストン・グローブ）、「音楽するために賦与された才能、魂の声に耳を傾けるだけで聴衆を酔わせるピアニスト」（ワシントン・ポスト）と絶賛された。

ユンディ・リが二十四歳を迎えた年には、ヨーロッパのメディアからポリーニ、アルゲリッチ、ツィメルマンの次世代の「ロマン派ピアニストの後継者」と伝えられ、世界の数少ない一流ピアニスト、優れた東洋人ピアニストの一人と評された。

「演奏家として深い洞察力を身につけることは大切なことです。これからもコンサート活動を通じて世界の音楽家や指揮者から多くのことを学び成長したい。真に価値ある演奏とは、正確に弾くだけでなく表現する内容も豊かであること。注目されている時期にはいずれ終わりが来ます。時代を超えて今後も私の音楽を聴いてくれる人がいればいい」。将来を尋ねられ、現状に安住することないピアニストはこう語った。

音楽は他の芸術に比べて、自由さや柔軟さがあるといわれる。しかし実際にその芸術世界に身を置く本人でなければ、創作したり表現したりすることは容易でなく、その楽しさや魅力を伝えることも難しい。音楽への情熱にあふれ、新たな境地に絶えず挑戦するユンディ・リの未来に、世界の音楽ファンは大きな期待を寄せる。彼が語りたかったのは次のことかもしれない。「私の中に燃え盛る炎、激しい情熱、充実した空間、今もどこかで化学反応が起きそうだ」。

「化学反応」。いかにもユンディ・リらしい言い回しだろうか。私もそこで化学分析でもするように、彼の心と魂の芸術を観照し、真実とこだわりから生じる化学反応を、読者に解析すべきなのであろう。

ユンディ・リ。世界のステージで活躍するこのピアニストは、かつて十分を超す熱烈な拍手と歓声を浴びたことがある。一方、私は小さな書斎の一隅で、言葉を尽くしてピアニストとその音楽、その真実のすべてを読者に伝えなければならない。私の心からの願いは、読者が本書のどこかに気に入った言葉を見つけてくれること。このことは本書のページを開くカギとなり、私にとってこの上ない喜びとなるものだ。

第一章　コンサート

［一］

二〇〇六年一月二十五日、香港。

伝統を受けつぐ農暦の新年――春節まであと三日。広い大通りから細い路地裏まで高く掲げられた深紅の灯篭。目の前にあふれる「福」の文字。めでたい文句が対になった対聯……どこまでも続く「中国紅」が発展する香港をさらに活気づけ、この佳い時節の彩りを鮮やかに演出する。

しかし、今の私を気持ちをときめかせているのは、数ヵ月前にアポを交わした当地での取材のことである。時の経過を長く待ち続けると、期待が私の中でいっそう膨らみ、待つこと自体がいつしか貴重なことに思えるようになる。

取材の相手は一人の青年ピアニスト。当時、年わずか十八歳の若者は、二〇〇〇年に行われた第十四回ショパン国際ピアノコンクールで優勝して世界をあっといわせ、一夜にして名をなしたのだ。その日、この若者の演奏は会場を埋めつくした聴衆を熱狂させた。彼がピアノを弾きはじめると、聴衆は興奮の渦に巻きこまれた。これは彼の才能や演奏に対してだけでなく、ステージの所作までが洗練されたものだったからだ。額に短い前髪を垂らした様子が、伝説の中の仙童を思わせる懐古的なイメージを醸し出していた。

彼を取りまくファンを見ていると、二つのグループに分けられる。一つは、憧れの映画スターを追い回すような追っかけ族ともいわれるグループ、もう一つは、本来の彼のピアノ演奏に心酔するクラシック音楽のファンである。さらに特筆されるのは、彼が音楽教育を中国国内で受けただけで、この名立たる国際ピアノコンクールで第一位の栄冠に輝いたことだった。

ユンディ・リ（李云迪《リ・ユンディ》）。二〇〇〇年のこの出来事以来、彼の名を知らない者はほとんどいない。この天賦の才能をもつ若者は、およそ人々が夢や希望として抱くすべてを自分のものにしたのだ。若さ、聡明さ、才能、名声、富、栄誉。とりわけ重要なのは、この成功によって手にした重みと価値を、人々は当然のように受けとめていたことだ。

世界中の音楽ファンの関心が彼のもとに集中する。これはファンにとっても特別な興味の的となる。ユンディ・リとは誰か？　彼がいったい何をしたのか。メディアはこの時を待っていたように競って報道を開始し、情報はインターネット上でも埋めつくされた。あのヘアスタイル、趣味や嗜好、巷のうわさ話から女友だちとの交友などなど……様々なニュースや情報が氾濫する中、私は長い間、光彩の真っ只中にいるこのピアニストのことをずっと考えていた。知りつくしていながら適切な言葉が浮かばないもどかしさが、私の好奇心を強く刺激するのだ。世が注目する人物をただ遠くで手をこまねいているだけでは、神話の物語に終わってしまう。私がなすべきことは、この神話を打ち破ることだった。

どんな結果になろうと、取材をすることでスタートラインには立てる。うまくスタートできれば、半ば成功したも同然となるものだ。

ユンディ・リの今回のコンサートは、香港管弦楽団の招きによるもので、一月二十六、二十七日の二日間、香港文化センターで行われる。入場券は二ヵ月前に売り切れている。

午後四時、ついに私はユンディ・リをコンサート会場のステージで見たのだった。ちょうどオーケストラとのリハーサルが終わり、ピアノの練習に入ったところだった。私は隅にあったイスにそっと腰を下ろし、ピアノの「王子」の姿を追った。やや離れた距離だったので顔の表情までは見えなかったが、鍵盤の上を両手が走り回る光景に目を奪われた。

ピアニストはリストの『ピアノ協奏曲第1番』の一節を弾きはじめた。翌日のコンサートの演目の一つである。人影のないホールにピアノの音が鳴り響く。私はその響きの中に、ショパンコンクールで優勝した時のピアノの音を連想した。高音域の速いテンポの装飾音が輝かしく弾み、清楚で粒立ちのよい音が響きわたる。その音色の艶やかさにも驚かされた。

リストの作品は、豪放磊落さとほとばしるような情熱にあふれ、同じロマン派のショパンとは鮮明な違いを感じる。ルービンシュタインはこの二人の作曲家について「ショパンは人々を夢見るような世界に誘う。そこでいつまでも戯れていればいい。それに比べてリストの世界はどこもまばゆい光で満ちている。人々はその眩しさになす術なく、いつかどこかに連れ去られてしまう」といった。私はまさに今そのまばゆい光の中にいる。キラキラと輝く旋律に乗せられ、轟音と共に空に舞い上がっていくような心地……。

一時間があっという間に過ぎる。係員の呼び掛けにピアニストはイスから立ち上がった。私はこの時を待っていたかのように、その方に歩み寄った。

「ニーハオ、ユンディ。やっとお会いできました」。私は彼に手を伸ばす。短い握手に、さっきまで四つの変奏を弾いていた右手を感じたかった。ピアニストの精巧な手は柔らかく力強かった。「ニーハオ」。さわやかな声。穏やかな所作に上品さが伝わってくる。笑うと両頬に笑くぼがのぞいた。面長のためか体つきまで細身に見えた。テレビなどで何度も見ていた顔だったが、初対面の印象は実にハンサムな若者だった。色白の顔に艶があり、唇の形は厚めで、笑うとほどよい輪郭ができた。眉間にかすかな憂愁が漂い、時折はにかんだような表情がのぞく。初めは初対面の私への戸惑いかと思ったが、いつもの表情だったことがすぐに分かった。この出会いが大きなコンサートホールでなかったら、あるいは黒光りするグランドピアノの前でなかったら、私はどこかの大学生が放課後、校門から出てきたくらいにしか思わなかったかもしれない。ユンディ・リにとっても、この初顔合わせは心ここにあらずの体に見えた。明らかに気持ちはピアノに向かっていた。

私はいった。「コンサートが終わったら、ゆっくりお会いしたいですね。深圳に帰ってからコーヒーでもご一緒できたら」

「ええ、今の私はとても時間が足りなくて」。どこかぎこちなく、はにかんだ顔つき。直前までピアノにのめり込んでいた顔とは別人のようだった。

二人でホールの出口まで来ると、年のころ六十を過ぎた老夫婦の姿があった。そしてユンディ・リを見つけると老夫婦の顔に笑みが浮ぶ。日本からやって来たようだ。夫は元航空会社のパイロット、妻も元客室乗務員で、クラシック音楽の大ファンとのこと。彼らはユンディ・リの最初の日本公演以来、熱狂的なファンとなり、彼の聴衆となって、この若いピアニストが出演する世界中のコンサートホールを飛び回っているのだ。英語で言葉を交わしていた。夫人は顔をほてらせ感激の面持ちだったが、いつか夫が話題を探すような表情になると、やがて日本式の挨拶をして離れていった。別れ際、演奏の成功を祈る、と声をかけていたが、老夫婦からはいつもの追っかけ族の熱狂ぶりとは少し違う印象が私の目に残った。

ユンディ・リは近くのペニンシュラ・ホテルに宿を取っていた。私とも近かったこともあり、ホテルから同行するチャンスが訪れた。すぐに取材の計算を始める。どうやってこちらの話題に引き込むかだ。

「お聞きしても構いません？　コンサートとコンクールとでは何か違いを感じますか？　コンクールはもっと緊張されるのでは？」。歩調を合わせながら、私は尋ねた。

「特に違いはないですね、私には。多分コンクールでは出る前に少し緊張があったかもしれないけど、ピアノの前に座ってしまえば同じです。弾き始めたらあとは何をどう表現するかだけで、自分の音楽を表現することを楽しんでいます。指をどう動かせば楽しめるかが分かれば大脳は自然に興奮します。弾きながらストレートに集中できます。自分でよく弾けたと思った時は、聴く側もきっと共感してくれ、満足してくれるのではないかと思います」

簡潔な答えの中にピアニストの才智が溢れていた。納得して私はこのまま話題を音楽に絞ることにした。

「毎年、世界各地でコンサートを開かれていますが、曲目の中でご自身があまりに数多く演奏しているために、弾く興味や感覚がなくなってしまうなんてことありますか？　曲への感情が薄れてしまうとか」

「クラシック音楽が生命力を持ち続けられるのは、新しい解釈が生まれたり、曲への理解がいっそう深まるからです」と彼は言う。「繰り返し演奏していると、曲への解釈がどんどん深まっていきます、興味を失なわない限り。言い方を変えれば、曲に出会った時の感銘を忘れないことです。そこから新たな興趣が湧いてくるものです。興趣とは作曲家や作品を理解する上で大切なものです。解釈の源になるものです。繰り返し演奏することでますます好きになる。そこには常に新しい発見があります」

ピアニストは気分がいくらかリラックスしたのか会話に熱っぽさが加わった。もともと話し好きで、調子が出ると膝を交えて時の経つのも忘れるタイプなのだろう。時折つぶやく独り言にも気迫がにじみ、先刻までのはにかんだ表情が消えている。

「ロマン派以外に、他の派や近代の作品を取り上げようと思ったことはありませんか？」

「曲を選ぶのに流派を考えることはありません。今いくつかの近代の作品やドイツ・オーストリア系の曲を準備しています。ドイツ・オーストリアの音楽は古典そのもので、たとえばシューベルト、彼の曲はどれもリートの影響が強くあります。だから歌うことがとても大事で、シューベルトを弾くにはオペラをたくさん聴く必要がある。実際、ピアノ曲はドイツ・オーストリア系とかロマン派や現代作品を問わず、歌の上に成り立っているといってもよく、まず歌わせることが基本です。これはすべての音楽に共通する重要な要素で、ブレス、呼吸、これもとても大事なものです」

「呼吸？」

「たとえば、歌を歌ったり詩を朗読するのにも、ブレスや語る速さ、リズム、情感、抑揚などがとても大事で、それはピアノを弾く上でも同じです。他にもテンポがあり、これも大切なものです。テンポは曲の解釈に不可欠な要素で、古典にしろ現代曲にしろ、統一感または対比的な構成をもった音楽素材では、いずれもテンポを速く取るか遅くするかによってまったく変わってしまう。またリズムの設定も、演奏者がテンポを決める上でよく考えておく必要があります」

率直にいって、彼の話の内容を理解するには時間が必要なようだ。印象深かったのは、音楽を語る時の集中度と情熱だった。

「もう一つ。昔からよくいわれていることですけど、東西の音楽文化の違いについて、この違いを演奏によってどう融合させるか……?」

やや沈黙があった後、ピアニストは手振りを交えながらいう。「つまり、こういうことでしょうか。確かに違いはあります。クラシック音楽は西洋から伝わったものだし、西洋人は文化へのある種の優越感があって、またそれを受け継ぐことにも長けていた。でも私は音楽言語に対する理解力や感受性が、文化の違いから異なったものになるとは思いません。ましてやわが国にも数千年の音楽文化や歴史があり、礼節と音楽が国づくりの基礎となった時代がありました。中国文化の包容力は強いし、個性もとても豊かです。このことはつまり、それぞれの時代を背負った人たちが、自ら音楽や文化を育む力を備えていたということですね。もちろんクラシック音楽を愛する一人としては、ヨーロッパの文化をよく知ることは大事で、その知識や体験を基に音楽言語の共通項を見つければ、自ずとヨーロッパ文化の理解にもつながります。ともかく、音楽に国籍なんて何の意味もありません。大事なことは、音楽が好きになることですよ」

ユンディ・リの透徹した論理は、指先の動きのように滑らかに私の心の中に収まった。メディアやマスコミが仕立てた軽薄な「アイドル」のイメージが私の中で完全に覆った。

終始歩きながらの私のこの取材は、ホテルの入口に着いたところで終わりを告げた。

「お話はとっても楽しかったわ。明日のコンサートのご成功をお祈りしています」

私はピアニストと握手をして別れた。別れ際、彼は二日目の午後のリハーサルに私を招待してくれることになった。この予想外の驚きと喜びに、私はお礼の言葉さえ危うく忘れるところだった。

［二］

ユンディ・リと香港管弦楽団の共演は今回で二度目となる。楽団が第二十三回目を迎えるこの音楽シーズンで最も注目されるコンサートである。地元の音楽ファンにとっても大晦日の一大音楽イベントであることは間違いない。

香港管弦楽団は香港で最も長い歴史をもつオーケストラである。演奏活動も盛んに行っており、アジアの著名なオーケストラの一つである。三十年余にわたって香港の華人を中心に編成され、そこに外国の優秀なメンバーが加わって今日を迎えている国際的なオーケストラである。

二〇〇四年五月、香港管弦楽団は「楽団創設者」の称号をもつオランダ人指揮者、エド・デ・ワールトを芸術総監督兼首席指揮者に迎えた。そして二〇〇五、二〇〇六年の二シーズンの指揮をとると、早くも「港楽」はアジア有数の演奏能力をもつオーケストラと称賛されるまでになった。「デ・ワールトは港楽をわずかの間にまったく新しいものに作り変えた。今や世界一流の演奏が聴けるようになり、これはまさに奇跡である」（『亜州周刊』）。

今回のコンサートはユンディ・リとデ・ワールトの初めての共演となる。聴衆は二人のパフォーマンスに注目し、火花を散らす情熱的な演奏を期待した。

二日目、私は予定した時間にコンサート会場に入った。オーケストラのメンバーがステージに現れ、オーボエ奏者の音にピッチ合わせを始めた。客席最前列に五、六人の人影があり、レコード会社のスタッフが撮影用の機材をセットしている。

以前にどこかで耳にしたことがある。リハーサルは本番よりずっと面白い。聴衆はいないし、ホールの音響は本番よりもいい。マニアのファンやプロの設営スタッフは、リハーサルが見られれば、本番はもうどちらでもいい、というものだ。

初めてリハーサルに立ち合える幸運がユンディ・リのコンサートになるとは。私にとって二度とない体験となろう。ステージのメンバーたちの服装に驚かされた。ヴァイオリンを抱えたコンサートマスターはリゾートシャツ姿で、フルートの女性はラシャの花柄に格子模様のスカート、真ん中に立つ指揮者もジーンズだった。見慣れないこの光景に私は目をしばたたせたが、音楽が鳴りだすと雑念はたちまち脳から消え去った。

十九世紀のピアノ音楽の世界でロマン主義を色濃く残す作曲家のフランツ・リストは、すぐれた作品を数多く残している。ハイネはかつて彼の音楽を「雷鳴と稲妻、燃え盛る炎、神話のごとき威力」と形容した。変ホ長調で書かれた『ピアノ協奏曲第1番』はまさにその言葉通りの音楽といえよう。一八四九年に作曲されたこのピアノ協奏曲は伝統的な様式や構成とはやや異なり、四つの楽章の中のそれぞれのテーマが曲全体を通して融合しあい、楽章間も切れ目なく演奏される。そこから「単一楽章の作品」ともいわれる。壮大な構成をもつこのピアノ協奏曲は、ピアノ音楽の最高の芸術作品であるだけでなく、「ピアノ音楽史の転換点ともなる曲」ともいわれるものだ。

曲全体が高度なテクニックを要求するもので、当然ピアニストもその高い「芸術性」を表現する解釈とテクニックが求められる。

第1楽章は自由なソナタ形式で、オーケストラが力強く重厚にテーマを奏でる。当時リストが弾きながら口ずさんだという「おまえたちには解らない」がこの中で用いられている。ピアノが多彩なフレーズを受け継ぎ、トリルからグリッサンドで急速に上昇し勢いある盛り上がりを見せる。

第2楽章はユンディ・リの力強いタッチが豊かな響きを作り出す。また叙情的でロマンチックな曲想で書かれた部分も、卓越したテクニックで表現している。この楽章だけでもピアニストの上品で繊細な美しさや、練達したテクニックが十分に堪能できる。旋律の美しさだけでなく、旋律に隠された深い内面性も感じ取れる。

第3楽章はスケルツォの性格をもつ音楽だ。トライアングルが巧みに使われ、そこから「トライアングル協奏曲」ともいわれる。弦楽合奏がモチーフとなるテーマを奏で、ピアノが諧謔的に絡んで進行する。トライアングルの清らかで澄んだ音がこれに応える。

ユンディ・リの演奏には大家の興趣が感じられる。精緻で美しい音がホールの空間を駆け抜ける。フルートがトリルを響かせ、やがてピアノが生気あふれるアレグロに変わる。すばらしいテクニック。低音域に内声部の音が重なり美しいハーモニーを醸し出す。

曲はさらにカデンツァの間奏を経てマーチ風の第4楽章へと導かれる。若いピアニストの顔に厳かで敬虔な表情が浮かぶ。鍵盤の上を敏速に動き回る両手の背後に、音が帯電したように重く震え出すと、音楽がクライマックスを迎える……。

これが音楽の魔力というものだろうか。静寂の中に光と炎、美と熱狂が湧き起こる。あらゆる理性と意志、そして現実まで消え失せて、煮えたぎる音響の中、ただ情熱だけが激しくぶつかり合う。

演奏が終わった瞬間、私は思わず拍手しそうになったが、撮影のことが意識のどこかにあり、それが手と腕を静止させた。リハーサルでの感動は夜のコンサートへの期待をいっそう膨らませた。宝物を先に見てしまった気がしないでもなかったが、聴衆と共に感動を味わえる本番の楽しみを待つことにした。

夜七時三十分、私はコンサートホールのステージ裏にいた。オーケストラのメンバー全員が制服に着替えていた。男性は黒の制服に白いシャツ、女性は落ち着いた黒のロングドレスで、胸に白い花が見えた。指揮者のデ・ワールトは盛装した姿で長身に銀髪をなびかせ、身のこなしも軽やかだ。ユンディ・リは黒の燕尾服を着ていた。リラックスした様子でいつでも演奏を始められそうだった。

ちょっとしたトラブルが起きていた。リハーサル中にピアノの弦が切れたのである。ピアノを交換して事が済んだが、なぜか私は涙が止まらなかった。リストの音楽の激情的なエネルギーに胸がいっぱいだった。ピアニストのあふれる情熱にも驚かされた。思わず映画『海の上のピアニスト』の1シーンを思い浮かべた。豪華客船の中で、主人公のピアニストは客の男からピアノの弾き比べの決闘を申し込まれる。そして彼は曲を弾き終えると、ピアノの隅に置いたシガレットケースから一本のタバコを無造作に抜き出し、ピアノの弦に押しつけて火をつける。演奏はそれほど白熱したものだった。ストーリーが誇張されているとはいえ、演奏中にピアニストが滾らせるエネルギーの強烈さを物語るものだ。

夜八時、コンサートが幕を開けた。この夜、香港管弦楽団は三曲のプログラムを用意していた。前半はブラームスの『ハイドンの主題による変奏曲』、そしてユンディ・リの独奏によるリストの『ピアノ協奏曲第1番』、後半はブラームスの『交響曲第2番』である。

ピアノがステージの真ん中に置かれている。ユンディ・リが静かな足取りで姿を現すと、会場に割れるような拍手が起こった。ピアニストは微かな笑みを浮かべて聴衆に一礼し、指揮者、コンサートマスターと握手してピアノに向かった。

タクトが空を舞うと、オーケストラが鳴り響き、ピアノが力強く演奏を始める。どのフレーズも表情がやさしい。目を閉じ眉を寄せて作曲家と対話でもしているかのようだ。指先から生み出される音楽に、聴衆は心の動きまで翻弄され魅入られている。

全曲が狂おしい気分を残して終わる。そして雷鳴のような拍手。ヴァイオリン奏者が弓を持った手で軽く楽器をたたいてピアニストを称えている。ピアニストは拍手や歓声に応えてステージと袖とを何度も往復していたが、さらに盛り上がったところで「アンコール」となった。ユンディ・リはピアノに戻り、得意のモーツァルトのソナタKV309の第3楽章を弾き始めた。今年はこの作曲家の生誕二百五十周年の記念の年にあたり、不朽の作曲家に敬意を表したものだ。ピアノが指の動きに応えて歌う。興趣に富んだアレグロ。ピアニストの多くがこのロンドを速く情熱的に弾くのを、彼はゆったりとテンポを保ち、素朴で情感豊かに歌い上げた。コンサート最後の音が消えカーテンコールが終わると、私はまっすぐステージ裏に向かった。忘れ難いコンサートの聴衆となれた感謝の思いを伝えたかった。ステージ裏にはところせましと、コンサートの成功を祝う花篭や品物が積まれていた。ピアニストの姿はない。ふとそこにデ・ワールトの姿があった。指揮者の顔にまだ余韻が残っているような様子が見えた。若いピアニストについてひとこと尋ねたい。私はチャンスと見て取材を試みた。指揮者はしばらく考えて、こういった。「リとは初めてだったが、とてもよかった。とてもよいピアノで、間違いなく天才だね。音楽への集中もすばらしいし、独自の解釈がある。成熟したピアニストである証拠だ。テクニックに不安がないので、どの曲も彼らしいパフォーマンスになると思う。だがもっと重要なことは彼が心底から音楽を愛していることだ。リは好青年で共演はとても楽しい。次の予定も伝えてあるので期待していてください」

コンサートが終わっても百人余りの人たちがロビーに残り、音楽の料理に最高の味付けをしたピアニストを見ようと列を作っている。ユンディ・リは彼ら一人ひとりにサインをし記念撮影に収まっていた。声援や祝辞を贈るファンにも笑顔で応えていた。サインを済ませた後も多くの人たちがロビーを離れようとせず、少しでも長くピアニストとこの場所にいたい気持ちが伝わってきた。

ユンディ・リとの再会は私の最大の楽しみだったが、その日はすぐにやってきた。

［三］

春節の間、私はじっと何かを待つような気持ちで一日一日を過ごした。元宵節（農暦一月十五日）が間近になったある日、電話が鳴った。電話はユンディ・リの父親からだった。息子は今春に予定する北米コンサートツアーの準備で、春節はずっとピアノの弾き込みや試聴、書類の整理に追われ連絡ができなかった、といった。どうやら息子が私への釈明を父親に頼んだようだった。よかったことに息子本人とは二日後の夜、茶館で会うアポイントが取れた。奇跡が起きるのを待つ思いで私はアポの場所に向かった。

ユンディ・リがリラックスした様子で現れた。前のコンサートの時より落ち着いて見えた。耳奥にリストの音楽が鮮烈に残っている。

最初にコンサート成功のお祝いを言った。リストは私も大好きな作曲家です、とつけ加えた。実際、当夜の演奏はすばらしかった。彼は笑みを浮かべたが、軽く礼を返した後、表情がすぐもとに戻った。「今日は取材ではなくて、自由にたくさんお話を聞かせていただきたいと思って。よろしいでしょうか？」。私は気分を和らげるつもりでいった。

「いいですね。そうしましょう、どんなことでも」

そうはいっても実際はいつものスタイルから離れることは難しい。「リハーサルでピアノの弦が切れてしまいましたね？」

「ええ、これはよくあることなんですよ」。彼は笑顔になった。「私のハノーファーのスタインウェイも練習中によく切れたりします。弦の張り替えや調整には意外と費用もかかるんですよ」

「よく聞かれる質問かもしれませんが、得意にされているショパンとリストとでは、どちらがご自身の音楽に近いと思われます？」

「どちらが近いということはないですね。ピアノ曲も私なりの演奏でいろいろと聴いてもらっています。無論ショパンやリストだけではありません。プロの演奏家で一人二人の作曲家の曲しか演奏しないということは実際にはありえません。しかもショパンやバッハには共通するものがあり、ショパンが弾ければ他の作曲家の曲ももちろん弾けるものですよ」

「共通するものって、曲の中で共通している……？」

「音楽の内面で共通するものです。曲を演奏しながら、演奏者が想像力に満ちた空間を創りだせれば、高いレベルでの表現が可能になる。ショパンとリストとでは情感の表現に違いはあっても、内面にはロマン派に共通する世界があって。リストが描く世界は華やかでキラキラと輝いて、テクニックも求められます。かと思えば、きめ細かで滑らかな一面もある。また、ショパンはピアノの詩人といわれるように、優美で上品さがあり変化にも富んでいます。そこにも華やかで輝かしい一面があります。シューマンは、ショパンの曲を花園の中の大砲、とてつもなく威力のある大砲だといっています」

　そして話題を変えようとするかのように私を見つめていう。

「ショパンコンクールの後、周りの人たちが私のショパンを好きだといってくれます。私も周りに求められるまま、ショパンを多く弾いてきました。そのせいか私はいつもショパンしか弾いていないように思われています。でもこれは不思議でも何でもないんですよね。以前ショパンコンクールで賞を取った人たちも、ある時期そう思われたことがよくあるようですから。でもできることならドラマチックで情熱的な曲、規模が大きく彫りの深い作品も弾きたいといつも思ってます。たとえばブラームスやチャイコフスキー、それに今回のリスト。力強い、牽引力のある曲が私はとても好きで、想像するだけで挑戦したい気持ちになります。もちろんショパンもいいですね。ショパンの曲には気品や憂い、内面の奥深さもあって、どれもすばらしい」

「新しい曲と出合った時って、まずは楽譜を見て音楽をイメージするのですか、それとも、もしかして弾きながら曲を感じるということなのか……?」

「譜面からイメージが湧くことってあるんですね。自然に身についた直観力とでもいうか。これは演奏家にはとても大事な要件だと思う。音楽の知見や理論、解釈などにも不可欠なものかもしれません。もし直観力あるいは洞察力がそこで働かなければ、音楽家としては難しくなる。もちろん演奏を重ねて理解を深めたり、外部から刺激を受けて感じ取るということはあるにしても」

「直観力って生まれつきのものなのでしょうか？　天才とか神童とか……これってどう思われます?」

彼は眉を寄せ、言葉を探すような顔つきになった。

「直観力というのは……言い換えれば広い意味での才能かな。精魂傾けて努力すれば、才能は磨かれるものです。天才っていうけど、天才とか神童とか呼べる音楽家はモーツァルトしかいないと思います。彼より後に活躍した多くの音楽家は、天才とか神童という言葉に呪いさえ感じて、おそらく誰もがこう呼ばれるのを畏怖したのではないかと思う。神童といわれてモーツァルトがいかに消耗させられたか、彼の一生を見れば分かります。天与の才の陰で、全身全霊を音楽に注ぎ込み、さらに際限ない努力が求められる。それ以外に道がないからです。その意味で、音楽家は自分の才能の深さを自覚することを、むしろ惧れます。注ぎ込める時間やエネルギーが尽きたら最後、その先には何もない。どれほど精根を打ちこめるか、どこまで執着できるか、そこが分岐点です。直観力があるレベルに達すると弾きながらそれを自覚するようになる。結局、音楽と向き合うのにある種の覚悟を迫られることになる。音楽とは懸命に無我夢中でやるしかないのです」

ピアニストの答えはまさに聞きたかった言葉だ。意義深く明快な言葉のその先に、哲人の影を振り仰ぐ心地だった。

「これまでの成功が、反対にその後の努力や集中の妨げになったと感じたことなどありますか？」私は続けて尋ねた。

「賞を取った後、ビッグスターとかアイドルとかいわれて、素直に受け入れる気持ちには正直なれなかった。ラベルやレッテルは必要ありませんね、この世界は。大事なのは音楽の質です。これこそ最も大事なものです。ピアノが弾けるのは私にとって幸せなことで、音楽を愛していれば自ずとこういう気持ちになります。自覚的に代償を求めず、ひたすら本質を追究すること。そのため時には自ら超克しなければならず、またよい環境、よい精神状態に自分を置くことも大切です。そうするだけでも心中に真の満足感が生まれ、幸せな気分になります。突き詰めていえば、演奏家としての成長や完成度は、作品がもつ価値や本質の中にある形となって現れてくるのだと思う」

「作品の価値とか本質って、これまで伝承されてきた作品がもつ特質とか……？」

「ええ。たとえばポップミュージック。音楽に時代性があるといっても、内面性の継承というものがあるのかどうか、私にはそうは思えない」

彼の表情が自信に満ちている。

「ご自身の音楽家としての個性、あるいは音楽にイメージするものって、どんなものなのでしょうか？」

おそらくこれは難問だ。芸術家は後々自分を束縛するようなことはいわない。

「一般論ですが、音楽家であれば、音楽に対する洞察力や分析力、理解力など、いずれも若いころトレーニングを積んでいます。三十歳になってから始めるのでは多分もう遅い。私はまだ若いし、音楽への情熱は炎のように燃え上がるものがあります。イメージはそこから生まれてきます」

ユンディ・リはひたすら自分を見つめ、その思いを包み隠さず語る。時として爪をかみながら答えを探す表情には、少年のような純朴さが垣間見える。自分の考えを主張する時は、話のテンポが速まり語気が強まることもあるが、口調はいつもは穏やかである。

「曲を演奏する上で、いちばん大切に思っていることって何ですか？」

「演奏者にとって常に重要なのは、曲の解釈です。どう解釈して演奏するかです。解釈といっても、テクニックが合わなければ、演奏にならない」

「解釈とテクニックでは、どちらがより重要とお考えですか？」

「比較するものではないですね。どちらも重要です。テクニックなしに解釈は成り立たないし、テクニックがよかったとは誰もいわない。テクニックが最後に行きつく場所というのもない。また弾き手によっては指づかいに違いがあり、そこから曲をどう解釈し、どう表現するかということになる」

「外国でのコンサートや生活は、ご自身やご自身の音楽に影響を与えていると思います？」

「ええ、私にとってこれはとても重要なことで、大きな影響を受けています。外国でコンサートを行うことで人生経験も増え、たくさんの音楽家と知り合いました。現在活躍中の人ばかりで実績や経験も豊富にあり、音楽や演奏の理念や態度の面からも、いつも彼らに学ぶ気持ちでいます。音楽で成功するということは、音楽ファンだけでなく専門家にも認められるということです。彼らは独自の世界観、価値観をもっていて、プロとしての真の実力とは、メディアに頼ったり他人を利用して身につくものではありません」

　語気がいくらか強い。音楽家の成功とはどのようなものか、彼自身で一つのイメージをもっているようだ。この世界での自己実現を目指す強い信念と、一方で現実を見つめる醒めた目に、今日の彼の人生をのぞき見るようである。

　話の合間、ユンディ・リは茶を立てる店員の所作をじっと眺めていたが、やがて店員の傍らに近づくと自分でそれを真似て茶を立てた。そしてその茶をおいしそうに口にしながら真面目な顔つきで私にいう。「音楽をやるのと何も変わらないですね。茶のこの仕上がりは、まさに一瞬の味わいです。何ともいえない味と香りが体に沁みわたる」

「でも、いいお茶でしかこの香りは味わえないのではありませんか？　そういえば高級茶のセールをどこかでやっていた。考えてみれば楽しむことに境界なんてないですね」

彼も時を置かずにいう。「音楽もまったく同じ。こうでなければなんていう基準はどこにもないんですよ。だからこそ追究する価値があるんです」

「芸術家は安住意識をもったら、それで終わりっていう人がいるけど、それどう思いますか？　音楽家も同じ……？」

「どうかな。無我夢中で没頭していれば、安住意識なんて生まれてこないでしょうから。実際のところ」

「ところで、あなたの職業はどういえばいいのですか？」

「簡単です。ピアノ音楽を研究する研究者。飽きもせず毎日、解釈はどうだとか、フレーズはどう処理するかとか、そんなことばかり考えています。どう表現するのが私のベストか。ピアノ音楽の研究とはこのようにやることがいくらでもあり、練習も長時間になります。それともう一つ、鍵盤タッチを身につけること。ピアニストならこの重要さは誰もが分かっており日々繰り返し練習しています。こうした研究がピアニストとして行き着く先を目指す唯一の方法だからです」

「何をすべきか、なぜそれが必要か、そのことをどの研究者もよく分かっている。そういうことですね？」。私は彼を真っすぐ見つめていった。

「ええ、そう。でもこれは口でいうほど簡単ではないんですね。まず自分が納得し、覚悟を決めることになります。よい教師の指導も大切ですが、最後は自分の才能や技量、実力をよく知って、適切な目標を先ず探すことになる」

「どうやったらその研究生活に入っていけるのかしら……生活がまるで変わってしまいますよね。趣味や遊びとか、人とのお付き合いもなくなってしまいそうだし……」

彼は笑みを浮かべている。「今は私にも趣味があります。それなりに幅広く。私の中で音楽と趣味とは結びついています。音楽の個人の世界との共通性という点でも。自分をよく把握していれば、趣味の世界でも音楽的な感性を磨くことは可能です」

彼の表情から笑みが消え、私を見つめてさらに続ける。

「今、車に関心を持ってます。個性的なスーパーカーを見ていると深い味わいが伝わってくる。歴史的な価値や技術の継承には、関係する人たちの思いが込められています。ニューモデルのコンセプト・カーには、最新デザインによる設計や製造、開発理念があって、それらを構成する要素はピアノの演奏とまったく同じで、どれが欠けても製品にならず価値を失ってしまう。ブランド車の特徴は個性的な解釈のピアノ演奏に似ています。弾き手が異なるスタイルで演奏したり、反対に作品が様々な演奏や解釈を受け入れるのと同じ理屈です。同じブランドでも車種が違えばデザインも変わります。私がいつも運転している車と同型のモデルに、異なるデザインの車があります。つまり同じ曲を二人の弾き手で弾くことと同じです。連弾です。また弾くピアノが変われば音色も響きも変わるのと同じことです。エンジン音を聞けば分かりますが、どの車種にも同じエンジン音を発する車がないことは象徴的です。フェラーリとランボルギーニのエンジン音はまったく違い、V8エンジンの車とV10エンジンの車のエンジン音も無論同じではありません。これらの特徴もスーパーカーのファンである理由の一つです。こうしたところにも、ピアノ演奏での解釈やスタイルの違いとの共通性を強く感じます。音楽のこの違いこそ、特徴や特質つまりピアニストの個性であり、音楽ファンを引きつけてやまないものです。高性能のコンセプト・カーにも、そうした個性を創りだす理念や品質が車に隠されています」

ユンディ・リが趣味にこれほどのめり込んでいたこと、またその深い専門知識の持ち主だったことを私は初めて知った。

「何か今、愛読している書物はありますか？　今日は自由に好きなだけ話をしてよい日だった。」

彼が再び話題を変える。今日は自由に好きなだけ話をしてよい日だった。

「主に伝記ものというか、ほとんど音楽家のものですね。古典はそれほど読んでいないけど、シェークスピアはいいと思ったわ。英文との対訳本だったけど。彼の人物像って、どれも個性が強烈で情感もあり、とてもドラマチック。音楽に求める個性とか特徴、ドラマ性といった点では、これもどこか似ているところがあるかも……」

ピアニストは笑みを絶やさず、彼らしい切り口でさらに問いかけてくる。彼とは趣味の話でさえ音楽論に帰結することになる。でもそう思うのは私だけで、彼には初めからスポーツカーと音楽とは、一元的に結びついた話なのかもしれない。

どの作曲家がいちばん好きですかと尋ねた時、彼の答えはまったく予想しないものだった。彼はこういうのだ。今はまだ若輩、個々の作品についてここで語れるほど私は弾いたり理解しているわけではない。もしそこで生半可に作曲家や作品の名を挙げたりすれば、彼らに礼を失することになるだけだ。

ユンディ・リの話し方には不思議な感化力がある。そのため話を中断することが容易ではない。彼はいつも自らの考え方や理念について正確に伝えようとする気持ちが強く働くようだ。それを裏付けるように言葉は適切で筋道もきちんとしている。このことは話し相手である私にも快い体験となる。

私にも想像できそうな気がする。彼が過ごしてきた今日までの年月、ピアノの研究や練習で明け暮れた日々、その間どのように孤独に耐えてきたのか。友人も少なく友情を語り合う機会も多くない。すべての時間とエネルギーをピアノに注ぎ、同時にそこから真剣に自身と向き合う習慣を身につけた。私との会話でも音楽理念や人生を熱っぽく語る若者に変貌するという。

彼は自分をよくわきまえ、謙虚な人柄や性格を感じさせる。周りの人に気配りを欠けば、人格まで損じると思っている。天賦の才といわれるからこそ厳しく自戒しているのだろう。彼の周囲の環境の中では、むしろ自分が何者かを周囲に意識する必要はまったくない。彼にとって大事なことは、音楽と離れたところで彼自身のありのままをいかに保っていけるかだろう。

彼はブランドへの嗜好やそこで体感する付加価値を質朴に語る。スポーツカーの運転が好きなことも隠さない。といって高価な所有物をひけらかすのではもちろんない。目的がその価格や性能にあるではなく、芸術性を備えた器物への共感が彼の心を引きつけてやまないのだ。

ユンディ・リへの拙い取材また対話を通して、私は情報や記録を一心に集めてはいるが、彼の実像に迫るのは並大抵のことではない。それでも少しでも彼の真実に近付けるよう初心に立ち返り、この青年を育んだ原点まで遡りたいと思っている。そしてその過程で天才ピアニストの身に何が起こっていたのか、どのように成長して来たのかをしっかり見届けたいと思っている。

第二章　白鍵と黒鍵のソナタ

［一］

もし中国のどこかに「人けもないのに、声だけがする」不思議な地方があるとしたら、それは重慶よりほかにない。ちなみに重慶とは「二重のおめでた」の意である。

市内を流れる嘉陵江は、その昔に渝水《ゆすい》と呼ばれたことから、重慶には「渝《ゆ》」の別称がある。周辺には山や丘陵が多く霧が発生しやすいことから「山辺の都市」、「霧の都」などの名がある。

ユンディ・リ（李云迪《リ・ユンディ》）は一九八二年十月七日、重慶市大渡口区で生まれた。出生証明書に届けられた姓名は李希《リ・シ》である。三歳の時に李希熙《リ・シシ》と改名し、五歳になって現在のユンディ・リを名乗ることになる。今でも家族や先輩たちは彼をシシ（希熙）と呼ぶことがある。

偶然のめぐり合わせが取材での私を驚かせた。李希から李希熙になったのは一九八五年。この年に彼の身に生じた音楽との不思議な奇縁のことである。旧ソ連のブーニンがその年の第十一回ショパン国際ピアノコンクールで優勝し、その後、連続二回にわたって優勝者は出ず、二〇〇〇年になってユンディ・リが優勝の栄冠を手にすることになる。深い暗やみの中で、ショパンコンクールは十五年間、じっと彼の登場を待っていたかのようである。

ユンディには幼児期の改名に特別な記憶はない。改名は父親が行ったと知るのみである。原籍が雲南省であることから「ユン（雲）」が使われた。「ディ（迪）」は辞書を引くと三つの意味があり、「教え導く」、「啓発する」さらに「行う」——歩く、家を出る、などとある。今日、世界を奔走するピアニストであることを考えれば三つ目の意味が最も近いといえそうだ。

大渡口区は市の中心から西南の方向に位置する。市の主要産業である冶金、建材工業は早くから盛んで、重鋼（グループ）企業や第18冶金建築企業など大企業が集中している。ユンディの両親はじめ、祖父母、母方の祖父母もかつてこれらの企業や関係先で働いていた。昔から芸術家や著名人たちには家伝や学問、家柄などの話がよく聞かれるが、ユンディ本人は成長過程での天の恵みや血筋、家庭環境など、自身の音楽的特質とはまったく関連性がないという。

ユンディの家族についての報道で、父親、李川《リ・チュワン》に関する記事は確かなものではないようだ。家族で重要なことを決めたり、母親、張小魯《チャン・シャオル》や息子ユンディとの家計、また親戚筋の世話などもすべて父親が見ていた。李川は温和で控えめな性格である。しかし私がその軍職や経歴を知らなかったら、あの居丈高な軍人たちとのやりとりは難しかっただろう。彼は中背で面立ちが爽やか、そこに上品さも伝わってきた。話の合間にいつも落ち着きある笑みが浮かび、私が母親に息子について尋ねている間も、父親は言葉を挟もうとしなかった。李川は若いころ文学に夢中だった時期があったが、息子が音楽の道に進むとその後、西洋音楽に関心を持つようになったという。息子の音楽の才能には彼にも自負するものがあった。こうした思いは父親にも特別なもので、芸術家への敬愛の念にもつながるものだった。母親、張小魯は物腰のきちんとした女性である。重慶生まれ特有の色白の肌、整った目鼻立ち、優雅なたたずまいは教養や品性のよさを感じさせる。澄んだ目が印象的で、細身の体は年令を感じさせず仕種も若々しい。

張小魯は若いころバレエをやっていたという。今も鮮明に残っているのは「紅色娘子軍（訳注：中国の革命歌劇）」で主役を演じたことだ。様々な事情でバレエからは離れてしまったが、身についたリズムや旋律への感覚は時が経った今も変わらない。音楽は母親にとってバレエへの追想の延長線上にあった。そのころよく聴いたのが有名なヴァイオリン協奏曲『梁祝』。これは彼女のお気に入りの曲で、ユンディがまだお腹の中にいたころよく聴いて、いつの間にか胎教になっていたという。

天才は遺伝するのか。これはことあるごとに耳にする話題である。多くの人たちが天賦は遺伝するものと堅く信じ、それのみがこの論理を超えた特質を説き明かすもの、という。ユンディの音楽の天賦が母親からの遺伝かどうかは置くとして、一つ言えることは母親が息子への音楽基礎教育の中で欠かせない役割を果たしていた事実である。ユンディが音楽を習い始めると、張小魯はいつも傍でそれを見守った。共に授業を受け、ピアノを練習し、さらになすべきことがあれば迷うことなくそれを行った。息子と母親はいかにも親密だった。この母子の関係、母性の愛はやがて完璧な支配へと進化する。音楽の世界に遊び学ぶだけでなく、独立心や忍耐力とりわけ創造力の涵養に影響力を発揮する。

息子を音楽家の「卵」に育てようと、傍で見守り続けた母親のピアノ指導は、そのレベルを十分満たすものだった。実際、息子は早くから深圳芸術学校でピアノを学んでいたが、母親もピアノ補習クラスの指導教員として四、五人の生徒を教えていた。このことは奇跡というしかない。かつてのバレリーナが芸校のピアノ教師となったのである。張小魯のような母性愛は、世のピアニストの母子に例を見ない特異な思慮分別なのだろう。

「ユンディはどれくらいピアノを習っていたのかしら？　授業中にユンディと他の生徒たちとのレベ

ル差を気にしたりすることはありませんでした？」。彼女を取材した時、私は尋ねてみた。

「いえ、そんなことまったく考えませんでした。初めのころはユンディの力がまだよく分からなかったし、それほど弾ける生徒とはもともと思ってませんでした。授業は個人レッスンですから、他の生徒との比較も特にはしません。同僚の教師からユンディがよく弾ける生徒と聞いたことはありましたが。でも他の子供たちも頑張り屋だったし、ずっとそういう感じでしたね」

教師としてのこうした説明や心情はなぜかとても分かりやすい。張小魯への取材で印象深かったのは、彼女の秘めた強さや頑なさ、それに我慢強さだった。また授業やレッスンで教師として生徒の個性や人格を重んじる様子や、親の世代から受け継いだものを言葉だけでなく身を以て実践する態度、また人としての誠実さや謙虚さ、さらには信念の強さや負けず嫌いな性格までが言葉の端々から伝わってきた。一旦やると決めたら最後まで全力でやり通す、というものだ。張小魯が日々のレッスンの中で息子に目覚めさせたかったことが、実はもう一つある。ユンディの心中に湧きたつ音楽への情熱、自らその才能を発揮することとの期待感だった。ある時彼女は自分のことを私にこともなげに語り、そのことを否定しなかった。彼女は踊りや音楽が大好きな娘だった。理由《わけ》もなく心から愛した。ユンディに幼子のころから音楽の道を選ばせたのも、バレエや踊りに夢中だった記憶がそうさせたのかもしれない。ユンディは母親の華やいだ時代の夢の身代わりだった。張小魯らしさでもあるその粘り強さの中に鋭い才気が見え隠れする。彼女は自らの考えに強い信念と自信を持っている。その昔、ユンディの妊娠中に重い貧血を患い、医者から何度も人工流産を勧められたが母になることを願い、彼女は自らの思いを貫いた。そのことも息子に自由に才能を発揮させたい陰の力となっている。そして夢とは思いながらも、世界中の音楽ファンに幸運のピアニストの姿を見せたかった。

家族の中にあって、ユンディは祖父母の寵愛を受けた。祖母の回想では、彼は幼子のころから賢く、人を喜ばせることを知っていた。言葉を覚えるのも早かったが、幼児語を話す前から音楽に興味を示した。家族は彼が泣きわめいていても、ラジオから流れる音楽を聴けばたちまち泣き止むのを知っていた。一歳になると歌を口にするようになり、声を合わせようとした。祖母はそれをよく覚えており、二歳の誕生日の卓上カレンダーを今も大事に残してあった。そこには孫が口にしたという二十曲余りの歌が書き込まれていた。祖母はいう。「あの『回娘家』はよく歌えたもんだ。足でステップまで踏んでね。まだ他にもたくさんあった。カレンダーに書き止めきれなかっただけだよ」。それにね、という。「あのころ孫はパパの机にうつぶせになってラジオに耳を押しあてていた。聴き終わると歌ってくれてね。音は確かだし歌詞もちゃんとしてたよ」

もはや疑う余地はない。これが音楽の天賦というものだろう。さらに絶対音感まで備わっていた。これは特殊な能力で大脳の側頭葉の働きといわれる。言語能力もこの神経細胞によるものだ。こうした能力は音楽家が必ず身につけているものかというと、そうとも限らない。音の高低や調性、転調なども容易に聴きわけられるものだ。人々は長い間この特殊な能力がどこから来るのか分からず、多くが遺伝によるものではないかと考えた。幼児期から音楽に触れ刺激を与えると大脳にある種の働きが芽生える。しかしユンディの音感能力には身近に確かな証人がいるわけでもない。歌を口ずさむ幼子の愛くるしい姿が家族の団欒になったという、それだけのことである。

三歳になると、歌だけでなく様々な音の響きに興味を示すようになる。ある日のこと、楽器店の前を通りかかって、ガラスケースの中に4ベースのアコーディオンを見つけ、そこを離れようとしなかった。「形は似てましたが、おもちゃのアコーディオンでした」母親は手振りを交えていった。「きれいな赤色のよくできたおもちゃでした。でもそれにしては高価だったし買う気もなかったのですが、ユンディはこのおもちゃのことをずっと覚えていて、四歳の誕生日が近づいた日、無駄遣いと思いながら買ってしまいました」

「でも、これがやがて音楽の道を開くことになって。特別な重みを持った贈り物になりましたね。大喜びだったでしょう」。私がいった。「それほど喜ぶ様子もなかったですね。ユンディには変わった習慣があって、気に入ったものはいつも抱いて寝るんですよ。おもちゃも文房具や本も、おかしかったのは運動靴を買った時、枕元に並べて寝ているのよ。夢の中でいつでも出られるようにしたつもりなのね。アコーディオンを買った時は半年くらい一緒に寝ていたわ」

　楽器店のおもちゃの話になった時、ユンディはこういう。「よくいう一目惚れです。あっと思ってすぐにも触りたかった。でもおもちゃでしたね。それから少年宮のクラスに入って弾き方をちゃんと習いました。アコーディオンから直接響く音楽に、弾く楽しさをいつも感じていました」。私にも分かる気がした。幼子が初めて見た楽器。どんな音を出すのか。その目がイメージしたものは何だったのか。天賦の才が呼び覚ます音はどこか懐かしい響きだったのかもしれない。少年宮のクラスで、ユンディは音楽の手ほどきをしてくれる教師と出会う。譚建明《タン・チエンミン》。

　ユンディの回想。「初めて譚先生を見た時、特別に身近に感じました。親しみ易く思ったことを何でもいえて、とても優しい先生でした。いつも『お利口さん』っていってくれて。特別に好きな授業でしたね」

その後、私は取材で重慶に譚教師を訪ねた。彼女は短い二年余りの思い出をいかにも幸福そうに語った。「まだ四歳になったばかりで、とても愛らしい子でした。目が輝いていましたね。すぐにこの子が好きになって。授業も大人しくて学習能力がとてもある子でした。クラスでは最年少なのに成績は一番でした。こんな生徒を嫌ったりする教師なんていますか？」

その通りだった。幼年期のユンディは明るく茶目っ気があり、どこでも可愛がられた。当時のアルバムをめくると、見るからに腕白で活発な子供らしく、鬼面をして遊ぶ目や口元に天真爛漫さがあふれていた。

「アコーディオンを習い始めたころはどうでした？」

私は母親を見つめて尋ねた。「いろいろ感心することがありましたね。よく覚えているのは、担任の先生が用意する曲はすべて五線譜の曲で、まだ五線譜が読めないこともあり、私も楽理の授業はしっかりノートを取りました。私の知識もそのころのものが多く、譜を見て私が旋律を歌い、それに合わせてユンディが歌うのです。少年宮に行く道でもそうでした。当時はそうやって覚えた旋律を自分でアコーディオンで弾いていました。リズム感を覚えさせようといつもユンディを膝に乗せ、リズムを取りながら韻律や強弱を教えました。ユンディはすぐに覚えましたね。私はでも譜が読めないことの方が心配で、音符を色鉛筆で色分けしたり、板紙を使って二分音符、四分音符などを教えたりして。一年くらいで読めるようになりましたね」

「授業の時はどんなふうに？」

「毎週日曜日に少年宮に行って授業を受けました。家から少年宮まで遠くて。乗り物で二時間近くかかり、乗り換えもあってよく車酔いしました。酔うと半日ぐらい気分が悪くて。アコーディオンを始めてから四川音院付属中に合格するまで毎週通いました。考えてみれば四歳から十歳までこの道を歩き続けたんですね。でも、この長い道のりを歩いて来なかったら、ユンディも私もなかったかもしれません」

ユンディは五歳でアコーディオンの五級試験に合格した。そして初めて四川省「宏声杯」少年児童アコーディオン招待コンテストに参加した。彼は児童グループの最年少選手だった。そこで大好きな曲『花と少年』を弾き、第一位を獲得する。初めて体験する小さな成功だった。ユンディには初めての人前での演奏だったが、記憶はすでに曖昧になっていた。しかし教師の譚建明はその時のことをまだよく覚えていた。

譚教師の回想。ユンディが得意げにステージに立つと、つぶらな目や愛くるしい表情に皆の視線が集まって。アコーディオンを弾き始めると会場全体が静まり返り、曲に聴き入りました。ユンディは演奏をすっかり楽しんでいる様子で、これは天性のものでしょう。名立たる演奏家が最初のステージは悪夢だったと語るのに。ユンディは緊張で固くなったり気おくれすることがないのです。顔立ちも愛らしく周りからもとても好かれる雰囲気を持っていました。

張小魯が前にいっていた。ユンディが二歳のころ、一緒にスーパーに買物に出た折り、不意にカウンターに顔を寄せ、小さな指で学生カバンを差しながら、店員に「同志、これをちょっと見せてください」といったものだ。このいいぐささが周りの客の笑いを誘ったのはいうまでもない。幼子のころから周りの大人に可愛がられるのを楽しんでいるかのようだった。しかし考えてみれば、アコーディオン少年への喝采は実際も演奏を褒めたものかもしれない。最初のステージは少年の心に感動と満足感になって残った。こうした楽しみが味わえる空間こそステージなのだ。ユンディがステージを大切にするようになるのは、当時のこうした体験によるものかもしれない。

六歳になってユンディは大渡口区の育才小学校に入学した。規定より一年早い入学だった。クラスメートの間では目立つ少年ではなかったが、注目されたことが一つある。彼がアコーディオンの「名手」だったからだ。小学校の学芸祭はまさに独り舞台である。腕白で茶目っ気いっぱいの彼は周りがアコーディオンを弾く自分にじっと目をこらすのが快かった。張小魯はいう。根っからのはしゃぎ屋のユンディは観客が多いほど力を発揮した。

入学後、家族がいつも気遣ったのは普通教科の成績だった。楽器などのサークル活動は教科の成績の対象外だった。放課後、クラスメートは集まって声をあげていたが、ユンディは家でアコーディオンを相手に一人で過ごすことが多かった。そして七歳になって好きなアコーディオンが、ピアノへと変わることになる。

ユンディ・リはこういう。「これは私一人で決めたことです。六歳の時に１２０ベースのアコーディオンに進んで楽器も大きくなり、それがとても重かったのです。練習は半ば体力トレーニングみたいになって。それに重慶の夏は暑くて重い楽器のせいで背中があせもでひどくなり、私がピアノに変わりたいといった時、親は反対しませんでした。体のことを親もとても心配してましたから。ピアノにしたいと思ったもう一つの理由は、アコーディオンに表現の限界みたいなものを感じてたからでした。ピアノはそれに比べてもっと広い空間があって、思い切りよく弾ける楽器に感じました」

「初めてピアノに触った時、どんな楽器に映りました？」

「どんな音でも出せる楽器、かな。オーケストラみたいに。でもそれは少し経ってから感じたことで、初めて弾いた時はアコーディオンよりもっと激しい響きに包み込まれたようで、しかも何か巨大な物体を動かしているような感じでした」

アコーディオンがユンディ・リに音楽の妙趣を育ませたとすれば、ピアノの88鍵から発せられる刺激的な音の響きは、彼の心に音楽への美しい夢を点すものとなる。

［二］

アコーディオンクラスの最年少の生徒がピアノクラスに移ると、意外にもそこでは「最高齢」の生徒となった。家族は借金をしてパールリバー社製の中古ピアノを買った。ユンディのピアノへの第一歩はこうして始まる。才能への期待はともかく早い決断が開花の糸口となった。

ユンディのピアノの授業に弾みをつけようと、教師の呉勇《ウ・ヨン》は練習始めの初日に、彼にあることを伝えた。「きみにはアコーディオンの基礎はあるが、見た通りピアノはアコーディオンとはまるで違う。きみはこれを弾くと決めた以上、これからは落ち着いてしっかりやることだ。まず三年はひたすら練習しなさい。コンクールとか外に弾きに行ったりしないでね」

短い時の経過の中で、呉勇は転向してきた子供が普通の生徒でないことに気付く。そして数ヵ月後、教師は自らの言葉を忘れたかのように、ユンディを少年宮代表として重慶市第四回「小新星杯」少年児童器楽ピアノクラスのコンクールに出場させる。ユンディはコンクールの課題曲八百四十九曲から弾く曲を選ばなければならない。これは授業の進行上、教材を一冊飛ばすほどの難度だったが彼は決勝まで進み、しかも最後は優勝杯を手にしたのである。

呉勇は回想する。「当時私は、ピアノを始めて間もないユンディが優勝するなどと思ってもみなかった。すごいの一言。とにかく優秀過ぎる。練習曲を毎週五曲与えたが、どれもきっちり仕上げてくる。八曲に増やしても十分仕上がっている。授業で前に進めなかったことなど一度もない。音楽に対する感性は天性としかいいようがない。特に感心するのはピアノへの熱意、積極性だ。ユンディは私の生徒の中でも一番の練習好きで、教えた期間は一年余りと短かったが、授業を休んだことは一度もなく、ともかく嵐が来ようが槍が降ろうが学校に来ない日はなかった。こんな生徒と出会ったのは私の教員生活の一生の思い出だ」

　教師の呉勇はコンクールの後、張小魯に意外なことを告げる。ユンディを私でなく別の教師につけたらどうか、という。あなたの息子にふさわしい教師は、深圳音楽学院の鄭大昕《チョン・ダシン》先生か郭幼容《クオ・ヨウロン》先生ではないか、とまでいった。当時この二人の教師は重慶芸術学校で代理教員をしており、成都から毎週交替で重慶に来ていた。しかし数ヵ月後、重慶芸術学校のピアノクラスはなぜか閉鎖され、ユンディのピアノの授業も終わってしまう。ユンディは当時を振り返る。「先生がいなくなり授業も一ヵ月余りなくて、ピアノをこのまま続けるかどうかいろいろ考えました。そのころはいつもママが曲を選んで私の練習を見てくれました」という。そうした中、張小魯は再び呉勇を訪ねた。呉勇は相談を受けると、そこで四川音楽学院の教授、但昭義《タン・チャオイ》を推薦したのである。

　但昭義は生年が一九四〇年で、重慶生まれである。父は音楽好きの外科医だった。父の影響で幼少時にピアノを習い始め、十四歳で西南音楽専科学校（四川音楽学院の前身）に入学して何恵仙《フゥ・ホイシエン》、林瑞芝《リン・ルイチ》教授の指導を受ける。一九六〇年代初めに研修で北京に派遣され、著名なピアニストで教育家でもある周広仁《チョウ・クアンレン》教授と出会うことになる。研修終了後は周教授の推薦もあり、ピアノ教育界の若手指導者として期待された通り、四川音楽学院ピアノ科教授、ピアノ専門教育研究室主任などを歴任する。その間にピアノ演奏論や教育論など多くの研究論文を発表し、楽譜や教材の編纂にも関わった。その後、ピアノの教育指導には四十年近くも携わり、数多くの優れたピアノ指導者や演奏家を育てている。記録では一九九四年以後、彼のピアノ専攻の教え子十六名がコンクールで得た賞は三十七を数え、うち三位以内の入賞歴は三十一、さらに第一位を獲得したものは十三に及ぶ。こうして但教授は中国のピアノ教育史上、「奇跡」を呼ぶ教育家、と称されるまでになる。当時、彼は成都での授業の他、半月ごとに重慶にも赴き、現地の授業を見ていたが、重慶の授業は特に厳格といわれた。そうした折り、呉勇から強い要請を受けて、但昭義はユンディ・リを見ることを承諾した。

一九九一年十一月のある夜、ユンディは母親に連れられて但昭義教授を訪ねた。彼の人生がこの日から大きく転回することになる。その後九年にわたる師弟関係が、まさにこの日から始まったのだ。但昭義はユンディに新たな一歩を踏み出させる。

恩師・但先生へのユンディの感謝の思いは、出会いの日から今日までまったく変わらない。「但先生は私が最も影響を受けた先生です。先生の教えには私心がありません。もし先生の啓発や支えがなかったら、今の私はありません。先生は私にとって音楽の父です」

但昭義の回想はこうである。「私は今でもはっきり覚えている。初めてユンディのピアノを聴いてドキッとさせられるものがあった。実に豊かな感性を持った子で、曲の理解の深さやテクニックが演奏によく表れている。それらは天性のもので、特に内面に隠れた情感に彼の特質がある。情感とは心の深奥から生まれるもので、十歳足らずの子の演奏とはとても思えなかった」

恩師の人柄や指導の様子について尋ねると、ユンディの答えはこうだった。「初めて会った時からとても穏やかで親しみやすい先生でした。でもだんだん経つうち少しずつ厳しく苛酷なものになってきました。先生の要求は常に最高を目指したものです。最高レベルこそ挑戦の礎となるもので、限界を超えなければ最高の表現は得られない、といつもいわれました」。但教授の性格や人柄は、誠実で謙虚さに溢れたものだったが、ピアノ演奏への要求レベルは高くまた厳しい。その核心ともいえるものはまさに音色観にあった。指先の微妙なタッチ、その確かさや柔軟さがテクニックを介して音楽となり、その内面に隠れた情感やイメージ、情趣などを、完熟した音色が表現するのである。ピアノ演奏のスタートラインとゴールは指先の鍵盤タッチが創り出すものだ。指先は常に適切にコントロールされ、音楽を「歌わせる」序章となって生命を育むのである。テクニックの練習のために作られた曲であっても、その内面性や音色美を追究することで、そこに美しい音楽を創り出す。

演奏家を目指す以上、天賦の才は重要な要素である。とはいえ天分が演奏の完璧さや芸術性を保証するものではない。芸術性を表現する上に備わったある種の潜在的能力と考え、その潜在能力を演奏する中でどう呼び覚ますか、芸術性を表現するには天賦の才をどう触発すればよいのか。この試みは教師としての使命と同じ根を持つものだと、但先生は考える。

但昭義の教育指導の成功のキーポイントは、各々の学生の力量や個性に適した教育に徹するところにある。個々の芸術的個性を尊重し、それをどう発揮させるか。彼は厳しいとはいえ、もともと生徒を追いこむタイプではない。教師としての理想を追う一方で、各々の想像力をいかに触発し発揮させるか、自分の内なる声によく耳を傾けるよう、彼は常々生徒に促すのだ。こうした「素質」教育は、幼いユンディのピアノへの興趣を大きく育んだ。幼いながら「素質」の内側に隠れた直観力を自覚することで、自由で伸び伸びとした音楽に目覚めたのである。
よい教師に巡り合ったことが、ユンディの天分に新たな地平をもたらした。少年はピアノに燃えるような情熱を抱いていた。そのころの日記に次のような書きこみがある。

僕はユンディ・リ。今年九歳。重鋼九校四年七班の生徒で、少年先鋒隊の隊員だ。体は痩せ型で身長は約135センチメートル。黒髪でいたずらっぽい目が特徴だ。唇が厚いので情が厚いと思われているけど、ママは全然そうではないという。僕には虫歯がたくさんある。甘いものが好きで、その食べ過ぎが原因だ。僕はスポーツシャツやショートパンツでいるのが好きで、ママは今度スポーツシューズを買ってくれた。とても気に入っている。僕は卓球やサッカーも好きだけど、もっと好きなのは音楽を聴くことだ。毎日寝る時にはいつも音楽が聴こえている。でも一番好きなことはピアノを弾くこと。七歳の時、ママとパパはお金を節約してピアノを買ってくれた。とてもうれしかった。夜の勉強が終わると二、三時間はピアノを練習する。時にはママが決めた時間まで練習する。ピアノはもうやるしかない。どうしてか分かる？　僕は大きくなったらピアノの大家になる。どんなに辛くても真面目に練習しなければ、ピアノの大家になんかなれない。

当時の日記のことに話を向けると、ユンディは笑いころげた。「大家なんて意味も分からずに使って。でも偉大な人と思っていたのは確か。ピアノの大家は最高のあこがれだった。ピアノが最高にうまく弾けるようになりたいといつも夢見てました」

但昭義がユンディのピアノ教師を承諾してくれたことに、張小魯は幸運の巡り合わせを感じた。よい教師につく重要さを彼女はよく知っていた。内心では但昭義を自らの教師とも思っていた。彼女の音楽の素養やピアノ演奏の知識などは、ユンディの傍で共に講義を聞くことでいっそう豊かなものになり、ユンディの練習ではミスがすぐ分かるまでになった。どの譜面のどの箇所というところまで。

彼女はいう。「但先生の授業は、私の感性を刺激しただけでなく、専門知識が山のように増えました。いつからかユンディの準備も私がするようになって。譜面にシャープやフラットを書きこみ、指使いや鍵盤タッチなどポイントを全部メモして。ユンディが練習を始める時は、まずメモを基に最低でも私のレベルをクリアさせ、それから但先生の指導に進むようにしました。ユンディの音楽に対する理解はいつの間にかとても深まっていました」

[三]

　ユンディのピアノ熱は強まったとはいえ、一般教科の成績レベルも一定以上なければならない。両親と約束した九十点の目標は、彼にとってそれほど難しいものではなかったが、どの授業でもピアノのことが頭から離れなかった。小学校のグループ主任だった教師は、授業中、机の上で手や指先を盛んに動かす生徒がいたことを今でも覚えていた。

　両親はその様子をどこかで感じていた。どうしたらそれをやめさせることができるかを考え、そこで思いついたのが、鍵盤の蓋に鍵をかけ練習できないようにすることだった。

「今もし息子がピアノを弾けなくなったら、何かとんでもないことを仕出かすかもしれない」母親はそう思った。でも「彼にはこれ以上の罰はない」。

　ユンディにとっても最も辛い罰は、ピアノに鍵をかけられることだ。しかしその一方で、最高の励ましはママに褒められることだった。演劇のセリフではないが、ママの歓心を買いたければピアノをうまく弾くことだ。

「ママはユンディにいつも厳しかった」父親はそう回想する。

「ピアノを練習する間じゅう、ママはいつも傍でずっと、時にはセーターを編みながら聴いている。ミスでもすれば編み針の音を立てたり手をかざしたりする。そういえば一度、練習曲がうまく弾けなかったことがあった。ママは怒って、弾き続ける息子にもういいといって寝室に潜りこみ、ドアを閉めてしまった。息子は練習をやめなかった。私は翌日の授業が気になって早く休むようにいったのですが、彼も強情をはってピアノから離れない。夜十一時を過ぎたところで、寝室のママに早く聴いてやってくれと頼んでも、ママは首をタテに振らない。最後はママが目をうるませて出てきて練習曲を聴き、いくらか満足した顔だったけど「いいんじゃないの」の一言。息子もママに褒めてもらえないのを寂しく思ったろうけど、ママにしてみれば、息子には時にはある種の不満足感、自分を甘えさせない心構えを身につけさせるために、こんなやり方で息子を励ましたのだと思う」

これは確かに一つの教育のやり方であろう。母子がいずれもその通り対処できるなら、この「褒めことばをケチる」やり方も、隠れた能力を引きだす方法ではあろう。ユンディの「最高の芸術」を追究する厳しさは、この考え方に近いのかもしれない。

「教科の勉強とピアノの練習とはユンディはどう時間分けしていたのかしら?」。私は母親にあえてこのことを尋ねると、彼女は予期していたように目を輝かせた。忘れ難い記憶として心中に刻まれていたようだ。

「そのころのユンディの一日のスケジュールは私がしっかり見てました。朝七時に彼を起こし、歯を磨き口を漱いで朝食にします。ユンディは目覚めが悪いので食事のスピードも遅く、私が食べ物を口に運んだりすることもありました。七時半に私が学校まで送ります。昼は私かパパか早く帰った方が昼食を作り、十二時に授業が終えて家に帰る時は仕度もできていてすぐに食べられます。食後は短く昼寝をさせました。午後は四時半に授業が終わるのですが、学校に残って宿題を一時間やらせました。

五時半に帰って夕食は必ず六時に摂ることにしていました。ユンディの一番楽しい時間帯です。六時半から七時までは動画の時間だからです。七時にピアノの前に来て座るのですが、これにはちょっとした思いがあって、直前の一、二分前に来てピアノの椅子に座っては、七時のニュース番組の音楽を一緒に合わせたりして。普段の練習は二時間ですが、時に三時間の日もあって。その後、授業の予習を少しやり、十一時には必ずベッドに入るようにしました」

「毎日そうやって過ごしたのですね？」

「何年かはこうしてきました。変わってもわずかですね。スケジュールはしっかり守ってましたね」。張小魯は笑顔になり「日曜になるといつもより早く起きてきたりして」

「朝寝坊することはなかったのですか？」

「まったくなかったですね。ユンディはまだまだ子供で遊ぶことに夢中でした。でも早く起きるのは午前中のピアノの練習のためです。午後は祖父母の家に遊びに行って。但先生の練習がない日はまったく自由にさせました。祖父と公園に行っておもちゃの作り方を教わったりして。一度手伝ってもらって自動車のミニチュアを作ったことがありましたね。とても気に入って。ユンディはそのころから車好きで、今では道を走っている車のブランドとか産地やモデルまで見分けるのです。これもすごいことね」

「そうですね。それで、ピアノの練習を嫌がったりするのは、そのころからまったくなかったんですね？」

「アコーディオンを習いたてのころは気が乗らず反発したことがありましたけど、多分私がわがままをいわせなかったからでしょう。でもピアノを始めてからはそういうことはなかったですね。実際いえば、ピアノに変わってからは私も息子も本当にたくさんの時間とエネルギーをこれに取られてます。私自身もまるで自分の時間をなくしてましたから。ユンディも普通なら自由に遊ぶ時間を全部ピアノに使っていましたからね。ただ、よかったことに家族が音楽好きでしたから、辛いとか不自由だとかは感じなかったですね。むしろ毎日そうやって過ごしながら、ある日突然ピアノができなくなったらどうなるのかって、そちらの方を心配したかもしれませんね」

ユンディはかつて私にこういったことがある。「実際どんなことでも、結果を出すにはそれなりの苦労があります。小さいころからピアノの練習にはプレッシャーは全然なかったですね。自分がピアノ好きだったことや、目標に向かって頑張ることも楽しみの一つでした。満足できる結果が出なければ、それが次へのエンジンにもなりました」

「毎日ピアノの練習ばかりで外に出なくなると、孤独によるストレスや人と会うのが怖くなったり、なんてことありませんでした？」。張小魯に尋ねた。

「孤独感とかストレスとかは、傍にいて感じませんでしたね、孤独に襲われるようなことはなかったと思う。むしろ時を惜しんで人と会う機会を作ったこともあるみたい。練習の妨げになるといって一時は友だちを避けていたくらいです。親戚や知人もこのことは分かっていて、来て邪魔することはなかったですね。でも誰か来れば喜んで話をしていたり、帰ったらまたすぐ部屋に戻って練習とか、そうかと思えば帰る時に無理に引き止めたりして」

ここから見えてくるのは、小さかったころの明るく聡明な、人と遊んだり話をしたりすることが好きな、ごく普通の子供の姿だった。幼子のころの興味と成長してからの彼のピアノへの興趣を比べても、あまり意味はなさそうである。

「彼の方から家事を手伝ったりすることなど、そのころからありました？」。父親に尋ねた。

「ユンディはピアノ一筋だったし、親としても家事をやってもらうつもりはなかったですね。ママが一切を切り盛りしていたし。でも自分から手伝ってくれたこともないわけではなかった。彼は好奇心が強く、興味を感じたことにはすぐ手を出したがるところがあって。料理の最初は野菜炒めでしたね。油を敷いたフライパンの中に野菜を入れた時、ジャーッと大きな音がしたのにびっくりしていましたよ」

一九九三年は、この「ピアニストの卵」にも多くの収穫のある一年となった。九月に重慶市大渡航口区の少年児童器楽コンクールに参加し、ピアノクラスで第一位となり、十月には重慶市少年児童ピアノ優秀等級選抜コンクールに出場して、ここでも第一位を得た。さらに重鋼グループ企業主催による一九九三―一九九四学年「希望杯」競技会では、「優秀少年児童」の栄誉を手にし、そして十月末にはピアノの九級試験に合格した。

〔四〕

一九九四年、十二歳になったユンディは将来への重要な選択に迫られる。彼はこういう。「この年は誰にも来る中学校に進む年です。でも私の場合、普通の中学にするか音楽学院の付属中学に進むかの問題があって、家族の考え方も分かれてました。両親は付属中に進むことを希望したのですが、以前からの教育や社会の中で育った祖父母は反対でした。ピアノを勉強した後どうなるのかは、誰にも分かりませんでした」

最後には、但昭義教授と相談することになり、ともかくも四川音楽学院付属中学の入学試験を受けることにした。これにより但先生にはピアノ教師をその後もお願いできることとなった。

張小魯は息子の入試準備のため半年間、単位に休職願いを申請した。そして付属中のある成都に息子と住み、生活の面倒を見ることにした。李川は高額な学費を心配し、所属単位に南方への転属を申請した。ユンディ合格の暁には、一家も初めて別居生活を迎えることになる。

母子は成都に安いアパートを借りた。ユンディは地元の小学校に越境入学し、楽理教科の補習を受けた。入試が近づくと毎日ピアノを十時間余り練習した。動画を見る楽しみも母親から終わりを宣告された。「そこでは間違いなく強いストレスがあったと思う」。母親はしみじみ回想する。「ある日、買物に出て忘れ物に気づいてアパートに戻ると、いつも聴こえるピアノの音がしないのです。入口をのぞいて様子を見ると、ユンディはピアノの椅子の陰で何かこそこそ。入ってテレビに触ると熱が伝わってきました。動画を盗み見していたのです。私は怒りに震えました。入試で休みを取って住んだこともない成都に来て、パパも息子のために遠い広州に行っている。私は悔しさで一瞬自分を忘れたほどでしたが、ユンディにも落ち込む様子が見えました。怒った私がテレビを運び出すのを悲しそうに見ていて、それから泣いて謝って「ママにテレビを持っていかれたらもう何もなくなってしまう」って。残酷には思ったけどテレビは処分するしかなく、それから三日くらい泣いてましたね。今思えば、それほど厳しくする必要はなかったかもしれないけど、そのころは目に見えないプレッシャーや環境の違いから来る不安がそうさせたのだと思う」

ユンディはともすれば塞ぎがちになる自分との闘いの毎日だった。練習に疲れると昼夜を問わず外に散歩に出た。道行く老人に声をかけたり、自転車修理の職人さんと道端で話をしたり、ようやく普段が戻りつつあったある一日、彼は大きな野良犬を連れ帰って母親をびっくりさせた。飼うことを許されるはずもない。犬は母親が心ばかりに皿に盛ったご飯を平らげると、ユンディに見送られて姿を消した。野良犬はアパート周辺にそれからも度々現れた。彼も見つけるとエサを与えたので、近所の人たちも彼の犬好きを知っていた。そういえば私もどこかで聞いた覚えがあった。住いの条件さえ許せばペットに犬を四、五匹飼ってみたい、と。多分あの野良犬との出会いが、当時の彼の心の慰めになっていたのだろう。

ちょうどそのころだった。但先生から「華普杯」全国少年児童ピアノコンクールに、ユンディが四川省を代表して北京の決勝大会に参加することが決まった、との連絡を受けた。この喜ばしいニュースが母親の頭をやがて悩ませることになる。華普杯ピアノコンクールへの参加予定日が、四川音院付属中学の入試日と重なったのだ。母親はそれまでの経緯のこともあり、コンクールは諦めるしかないと考えた。

「この華普杯は全国から注目される最高レベルのコンクールです。しかもユンディは四川省から選ばれた只一人の出場者」。但先生は当時を振り返ってそう語る。「このチャンスはとても重要なもの。私はユンディの母に、コンクールに出ることで入試を棒に振ることになるとはまだ決まった話じゃない、と何度もいいました」。張小魯は但先生の言葉もあり、夫にも連絡して両方のチャンスを生かす道がないかを探ることにした。

「難しいことになりましたね。それでどうしたらいいと思いました？」私は尋ねた。

「もともと私は川音付中の入試の方を優先してました。でも但先生はコンクールはもっと大事だと話されて、それで両方の可能性を考えて。先ず川音付中の方と会って、コンクール後に追試をお願いできないか尋ねたのです。そしたらあっさり断られました。それで但先生はコンクール組織委員会主席の周広仁《チョウ・クアンレン》教授と連絡を取られたの。但先生は周教授のお弟子さんだったのね。ユンディの今回の事情は特別なケースだと周教授も分かってくださり、電話を待つようにいわれたの。その後、組織委員会がコンクールの日程を変更して、予定を一日繰り上げてくれたの」

「これ全国コンクールですよね。日程を変更するということは、全国の選手や関係者に予定が変わったことを改めて通知するわけですね？　簡単なことではないですね、これは。ちょっと分かりにくいけど」

「大先輩という周教授、あのピアノ教育家に心から感謝するだけです。組織委員会も若い才能の発掘というコンクールの趣旨から特別に配慮してくれたようです。それで但先生はユンディがコンクールで弾く曲まで選んでくれて。でもそのため付中の入試の曲とコンクールの曲が別々になり、大急ぎで二つの曲の弾き込みを始めなければならなくなって」

張小魯は気持ちの高ぶりを抑えられず視線を窓の外にそらせた。

「あの時は緊張しっ放しで、まるで戦争のようでした。ユンディは入試の日の金曜日に専門教科と土曜日のソルフェージュの後、日曜日に北京に行って決勝を弾き、すぐ成都に戻って月曜日に文化教科の試験を受けました。当然、その間の往復は飛行機になるのですが、そのころの私たちの経済状態では往復二人分のチケットは大変な負担でした。但先生も知人のいる関係先に温情をお願いしてくれて、最後には特別なチケットを用意してくれました」

「よかったですね。そんな緊張の連続の中で、ユンディはメンタル面での影響は受けなかったのかしら。しかも決勝ですよね？」

「そうですね。影響を受けた様子は特に感じませんでしたね。ただ飛行機は初めてで、戸惑いや興奮はあったようです。それに三月の北京はとても冷たい感じで、ユンディの手や指先が今にも強ばりそうでした。無事会場に着いてそこで弾いた曲は『サンフラワー』でした。途中で小さなミスがあったりして、普段ならしないミスでした。表情がやや落ち込んで、但先生は音楽的にはよく弾けていたから気にすることはない、と慰めてくれました。先生はコンクール後の成都への便の予約されてなかったようで。冗談に、北京に残って私が代わりに賞を受け取って帰るよって、そうもいわれて」

「但先生には受賞の予感があったのですね」

「おそらく。初めから取れると思っていたみたいで。それから昼食を済ませて空港に向かいました。出発便の予定が午後四時なのに七時になってやっと離陸しました。翌日の試験に影響しないか心配でしたが、ユンディはまるで気にせず機内では生き返ったように元気でした。私はページをめくって予習を手伝いました」

「二日目の文化教科の方はどうでした？」

「ハラハラした場面がありましたね。試験場に行くというのに受験証を忘れてしまったり。疲れもあってうっかりしたのでしょう。受付にどう話をしてもダメで仕方なくアパートに取りに帰り、試験場に戻ったのは締切の一分前でした。文化教科の試験が終わった後、ユンディがピアノコンクールで一位になったと報せがありました。但先生も成都に戻られ、ご自宅に招待されました。但先生はとても喜んで一位の特別のお祝いまでいただき、二人で改まって握手していました。ユンディは落ち着いたもので、但先生が少し拍子抜けされたくらいでした。一位の賞品はフィリップス社製のオーディオセットで今でも家で鳴っています。ユンディは物を大切にする子で、このオーディオも毎日ホコリを払ったり、鳴らす時はツマミに布をあてて動かしてましたね。CDが欲しいといってましたが、値段が高かったので当時はカセットテープにしていました」

しばらくして入試結果の発表があり、ユンディは一番の成績で四川省音楽学院付属中学に合格した。このことは今後も成都での生活が続くことを意味した。母親は息子のために勤務先を離職する決意をした。公職を離れることは養老保険など将来の生活設計上の権利や資格を自ら放棄することを意味する。これは通常の社会常識では考えられない行動とも思われかねなかった。

張小魯のモノローグ。

「改めて私は息子との成都での生活に『一意専心』することにした。日常の世話やピアノ教科の補習でも、今後は息子の守役となる。これまでも半ば仕事として対処していた経緯もあり、スポーツ選手の例でいえば、いわば専任コーチか同伴競技者という役回りだったのだろうか」

まさしく母親の思いそのものだった。

第三章　辣腕ママ手中の天才少年

［二］

一九九五年六月、四川音院付属中一年生だったユンディは、アメリカで行われるストラヴィンスキー青少年国際ピアノコンクールへの参加出場資格を得た。参加すれば生まれて初めての外国行きとなる。

この年、彼は年齢が十三歳に届かず、そこから少なからず問題が生じる。国外のコンクールへの参加は費用もすべて自己負担である。ただ第一位になれば学校が費用を肩代わりする特典があった。

「当時、南方にいたパパには少しの貯えはありましたが、自費で息子を外国に出すことになれば、その後の窮乏生活が目に見えていました」。母親は当時の辛く苦しい心境と参加させたい親心を笑いでごまかした。「息子の教育資金のことなど考えたこともなかったし、生活費だけでいっぱいで、しかも私も失業の身で家計はパパ頼りでしたから……苦しくても楽観的なところは今も変わりませんが」

但昭義《タン・チャオイ》はコンクール参加の重みについて以前から強く意識していた。

「学校も本当はお金がない。だが国際コンクールにも出ずに学校のレベルやステータスをどうやって保つのか。こうした国際活動には積極的に参加して、そこから学校に足りないものを見つけていくしかない」

ストラヴィンスキー青少年国際ピアノコンクールはアメリカ・イリノイ州で開催される。初めての参加となる国外でのピアノコンクールは、彼の人生に大きなチャンスとなるものだった。

　ユンディは教師と母親に付き添われ、アメリカに向かうことになる。経由地の深圳では招待を受け、深圳芸術学校に立ち寄った。李祖徳《リ・ツゥトゥ》校長の手厚い歓迎に、ユンディは芸校が主催するミニコンサートでピアノを弾いた。李校長は彼の演奏に驚嘆し「子供がこれほど見事に弾くのを今まで聴いたことがない」と褒め称えた。

　このことも手伝って、以前からよい教師を探していた李校長は、但教授を深圳芸校に教師に招きたいとの思いを熱っぽく訴えた。旅先でのこともあり、但昭義は即答を避けたが、李校長の誠意やもてなしに伝わるものがあった。

　香港到着後すぐに空港に向かう予定が、張小魯《チャン・シャオル》の体調が好ましくなく、待合室で様子を見ることにした。「今回は取りやめた方がいい。コンクールは私が責任をもつ。この先ずっと乗り続けるのは無理なのでは？」。但教授の心配をよそに彼女は気持ちを奮い立たせた。「半時待ってよくならなかったら諦めます」。そういったものの体調は思ったより早く回復し、三人は予定通り機内の人となった。

十時間余りの空の旅の後、ロサンゼルスに着いた張小魯は再び空港で不調を来たすことになる。四日後に状態が上向いたところで乗り継ぎ、サンフランシスコに入った。但昭義は当初二人をサンフランシスコ音楽院に案内するつもりだったが様子を見て取り止めた。さらに二日後にシカゴに移動し、コンクール開催地――イリノイ大学まで車を走らせた。費用の節約も考え、三人は大学が用意した狭い宿舎を借りた。いつもの明るさが戻らない母親に、準備に慌ただしい師弟には強い不安が先立った。

　張小魯の回想。「あの時は初めての外国行きというのにすっかり足手まといになり、まったく役立たずでした。ユンディにも気遣わせてしまって。練習休みには但先生をお手伝いしたものの、調子の上がらない私の世話までさせて。大事な国際コンクールというのに、こんな情けないことになってもう言葉もありません」。国外でのコンクール初参加のユンディには、すべてが新鮮で好奇心にあふれていたものの、母親への心配や長時間のピアノの練習で楽しみも半ばだったという。

「あれほどステージ慣れしていたユンディなのに、やはり初めて見る外国人の審査委員や、各地からの大勢の参加者にやはり相当緊張していたみたい」。その時を振り返って彼女はこうもいった。「幕が開ける直前になって、ママ、何だか怖くなった。譜をみんな忘れちゃったって急にそういい出したの。私は焦ってユンディの頬をつねったり叩いたりして『落ち着いて！　譜を忘れたなんて何のこと？　周りなんか見ずに音楽の中に入りなさい』って大声でいったの。ステージに出る時は、思い切り背中を押したわ。私はすぐに客席に下りて弾く様子を見てましたが」。世の母親には、コンクールの場で自分の子供の演奏に立ち会うのは、ある種の試練であろう。プレッシャーを怖れて多くは会場には来ない。しかし彼女の場合、息子であっても条件さえ許せばどんなコンクールにでも立ち会い、演奏にも厳しく指摘するだけの勇気の持ち主だ。かつて但昭義も冗談に、彼女はすでに「国際的な審査委員」といっていた。

コンクールは順調に進んだ。ファイナルに残った七十人余りの中で、ユンディは最年少の出場者となった。母親はついに体調を崩して宿舎にこもることになった。

ユンディ・リが弾く曲目は高難度といわれるリストの『タランテラ』である。『タランテラ』はイタリアの民俗舞曲のタランテラを基にしたもので、作曲されたのは一八六九年。「巡礼の年」第二年、イタリア補遺の中の一曲である。

ユンディは見事に弾き終えた。自らの解釈による演奏で、アップテンポの軽やかな部分では滑らかさだけでなく、音のつぶもよく揃って明快な音楽だった。

ユンディの演奏について審査委員は「個性的で表情も豊か、とても際立った演奏」と評し、ストラヴィンスキーの娘も称賛していた、と伝えている。ある記者は「この十三歳の子供の聡明さと信念は注目に値する」と書いた。

張小魯は当時を振り返りながら、こういう。「コンクールの後、審査委員からお褒めの言葉をいただき、次はどこかのステージで見たいね、とかいわれたようで、但先生も自信を持っていました。審査結果は六位から読み上げるのですが、途中でユンディの名が呼ばれた時、但先生はとても驚いて。結局三位でした。先生は残念がっていましたが、喜びとか安堵感がありました。初めての国際コンクールで入賞しただけでも褒めてあげる価値はあったのかなと思いました」

国際コンクール初戦に入賞したことでユンディの自信は深まった。母親の体調のこともあって外国を楽しむ時間はなかったが、コンクールは満足できるものだった。「帰りの便はジャンボ機だったわ。私は席にうずくまってましたが。ユンディは興奮覚めやらずで、何とコックピットに入り込んで、ピアノコンクール第三位のことを話したら、機長が帽子をユンディに被せてポラロイドで記念撮影したとか。その写真を得意顔で私に見せて、もうこれ以上ないはしゃぎようでした」。帰国後、母親は体の回復を待って、ご褒美に息子を珠海旅行に連れて行った。但先生も間もなく深圳に戻り、李校長のかねてからの要望に承諾の機を探っているようだったが、やがてその日が来る。

〔二〕

中国の南部に位置する経済特区――深圳特区は一九八〇年八月二十六日に誕生した。新たな使命を持ったこの臨海都市は、その後、歴史的な改革の中で数多くの奇跡を創り出す。小さな漁村から産業都市に衣替えした深圳は、中国初の対外開放都市として、その強い吸引力と多様性によって新たな特徴的な発展を遂げた。多くの人材が各地から集まってきた。華北は北京・長城、華東は上海・長江から様々な方言を操りつつ、躍動感あふれる新しい「移民都市」の文化と創造に挑戦していた。

この新たな都市が放つ情熱とエネルギーが、但昭義を引き寄せたといっても過言ではない。帰国後、彼が再び深圳芸術学校を訪ねると、待ちかねたように李祖徳校長から手厚いもてなしを受けた。芸術学校は早いころにユンディ・リ入賞祝賀会を済ませており、訪問客はそれを知って喜びと感謝の気持ちを表していた。このことは彼に南部への移住を決断させる決定打ともなった。

深圳芸術学校は一九八六年に深圳市政府が創設した全日制の高等芸術専門学校である。校長の李祖徳は現在、全国芸術職業院校の教学指導委員会委員で、全国高等専門学校学会の常務理事、また深圳市優秀校長でもあった。一九七〇年に武漢音楽学院の作曲科を卒業し、その後、母校の教育・行政に一時携わったことがあったが、一九八八年に広州に移り、一九九四年に芸校の前校長、陳家驊《チェン・チアホワ》の推薦で、広州星海音楽学院から深圳芸術学校校長として転任した。

李祖徳は校長就任以来、芸校の将来を見据えていた。彼は当初から学校運営の目標レベルをより高いところに置き、深圳の経済環境や地理的条件を活かして、優秀な教師や将来性ある学生を集めたいと考えた。四川音楽学院の但昭義教授は、李校長にとってまさに意中の教師だった。

深圳芸校への着任を前に、但教授はこう語る。「実のところ、仕事の環境を変えてみたいとは早くから思っていた。そうした情報に以前から注意はしていたが、深圳芸校に来ることは考えたことがなかった。有り体にいえば私が大学教員だったこともあり、高等芸校や専門校で教えることには心理的にやや抵抗感があった。その後、ユンディの国外でのコンクール参加で深圳へ寄る機会があり、陳前校長や李校長の歓待を受け、そこで聞いた話の内容も印象深いものでした。それからですね、深圳に来ることを真剣に考えるようになったのは。当時から深圳は私の目に新興都市と映っていました。学校のレベルはそう高くはないが私にやれる仕事かもしれない。しかも陳前校長や李校長、他の教師の多くも大学や専門の音院から来られた人たちで、私の中にあった「降格」心理もいつか消えていました。校長も特区の活発な経済事情を背景によい条件を提示してくれました。内地から招いた学生には学費を減免するとか、学生のコンクール参加には費用面で支援を行うなどの。いずれにせよ深圳に来ることを決めたのは一つ二つの単純な理由ではなく、様々な事柄が私をこちらに向けさせ、決意させるに至ったのです」。人生の主要な一部でもあった四川での教員生活が間もなく深圳に移ることになる。教師としては大学から高等専門課程への異動である。五十五歳の但昭義にとって、ここは重大な選択となった。

深圳市。かつて文化の砂漠といわれた新興都市が、今日では歴史・文化を育んだ大都市から注目されるほど、市内各所の文化産業都市への変貌ぶりが顕著である。

但昭義の深圳への転任は、市の「異動の最高年限」規定に一部合致せず、このため深圳市委員会と市政府は、市の「人材戦略」の例外措置により異動を認定した。世界に通用するピアニスト育成に向けた戦略が一歩を踏み出すことになった。

但昭義からユンディあてに、深圳芸校への師弟一体型による「転校」の打診があった。母親の張小魯にはなぜかためらいがあった。彼女はいう。「当時、私たち家族全員、祖父母も含めて困惑の思いが強くありました。深圳に行くということは四川音院、つまり将来の大学進学や伝統ある「ブランド」を棄てることになります。でも一方で但先生から離れるのはユンディの将来に重大な影響が出ることは明らかでした。その時は頭を痛めるだけで、よい考えが浮かんで来ませんでした」

実際、ユンディの今日までの道のりをたどると、彼の手中に輝く幸運の星々を探すに難くない。小《ち》さな縁《えにし》から楽器と音楽に親しみ、やがてピアノに転向すると、そこでよい教師との巡り合いがあり、わずか四年で全国コンクール参加の機会を得る。さらに十三歳で国外のコンクールでの入賞の夢まで適えた。人生の岐路に立つと天の力が働いてよい方向に導かれる。但先生と共に深圳芸校に「転校」することも、幸運の星に由来したものなのか。

「ユンディは運の強い人ですね。大事な場面でいつもよい結果が後からついてくる……」。そういった私に母親は異議を挟まなかった。「そうかもしれませんね」

「深圳に転校するかどうかで家族の皆が頭を痛めている時、ユンディははっきり自分の考えを私に言ったの。『但先生にどこまでもついていく』って。ずっと考えあぐねていた時だったので、家族もユンディの気持ちを尊重することにしました。よい先生に巡り合うということは、よい学校を選ぶことより大事なことなのですね。但先生にも電話して、どこまでもついていきます、とお伝えしました」

最終的に但昭義は、ユンディを含む十人の生徒とその家族を連れて、深圳入りすることを決めたのだった。

一九九五年十月四日は深圳芸術学校にとって歴史を刻む重要な一日となった。

当日午後三時、李祖徳校長は自ら空港に赴き、但昭義が引率する「四川軍団」を出迎えた。芸校は財政的な余裕があまりない中、但昭義に３ＬＤＫの居室を提供した。生徒と家族には黄木岡城中村にアパートを用意した。さらに生徒の家族への経済的な支援も配慮し、芸校は家族の希望があれば臨時工などに採用した。張小魯はピアノクラスの常勤アシスタントとして任用された。

深圳に到着した直後の台風体験は、張小魯に忘れ難いものとなった。「深圳に来て間もなく特大の台風が襲ってきて。これほどひどい暴風は経験したこともなくって、学校は車で宿舎まで送ってくれましたが、風で洗面所のドアが壊れ、キッチンはベランダの上に吹き飛んでいました。はっきりいって最初からあまり気が向かなかったアパートでした。それでもユンディは不平一ついわず、環境にもすぐ慣れて生活上の不便はないようでした。キッチンや洗面所の掃除とか部屋の整頓もよく手伝ってくれました」

「そうやって母親を慰めていたのでは？　生活品が足らなくて困ったことはなかったでした？」

「一通りは揃っていたと思ったわ。そういえば来てすぐ迎えた春節に、ユンディはお年玉を全部はたいてアイロンとアイロンマットを買ってくれて。感激して胸が詰まったわ。あの子は普段お金をまるで使わないし、そこでの生活はストレートにピアノと音楽だけでした。よかったことはパパが深圳まで度々会いに来てくれたことかしら。来ると夜は床板の上で寝ることになるの。狭い部屋にはベッドとピアノ、それに物書き用のテーブルでもういっぱい。結局その黄木岡のアパートで二年余り暮らしました。それから芸校の新しいアパートに移って、やっとそこで部屋が与えられました。学生にもそれぞれ割り当てがあったみたいです。こんなことって内地ではあまり聞いたことないけど、どうなのかしら。生活も少しずつ変わりました」

深圳。実生活を重んじるこの地の気風が、天与の才を持つ学生たちに陽光あふれる豊かな自然空間を提供した。ユンディもすぐに深圳の環境や風土に順応した。重慶の友人にあてた手紙にも「深圳がとても好きになった。この地の澄みきった青空が限りなくインスピレーションを与えてくれる」と書いた。

但昭義は深圳芸術学校に着任すると、毎日十時間を超す仕事量をこなした。老教師は新たな任地での使命を胸に、自らのすべてを投入する決意だった。

〔三〕

ピアノの演奏を目的とする教育指導には、ある種の才能教育的な側面がある。但昭義の「素質」教育にも同様のことがいえ、学生の素質や個性を理解し見極めながら行うことが重要であることはいうまでもない。

ユンディの演奏について但昭義はこう見る。「彼には音楽に対する直感力や集中力がある。音楽性も豊かだ。表現の内側に彼の個性が隠れており、それが聴く人の心を捉える。また説得力ともなる」すぐれた演奏とはテクニックの完璧さに加え、弾き手の個性が作品と密接に結びつき、インスピレーション豊かに音楽の情感を余さず表現した演奏である。

但昭義は厳しい練習の中から、ユンディの天賦の才を引き出した。本人の自覚をもとに、音楽性や創造力を啓発する指導も行った。またテクニックを活かす道は、曲の解釈や表現とも関連があり、最終的には弾き手の演奏スタイルの完成にもつながるものだ。

ある時、但先生の授業に話が及ぶとユンディはこういうのだ。「先生は音楽の感じ方とか曲の解釈について、学生をどう啓発するかとてもよく解っておられます。また指先のテクニックの練習以外にも、ピアノの歌わせ方つまりカンタービレの大切さをとても強調されます。また以前から先生は、曲を弾くのは大事だけど、基本をおろそかにして表面だけなぞるのは才能を浪費しているだけだ、そうもいっておられました」

但昭義は穏やかで親しみやすい教師である。しかし一旦教室に入ると体全体から厳かな雰囲気が漂う。また簡単に生徒を褒めたりはしない。仮に十分であってもせいぜい「いいだろう」程度である。生徒がミスをした時は、そっと視線を向ける程度でもはっとさせるものがある。ミスは普通三回までは何もなく続けて弾くことができるが、四回目が起きるとその場で終了となる。ユンディのような優秀な生徒は授業の進度も速い。演奏が難しい曲でも普通なら期末近くまで仕上げにかかるものを、彼は四回程度の授業で仕上げてしまう。当然、但先生の要求も厳しくハイレベルなものとなる。張小魯には忘れもしないできごとがあった。ある日のこと、ユンディの暗譜が滞って進まず三回目も失敗したところで、但先生は容赦なく彼を教室の外に出した。

「その場におられたのですか、その時も?」私は張小魯に尋ねた。

「ええ。すぐ傍にいました。心配するほどではなかったのですが。但先生が怒るのを見たのは後にも先にもこの時だけです。ユンディはその場から逃げ出そうとするし、私も何か固まってしまい、気づいた時は校庭の隅にいました。その後、教務処に隠れていたのを但先生も見つけて教室に連れ戻したりして。実際、但先生は生徒のレベルをよく知っていますから、力以上のものを生徒に求めることはないと思うのですが、ユンディにはやれる力があるのにやれていないところを厳しく咎めたのでしょう」

但先生の指導の下、ユンディはショパンやリスト、スカルラッティ、バッハ、ベートーベン、モーツァルト、メンデルスゾーン、そしてハイドンの作品の弾き込みに励んだ。芸校に今も残っているユンディの映像がある。芸校主催のピアノコンサートの録画で、李祖徳校長はそれを見ながら私にこういう。「ユンディは卓越した才能を持った子供だ。滑らかで自然な演奏をここでもよく表現している。フレーズが美しく抒情的で、十三歳のあの子の顔を見ていると、時々不思議に思えてくる」

録画の中の少年は笑顔で仕種もやさしく、演奏には一分の隙もない。印象的なのは細身の彼の小さな体と、そこに抱きつくように横たわる巨大な楽器との対比をなす光景である。鍵盤に向かう姿はどこかピアノを思い遣る優しさをも感じさせるものだ。

張小魯は、ユンディの授業を全面的かつ完璧に手中に収めていた。息子への教育指導の厳しさがそこに現れている。このことは校内でもよく知られていた。

ユンディのクラス担当主任教師はこう振り返る。「彼のママは力のあるピアノ教師です。学生コンサートでも誤った解釈や表現はすぐ見つけ出します。ユンディはそのママの前で毎日四—五時間練習し弾き込んでいる。ママが傍にいない日はおそらくないと思う。放課後の残り時間も基本的にママの監督下です。そんな彼でもピンポンは一番の課外活動で、隠れてそっとやっている時、誰かが一言「ママが来た」といえば、すぐにラケットを置いて姿を消す、とても素早くね。学校生活全体がママの監視下にあるので校内活動さえほとんど出てこないけど、一度だけ春の探勝会に参加したことがあった。羅浮山への二日間の旅行で、その時はめずらしく私に取り成しを頼んできてね。最後はママも承知してくれたけど、その時ばかりはかわいそうなやつだと思った。それでも出発の日は朝五時に起きて二時間弾き、それから七時半に校門前に集合して。それにしても毎日これほど真面目一筋に道を進んでいけば、天与の才の話は別として、成功しない方がおかしいということにもなりますね。羅浮山の兵舎に泊まった夜は、生徒たちが楽器を持ち出して兵舎の楽隊と交歓会を始めると、奥にあった古いピアノをユンディが弾くことになって、『黄河協奏曲』のほんのさわりだったけど、熱の入った演奏に兵士たちから喝采を浴びてましたね」

周囲にも公認された息子への厳しい教育指導について、一方の張小魯はこういうのだ。「ピアノを学ぶ子供たちには、家族の粘り強い支えこそ辛い練習を乗り越える力となるものです。私は傍で練習に付き添い、とても注意して聴いています。毎日五、六時間聴いても疲れを感じることはないですね。自分で選んだ道ですし、ユンディもそこはしっかり自覚しています。遊びや用事で練習が減っても帰ってから二時間は弾きます。春節も一日休み取るだけで、明ければすぐまた練習を始めます。実際これは私が押しつけてるわけではないのです。小さいころからの習慣もありますが、厳しいといっても本人がやれる範囲のものです。ユンディにはこうも伝えてあります、私の願いとしてですが。もし心からピアノが好きで大切に思うのなら、どこにいてももしピアノがある場所では、許可を貰ってでもそれを弾かしてもらいなさい、って」

教師と母親の厳しい指導の下、ユンディの演奏はさらに上の境地を目指す。また学校の支援の下、国外のコンクールへの参加機会が増えてくる。

〔四〕

一九九六年八月、十四歳になったユンディはドイツのエトリンゲン国際ピアノコンクールへの参加資格を得た。これに呼応して深圳市の「深圳少年芸術団」はヨーロッパへの巡回公演を企画し、そこに団員のピアニストたちを帯同することにした。但昭義は国際ピアノコンクールへの参加を企画する過程で、ビザの問題から国外のコンクールへの出場機会を逸しかねない危うい場を幾度か経験していた。今回のユンディの参加はその経験を踏まえたもので、李祖徳校長が引率する「深圳少年芸術団」の一員として初めてヨーロッパの土を踏むことになった。

オーストリア滞在中、深圳少年芸術団はウィーンのシェーンブルン宮殿の庭園野外ステージや、アイゼンシュタットのエステルハージ宮殿ハイドンホール、またリスト誕生の地、ライディングなどで公演を行い、各地で熱烈な歓迎を受けた。特に初めてハイドンがオーケストラを指揮したといわれるエステルハージホールでの演出は聴衆を大いに沸き立たせた。ウィーンのテレビ局とザールブリュッケンのテレビ局がライブ中継を行っていた。ユンディが独奏したピアノコンサートでは、音楽の都ウィーンの聴衆を感動のうずに巻き込み、拍手と歓声が長い間鳴り止まず、アンコールを四曲演奏してようやく幕となった。

李祖徳校長はその時の様子をこう振り返る。「滞在中、私とユンディは同部屋でしたが、思いが素直に伝わってきて話が夜中まで尽きなかった。まったく十四歳の少年とは思えないくらい物事をよく知り自信も持っていた。中には思いもよらない話もあってね。ロジックをしっかり持った子でした。今思えばあの時のユンディの頭の中には、この世界で生きていくことの見方や考え方がすでに出来上がっていたようでしたね。好奇心の強さにはびっくりで、頭の中に十万個の『なぜ』が詰まっているようだった」

「音楽についてはどうでした？」。私は尋ねた。

「音楽の話はありすぎるくらい……そういえば」。李校長は何かを思い出したように笑顔になった。「ウィーンの人たちが集まる公園みたいなところで、ユンディはバンパーカーを見つけて遊び始めてね。乗り始めるうちにすっかり熱中して、やがて戻ってくると私にバンパーカーの構造はどうなっているのって聞くのです。動力は何を使っているのか、電流はどうコントロールしているのか、分からないことは何でも知りたがる。考えてみれば、この好奇心がピアノを弾くエネルギーの源なのかなって」

「そんなにも夢中になって。で、ステージでの演奏の方はどうでした？」

「そうそう。とてもよかった。とても大きな反響があってね。よく覚えているのはウィーンの小さな村で地元のアマチュアグループとミニコンサートをした時だった。ウィーンはドイツ・オーストリア音楽の中心地ですから、地元の人も音楽を知り尽くしている。アマチュアでもステージの演奏にはすぐ反応が返ってきます。ユンディのピアノを聴いた反応の、その沸騰ぶりはまったく驚くほどでした。弾き終わっても彼をステージから降ろさせないのです。彼もそれで一曲また一曲と会場を乗せまくってね。コンサートが無料だったこともあって、興奮した人々が感動の持っていき場に困っているようでした。終わった後、大勢の人たちがユンディの周りを囲んで花束を渡したりしてました。そう、目の前にいた老婦人がネックレスを外してユンディの首に掛けるのです。グループのリーダーらしい人物が私にも握手を求めてきました。ユンディは中国からきた神童だと褒め称えてね。まさしくそうかもしれない」

「ユンディの反応はどうでした？　やはり得意げな顔つきになって」

「いや、彼はそんな性格ではないから……それでも今回の演奏はまずまずと思っていたようです」

外国でのこれらの生《なま》の音楽体験は、ユンディの視野を大きく広げることになる。国内ではあまり親しまれない西洋音楽だったが、ヨーロッパの肥沃な土壌と豊かな環境がもたらす馥郁とした香りを、彼は心の奥深く吸い込んだ。

ユンディには生来的に備わったともいえる感性、また資質があった。それを見通していた但昭義はユンディの音楽の持つ内面的な表現力をいっそう重視した。

但先生はいう。「才能豊かな生徒はとかく慎重でまたデリカシーにも富んでいる。生徒が教師とよく向き合っているかは、その場を振り返ることで確かめられる。ある曲を私の前で初めて弾くことになったとする。緊張する中で私の指導を受け、すぐその場でそれを弾いたとしても、演奏は多分指導された通り「楽譜」の枠から出ず、硬さや不自然さがあっても仕方がない。そこで私はその時こういうことにしている。私がどう指導したかはあまり考えず、弾き手としての表現方法を考えなさい。つまり自身の内面にある音楽を顧みること、それが一番大切なことで、そこで初めてインスピレーションも湧き出てくる。教育とか指導とかは弾き手が自身の潜在能力つまり内面的な表現力を発掘し、その主観的能動性つまり才能や感性を目覚めさせ、そこに表現手段を求めて鍵盤を操作する、この一連の協同作業をいうのです。生徒が教師と向き合えず、その特質や個性を自身が見据えることができなければ、どんな資質や才能も目指した場所に行き着くことは難しくなる」

ユンディにはそこで会得したことがある。彼はいう。「但先生は演奏表現には厳しい見方をされていて、求めているのはレベルアップへの無限の努力です。今ではよい演奏とはどんな演奏か自覚できるようになりましたが、授業では常に新しいことが求められ啓発されています。但先生の凄さは、生徒が抱える難問や未解決の課題に、答えを引き出す的確なアドバイスを授けてくれることです。これは悩める生徒には天の声に等しいものです」

「思い通りピアノが演奏表現できるようになったと感じたのはいつごろからですか？」

「いや、思い通り表現できるようになったなど思ったこともありません。ただ最近では直観したものを表現できたと少し自覚できるようになったことかな。直観した中に作曲家の視線や息遣いを感じるのです。当然のことですが、私はコンサート後は自分の演奏を振り返るようにしています。作品への心構えや心理状態を常に同じに保つことは至難ですから、気分や感覚も演奏ごとに違うものになる。でも私はこうした即興的な感覚や心理状態も大切にしています。その感覚やイメージが演奏ごとに身に付けば、次の演奏では新たな音楽が創り出せます。曲の解釈や表現を固定的に考えるのはよいとは思えず、私が求めるものでもありません」

但先生はいう。「生徒たちにテクニックや表現、解釈などを講義していると、芸術や創作への熱い思いに胸が詰まることがある。生徒とは作品の理解や評価について観点や思考方法の違いから議論になることもある。ただ基本的なもの、作品の構造や特質、スタイルなどは正しく理解しておくことが重要で、基本をしっかり把握した上でどう演奏するかということだ。細部も固定的な処理は避け、真の多様性とは何かを考えながら議論を深めればよい。時には私たち教師も処理方法では比較研究を行うなど、そこに合理性のあるもの、説得力を持つものを選択すればよい。つまるところ最後は演奏者がそれを表現する上で、幅広い共感が得られるか、そこに絞り込んで考えていけばよい」

但先生の講義はユンディの感性の土壌に肥料を施すように自由闊達な空間を創り出す。授業の中で彼はそれまでの作品に対する理解と体験から、自身による独自の解釈を創り出すところまで成長した。そこでは演奏もいっそう自由度を増し、表現の幅や深さもバランスの取れたものとなった。そのことはある意味で、恩師の音楽性と演奏理念が彼の中で体現したものともいえようか。

第四章　幸運の指輪がもたらす幸運

［一］

十五歳になったユンディは体つきも一回り大きくなる。考え方や性格が大人に近付くにつれ、生活上でも自らの考えを通したい思いにかられ始める。このことは母親からの自立を暗示するものだ。

ユンディにとっての母親の存在。幼いころからピアノと共に過ごした日々を振り返ると、母親は教師また専任コーチであり、時にはクラスメートだった。共通の目標からある時期までは世の母子以上に緊密に結びついたものがあった。反発や抵抗が無論なかったわけではないが、成長するにつれて幾つかのことが次第に深刻なものとなる。実際こうしたことはどの母子も経験することだ。親しい先輩や友人とも、長じることで緊密さが失われることもある。

自然の成りゆきとはいえ、張小魯《チャン・シャオル》にとって子離れは容易ではなかった。長い間、息子と音楽は彼女の人生そのものであり、日々の生活に息づいていた。しかし彼女もやがて母親として折り合いをつけることになる。これは真に勇気が要るものだった。かつて息子とすべてを音楽に投じながら、今後は息子のために距離を置くことになるのだ。

「十五歳を過ぎてからは、あまり構うことがなくなって」張小魯は私にそういった。「生活は普段通りでも、音楽とか人生設計のようなものは自分で考えていたようです。当然そうなりますね。でもこんなに早くその時が来るとは思わなかった。息子も自分の道を歩き始めていました」

ユンディは一九九七年から二〇〇〇年にかけ、本格的に内外のピアノコンクールと取り組んでいる。結果は彼の力量が十分に示されるものだった。各地のコンクールで入賞を果たし、世界にも名が知られるようになる。スタートとなったのは香港の第一回中国ピアノ作品コンクールである。次いでアメリカのサウスミズーリ国際ピアノコンクール。さらに一九九九年には短い期間に三つの国際ピアノコンクールに出場した。フランツ・リスト国際ピアノコンクール、アメリカ・ジーナ・バッカウアー国際ピアノコンクール、そして母国、北京での第二回中国国際ピアノコンクールである。

一連のコンクール活動が始まる前の一九九七年十月、ユンディはドイツとチェコの両国文化省の招待で、深圳交響楽団のヨーロッパ巡演旅行にソリストとして参加し、各地でコンサートを行った。これは彼の次のステップへの幕明けとなり、二〇〇〇年にはショパン国際ピアノコンクールの目も眩むようなシチュエーションが待っていた。

深圳交響楽団は深圳市が一九八二年に創設したプロのオーケストラである。ユンディにとってもオーケストラとの共演は初めてで、巡演期間も十四日間と長い。この間、ドイツのニュールンベルク、アウグスブルク、ベルリン、さらにチェコのプラハなど六つの都市を巡回し、プラハの著名なスメタナホールでもコンサートが行われる。とりわけ注目されたのがベルリンでのコンサートだった。会場にはドイツの名立たる政治家や各国の使節が来場し、ユンディと深圳交響楽団が共演した現代中国の著名な作品――『黄河協奏曲』には熱烈な拍手が送られた。

『黄河協奏曲』は一九六九年に発表された曲で、殷承宗《イン・チョンツォン》、儲望華《チユ・ワンホワ》、劉荘《リウ・チユワン》など複数の作曲家やピアノ演奏家によりピアノ協奏曲に編曲されたもので、原曲は洗星海《シ・シンハイ》が作曲した合唱曲『黄河大合唱』である。この勇壮華麗なピアノとオーケストラのための協奏曲は、現代中国を代表する作品で、西洋音楽の協奏曲の手法に倣いながら、曲の構成は中国の伝統音楽である啓、承、転、合の組曲形式になっており、西洋音楽の様式を踏まえながら中国音楽の特徴が見事に描かれている。

香港ピアノ協会は一九九七年十二月、第一回（香港）中国作品ピアノコンクールを開催した。香港返還を記念した特別な意義を持つコンクールに、ユンディは深圳芸校の代表として参加した。コンクールは『黄河協奏曲』グループ、青年グループ、少年グループ、児童グループの四グループに分けて審査を行い、ベルリンでの成功の余勢を駆るような高得点で『黄河協奏曲』最高グループの第一位に輝いた。

アメリカ・ミズーリ州南西端にある都市ジョプリンはあまり名も知られない小都市である。サウスミズーリ国際ピアノコンクールはこの地が会場となった。サウスミズーリ州立大学はこの時期、世界各地から訪れる青少年たちの雲集の地となり、普段は寂しげな市内も特別な記念式典の彩りを添える。サウスミズーリ国際ピアノコンクールは、規模としては中型のコンクールで二年に一度の開催である。審査委員はアメリカ、ロシア、イスラエルなど二十余りの国と地域から招聘され、コンクール参加者もカーティス音楽院、ジュリアード音楽院など開催国のトップクラスの音院在校生が多く、激戦となるのは間違いなかった。ユンディの今回の参加は、国際コンクールとしては七回目となるものだ。

四月の好天の日、ユンディは但昭義と共にアメリカ入りし、会場近くに宿をとった。但先生はコンクール準備段階で大量の楽譜や資料、文献を集め、曲の分析・研究を行ってユンディ独自の解釈や表現を模索していた。そしてコンクールが幕を開けると参加者一人ひとりの演奏を注意深く聴き取り、ポイントなどをメモした。ユンディは一次審査から審査委員や当地メディアの注目を浴び、入賞の声も聞かれたほどだった。次いで二次審査、セミファイナル、ファイナルとコンクールが進む中、彼はバッハやシューベルト、リスト、プロコフィエフ、ハイドン、ベートーベンなどの比較的知られた曲を弾き、中国民族を描いた器楽曲『彩雲追月』のピアノ編曲版もそこに加えた。

ユンディの演奏は各々の時代様式やスタイルに則ったもので好演だった。『彩雲追月』はピアノという西洋楽器による和声の純朴な響きや、民族音楽に隠された中国人の情感を表現しており、会場の人々の共感を得た。ユンディはこの国際ピアノコンクールでは第三位に終わったが、審査委員や関係者に強い印象を残した。いつかどこかのコンクールでこの所作の愛らしい恥ずかしがり屋の若者と再会する日が来ることを信じない者はいなかった。

［二］

作曲家の名を被した世界のピアノコンクールの中で、オランダで行われるフランツ・リスト国際ピアノコンクールは国際的にも評価の高いコンクールの一つである。

死後百周年を記念した第一回フランツ・リスト国際ピアノコンクールは一九八六年に創設され、以後三年に一度開催されている。演奏曲目はすべてリストの作品に限られ、ハイレベルのコンクールといわれる所以ともなっている。コンクールの覇者は今日一流といわれるピアニストばかりである。

一九九三年三月、ユンディは第五回リスト国際ピアノコンクールに参加した。開催地はオランダ第四の都市ユトレヒトで、生前にリストが住んでいた都市である。十一名の音楽家、ピアノ演奏家で構成される審査委員会のメンバーは、地元のオランダ、ドイツ、イタリア、ポーランド、ロシア、アメリカ、ブラジルなどから招かれ、その中にはクリスチャン・ツィメルマンの教師でポーランドのピアニスト、アンジェイ・ヤシンスキ（ユンディがショパンコンクールで優勝した時の審査委員長）、また第一回フランツ・リスト国際ピアノコンクールの優勝者でオランダのピアニスト、マルテイン・ヴァン・デン・フーク、さらに国際ピアノコンクールで度々入賞しているイタリアのピアニスト、アンドリュー・ボナータなどがいる。一方、コンクール出場者は二十二の国と地域からの応募者四十七名で、そこには欧米各地の音楽院の学生も多く含まれる。国立モスクワ音楽院、ジュリアード音楽院、ザルツブルク・モーツァルテウム音楽院、パリ国立音楽院、東京音楽大学、また過去二度の優勝者を輩出したイタリア・イモラ音楽院などである。

コンクールは三月十四日、全十三日間の日程でフォルトブルクホールで幕を開けた。多くのファンが各地からつめかけ、世界の目がこの地に注がれた。ユンディがこうしたメジャーな国際コンクールに参加するのは初めてで、最年少の出場者でもある。コンクールが始まると彼の演奏はたちまち聴衆の心をとらえた。一人のオランダの女性がステージ奥の廊下にやってきて、彼の手を握り興奮した表情で「すばらしいわ。とても感動した」といった。次いでセミファイナルに入ると出場者は九名に絞られた。さらにそこで六名が減り、残った三名がファイナルを争うこととなった。コンクールとはいえ勝負とは何と残酷なものか。

「セミファイナルの後、確かに緊張はありました。でも但先生からいつも気持ちを楽にするようにいわれていたので、特に影響はありませんでした」。彼はそう振り返る。「ただ食事ではちょっとした事情があって。但先生と私は用意された地元郊外のボランティア宅にホームステイしていたのですが、家主さんが高齢で動きがあまりスムーズでなく、といって私たちがキッチンを占領するわけにもいかず困りました。あれこれお願いしてもいけないと思い、食事は毎日パンとビスケット。初めの何日間かは半ば空腹続きで手足に力が入らない時もありました」

「コンクールが終わるまで、ずっとその状態？」

「ファイナルに入ってから、市内の家に移りました。引っ越す間際、但先生とスーパーでワンタンスープを仕入れて家主さんにご馳走しました。お世話になったお礼やお別れも兼ねて。最高においしかった。家主はコンクールが終わった後もゆっくり泊まるように親切にしてくれて。でもそれは遠慮しました」。彼の顔にいたずらっぽい笑みが浮かんだ。

セミファイナルは三月二十四日に行われた。ここでは持ち時間一時間以内に自ら選曲した曲を弾くことになる。ユンディはその夜も会場の人たちの期待を裏切らなかった。弾き終わるとホールが熱烈な拍手に包まれた。コンクールではかつてなかったことという。暗黙の規定によれば、演奏者が曲をすべて弾き終わるまでは、会場は拍手をしないことになっている。彼の演奏は会場の人たちにこのマナーを忘れさせたほどだった。続いて弾いた曲は『タランテラ』。豊かなイメージに溢れた清新な演奏だった。

演奏が終わるとイタリアの審査委員でピアニスト、アンドリュー・バーナータワーはステージの袖に立ち寄り、ユンディを抱き締めて「すばらしい、君はすばらしい」といった。ユトレヒト音楽院のピアノ科主任は、但昭義の手を握りしめ「リのタッチは本当に美しい。音色にコクがある。これこそ芸術、天才の演奏だ。おめでとう」と祝福した。当然のように彼はファイナルに進んだ。インターバル・ルームではユンディに人々の関心が集まった。ファンが彼を取り囲み、サインを求めたり記念撮影をしていた。祝福の声をかける人も。「ファイナルの勝利を祈っているよ」

三月二十七日、フランツ・リスト国際ピアノコンクールのファイナルが始まった。多くの人々がフォルトブルクホールに集まり、午後にはホールの入口が大変な混雑になった。列に並んでいた一人のファンが興奮していう。「リは中国の天才だ。以前はファイナルに余り興味なかったけど、今日はリの演奏を聴きに来た」

ファイナルの会場にはオランダ女王の妹のマルグレーテ王女夫妻の姿があった。中国駐オランダ大使の華黎明《ホワ・リミン》夫妻や大使館員も応援に姿を見せた。またイタリア、日本など各国大使館員も招待され会場に来ていた。ファイナル出場者の演奏時間は一人四十分間、演奏曲目はピアノソロを一曲、そして協奏曲一曲である。ユンディがソロで選んだ曲は、モーツァルトのオペラ、ドン・ジョヴァンニをピアノソロ用に編曲した『ドン・ジョヴァンニの回想』だった。コンクール前に彼はこの曲をほとんど知らなかった。国内での演奏記録がなく楽譜も見つからなかった。但昭義はコンクール主催者から出場通知を受け取った後、手紙で楽譜の提供を依頼していたが、届いたのはコンクールに出発する数日前だった。師弟は残された短い時間の中でこの曲に挑戦したものだ。

ユンディの演奏は表情の豊かさと音色の変化に彩られ、挑戦者の意気込みに溢れていた。惜しかったのは最後のミスだった。曲の解釈や表現に影響はないにしても、優勝の文字が遠ざかっていく思いだった。協奏曲に入る前、彼の心は沈んでいた。但先生はメモした紙片を彼に手渡した。「自分を信じ、やり遂げろ。自分らしく弾き、勝利を摑むだけだ」

教師のメモに彼は立ち直り、再びステージに向かった。最後となるファイナルステージ——オランダ放送フィルハーモニー管弦楽団との共演は、リストの『ピアノ協奏曲第1番』だった。ピアノとオーケストラが壮大に鳴り響き、主題のテーマが繰り返し表れては消える。そして壮麗なクライマックスが近づく。輝かしく目が眩むような響きがユンディの指先から奔流となって溢れ出る。そして勢いよく両手をかざして演奏を終えると、会場全体が雷鳴のような拍手と歓声に包まれた。

著名なピアニスト、アルフレート・ブレンデルは「よいリスト弾きとは、生き生きとした部分と誇張した部分の微妙な違いを表現でき、感傷的で傷つき易い内面の表情を弾き分けられるピアニスト」。ユンディの解釈はよいリスト弾きであることを証明するもの、ともいった。マルグレーテ王女は華黎明《ホワ・リミン》大使に「音楽がとても優美で感動的でした」と語っている。当地のメディアはユンディのリストの協奏曲について、独特のスタイルと雰囲気が感じられ、謙虚で完璧な表現。年僅か十七歳とは信じられない成熟した演奏、と評した。

深夜〇時。審査委員長がコンクールの結果を発表した。ユンディは第三位だった。コンクールの「大衆賞」を併せて手にした。この賞は来場できない音楽ファンをコンクールの聴衆として参加させようと創設したもので、インターネットでの投票により最多得票者が受賞するものである。かつてピアニストの劉詩昆《リウ・シクン》が、一九五六年にブダペスト国際音楽フェスティバルのリスト・ピアノコンクールで第三位を得た時から数えれば、ユンディは中国人として三人目の国際ピアノコンクール受賞者となる。

但昭義は芸校の講義の中で、一連のコンクールに出場したユンディを次のように評した。「ユンディはテクニックや解釈の上で、よりバランスが取れた演奏をしていた。スタイルや独創性ということでは必ずしも強く自己主張するタイプではないが、彼らしさは内面にある情感の表現にある。今はロマン派を得意としているが、彼の進む方向は全方位。今後はモーツァルトやベートーベン、ブラームスを弾くこと。また現代作品も同じことだ」

オランダの舞台監督はユンディをこう励ます。「きみは間違いなく芸術家だ。将来必ず世界的なピアニストになる。他の二人の受賞者はどうやら教師が向いていそうだ」

ブラジルの審査委員のコーエンは感嘆して、彼にこういった。「私の見方では、きみがダントツの一位だよ」さらに感慨深げに「中国はこれまで多くの苦難に遭い、乗り越えてきた。それが文化や芸術に影響しないはずはない。音楽教育がこれほど高いレベルにあるとはすごいことだ」という。ユンディの教師である但昭義が欧米への留学経験がないことも重ねて彼は驚きを隠さなかった。国外に出たことがない中国人が西洋の文化や芸術をこのように深く理解していることが信じられないようだった。但昭義にはこう賛辞を送る。「あなたはすばらしい教師だ。これまであなたが通ってきた道、これからあなたの学生が通る道は、共に間違いなく正しい道だ」

コンクールが幕を下ろすと、ユンディに新しい教師を紹介しようと様々な人が近付いてきた。彼がこのままヨーロッパに留まって音楽を続けるように願ってのことである。ポーランドの審査委員のヤシンスキは彼にこうアドバイスした。「きみはどこにも行くことはない。すでに最良の教師がいるではないか。但先生について行けばそれで充分。次は世界のステージできみのすばらしい演奏を聴きたいものだ」

ユンディは欧米のピアニストに独占されていたかに見える国際コンクールで、自らの実力と信念によって母国中国のすぐれた音楽環境とそのレベルの高さを証明したのだ。この意義と影響の巨大さは、そこで得た順位を遥かに凌ぐものだ。

［三］

六月十五日、ユンディは十一日間にわたり、アメリカのジーナ・バッカウアー国際ピアノコンクールに参加した。ソルトレイクシティを本拠地とするこのピアノコンクールは、すでに二十七年の歴史があり、四年に一度行われる。

ユンディには今回こそ実質的なトレーニングの場である。但先生の姿がない一人旅では、何事も自分一人で処理しなければならない。コンクール期間中、ユンディが宿泊したのは老齢のアメリカ婦人が住む邸宅だった。老婦人はクラシック音楽のファンで、特にピアノ曲が大好きなファンでもあった。彼女は中国から来た勤勉で真面目な若者に好感を持ち、自邸で彼がピアノに向かう所作まで心底気に入っている様子だった。期間中、彼は毎日八―九時間の弾き込みを行い、時には食事を忘れるほどだった。そのせいか体つきも一回り痩せたような気がした。

「この中国から来た青年、会った時からとても印象がよかったの」老婦人がいう。「物静かな恥ずかしがり屋さんで、とっても礼儀正しいの。毎日ピアノに向かって練習ばかり。弾いていたのはリストのバラード、プロコフィエフとかラヴェルのソナタ。この全然違う性格の音楽をこれほど弾きこなすなんて、初めは信じられなかった。たとえ練習であっても音楽に込めた情感は私にも伝わって来ますよ。ある時私、彼がコンクールでよい成績が取れますようにって、大事にしまってあった幸運の指輪をプレゼントしたの。するとコンクールでもその指輪を嵌めてくれて、とてもうれしかった。それどころか本当に幸運がやってきて、第一位になってしまったの」

音楽ファンだった老婦人宅で、ユンディは幸運の指輪の贈り物だけでなく、優勝の証しまで手にした。さらに彼女のオーディオ装置から流れてきた曲をそこで耳にして、たちまちその曲の虜になってしまう。彼にこの感動を与えた曲はブラームスのピアノ協奏曲第２番。ドイツの作曲家ブラームスのこの曲との出合いは、ほとんど「一目惚れ」だった。

その時を振り返って彼はこういう。「これはその時の心境と深く結びついていたと思う。この曲を耳にした時、瞬く間に心が大きく広がり、伸び伸びした気持ちが戻ったと思ったら、激しい震えがきました。あの興奮して起きる震えではなく、心の奥底に隠れていた大事なものが突然目の前に現れたみたいな……。翌日すぐ楽譜を買いに行きました。次のコンクールでこの曲が弾ければと、その時強く思いました」ユンディのいう次のコンクールとは、北京で行われる第二回北京国際ピアノコンクールのことだった。

過去に中国で開催された国際音楽コンクールは、僅かに一九八六年の国際ヴァイオリンコンクールのみである。文化省は中国国際ピアノコンクールを国家行事として一九九四年に創設した。コンクールを通じて世界の音楽ファンをわが国に呼び込み、また国内でピアノを学ぶ人たちの演奏レベルの向上や音楽文化の交流・発展を促し、さらに最近ますます増える音楽ファンにハイレベルのピアノ演奏を聴く機会を提供する、などがそこに盛り込まれた。しかも国際的な慣例に倣って、過去二回のコンクールでは国家元首が祝辞を題字にし残している。それに倣えば、今回は江沢民《チャン・ツゥミン》主席の自筆による祝辞が記念の綴本を飾ることとなる。

第二回中国国際ピアノコンクールは、一九九九年十二月二日から十一日までの日程で行われた。今回のコンクールでは、ファイナルが成功裡に終われば中国の「国際音楽コンクール世界連盟」への加盟が決定する、中国ピアノ界全体の期待がかかった一大行事となった。コンクール組織委員会主任で文化省副大臣の潘震宙《パン・チエンチョウ》はこう述べた。「これは今世紀の国際ピアノ界にとって最後の一大事業となろう」

コンクールには世界の五十の国と地域から百二十名余りの応募があり、録音音源による審査を経て五十六名の出場者が決まった。出場者の年令は十七歳から三十歳まで、世界の二十三の国と地域からの参加となる。うち二十名余りが国際コンクールの入賞歴を持っていた。

コンクール審査委員会は十一の国と地域から招かれた十三名のピアノ演奏家、教育家で構成される。イタリアのピアニストでミラノ音楽院院長のマルチェロ・アバドやロシアのピアニスト、ラザール・ベルマン、ヨーロッパのピアノ教育家、カール・ハインツ・ガイマイリン、アメリカのピアニスト、ジェローム・ローウェンタール、イスラエルのピアノ界の「ファーストレディ」ブニーナ・サルツマン、イギリスのピアノ教育家、ファニー・ウォーターマン、わが国からピアニストの鮑蕙蕎《パオ・ホイチャオ》、李名強《リ・ミンチャン》、また音楽家の呉祖強《ウ・ツウチャン》はコンクールの芸術総監督、さらにピアノ教育家の周広仁《チョウ・クアンレン》が審査委員長の任に就いた。

第二回中国国際ピアノコンクールは十二月二日、北京音楽庁で幕を開けた。コンクールは一次審査、セミファイナル、ファイナルの順で行われる。

ユンディは順調に一次審査を通過し、セミファイナルではリストの『ソナタロ短調』を選曲した。難曲として知られるこの曲に彼は自らのすべてを投入した。一人の審査委員が驚きの声をあげた。「十七歳にしてこの曲が内包する人生や愛、そして死、それらが完全に彼の手中にあった」

十二月十一日のファイナルでは、ユンディは念願のブラームスの『ピアノ協奏曲第2番』を弾いた。オーケストラと十分な練習をすることもなくこの奥深い内容を持つ曲に挑んだのは大胆に過ぎた。周広仁教授もこのような作品は勧めていない。しかし彼はこの曲を演奏することが自身の夢であり、コンクールの順位は眼中になかった。彼は自らの心願を貫いたのだった。

ユンディの演奏は手堅く温かみがあり、明瞭な質感を持ったすばらしいものだった。彼がこの曲をいかに大切に思い、弾きたい気持ちにさせたかを十分に伝える演奏だった。彼に備わった特質——優れたテクニック、美しい音色、心の深奥から湧き出る豊かな音楽性、そのすべてを以て挑み、敢えてその代償を払ったのだ。最終結果は第三位だった。

ある外国の審査委員がこういった。「彼がもっとうまく弾けたとしても、第一位になることはない。理由は簡単だ。彼が演奏したのはブラームス。十数歳の子供がブラームスをよく弾いたなんて、世界中、誰も信じる者などいないよ」

今回のコンクールでユンディにもし悔いが残ったとしたら、二〇〇〇年——この新世紀のスタートで誰にも認められるような演奏をして、ピアノ界の最高の栄誉を勝ち取ればよい。

この年、彼はショパン国際ピアノコンクールに参加することになる。

第五章　決戦の地、ワルシャワ

［二］

音楽コンクールの歴史をたどると、最も古い記録として残る古代ギリシャのピュティア競技会にまで遡る。しかし音楽コンクールが隆盛を迎えるのは二十世紀に入ってからのことである。今日、世界には百を超す国際音楽コンクールがあり、ピアノコンクールはその中でも多数を占めている。

数多くの国際ピアノコンクールの中でも、ショパンコンクールは特に知られた歴史ある最高レベルのコンクールといえよう。最も権威があり、審査の厳しいピアノコンクールとしても知られる。楽壇の「オリンピック」あるいはピアノコンクール界の「ノーベル賞」ともいえようか。

ショパンコンクールが創設されたのは第一次世界大戦後の一九二七年である。ポーランドの作曲家でピアニストでもあったイェジ・ジュラブレフの呼びかけにより、ワルシャワ音楽協会が主体となって開催された。コンクールは五年に一度、ポーランドの首都ワルシャワで行われる。これまで十五回開かれているが、その七十九年の歴史には独自の伝統があり、世界の楽壇からも高い評価を受けている。

第一回ショパン国際ピアノコンクールは一九二七年に開催された。会場となったのはポーランド国立フィルハーモニーホール。当初コンクールは二月に開催されたが一九四〇年からは十月の開催に変わった。一九四二年は第二次世界大戦のため中止となったが、一九四九年の第四回ショパン国際ピアノコンクールから再開され、その年はショパンの没後百年を記念する一大イベントとなった。「ショパン国際ピアノコンクール」は現在も世界中から注目され、受賞者の多くは世界的ピアニストと呼ばれる道を歩んでいる。コンクールでは早くから旧ソ連とポーランドのピアノ演奏家による賞の獲得競争が繰り広げられ、二次戦後はマウリツィオ・ポリーニ、ウラジーミル・アシュケナージ、マルタ・アルゲリッチ、クリスチャン・ツィメルマンなど、今日、世界で活躍するピアニストを世に送り出し、国際的にもショパンコンクールは「ピアニストの揺籃」といわれるまでになる。このことからメディアや音楽業界から注目を浴び、受賞者は世界のオーケストラや音楽プロデューサー、音楽ホールから度々演奏活動に招待されている。さらに特筆されるのは、コンクールでゴールドメダルを獲得することは、その国の音楽教育のレベルの高さを象徴する栄誉ともいわれた。ショパンコンクールの人気や権威を物語るエピソードや逸話にもよく知られたものが多い。

アルトゥール・ルービンシュタインは一九六〇年のショパンコンクール審査委員長だった。彼は当時十八歳のイタリアのマウリツィオ・ポリーニが第一位を得たことでこういった。「テクニックで我々審査委員の中に彼よりよく弾ける人がいるかな?」。ルービンシュタインはショパンの生まれ変わりともいわれたピアニスト。ポリーニは当時まだ名も知られない音楽院の学生だった。一九五五年にベネディッティ・ミケランジェリはアシュケナージの第一位が認められなかったことで審査委員会を辞去した。一九八〇年にはアルゲリッチがユーゴスラビアのイーヴォ・ポゴレリチのファイナル進出を遮る決定に憤慨し、審査委員を辞している。数年後アシュケナージはチャイコフスキー国際ピアノコンクールで優勝する。またポゴレリチはアルゲリッチの辞任が伝わると一夜にして有名人となり、彼が弾いたのは「二十一世紀のショパン」といわれた。その後、彼は国連の文化親善大使に任ぜられている。二十世紀初めにはショパンの研究家といわれたパデレフスキーがいる。彼はポーランドの初代大統領となった人物だ。

一九五五年にはわが国のピアニスト、フー・ツォン（傅聡《フ・ツォン》）が第五回ショパンコンクールで第三位となった。併せてマズルカ賞を獲得し、アジア初の受賞者として楽壇に名を知られた。李名強《リ・ミンチャン》も一九六〇年に第四位を得ている。これらは二十世紀以後のわが国のピアニストが国際ピアノコンクールで残した輝かしい記録である。しかしその後四十年近く、中国からの出場者はファイナルにも進めていない。

日本のピアニスト、内田光子は一九七〇年の第八回ショパンコンクールで第二位を獲得し、その後CD録音などで人気を集めた。この入賞を境に日本はコンクール重視の姿勢に転じ、楽壇での国際的な連携や審査委員会のメンバーに名を連ねるようになる。

一九八〇年の第十回コンクールで第一位になったのはベトナムのダン・タイ・ソンである。アルゲリッチが審査委員会を辞去したことでメディアの関心がポゴレリチに集まり、彼は運にも恵まれなかった。このコンクールでは台湾から出場した陳宏寛《チエン・ホンクアン》がおり、栄誉賞に輝いた。

ショパン国際ピアノコンクールの審査は厳格なことでも知られる。それもあってか一九八五年の第十一回にロシアのブーニンが第一位を得た後、一九九〇年と一九九五年の二回にわたり第一位がなかった。審査委員会は賞にふさわしい実力を持つ出場者がいなかった、とその理由を述べている。二〇〇〇年、第十四回ショパン国際ピアノコンクールが開幕した。世紀を跨ぐ最初のコンクールに二十

一世紀の「ショパン」の誕生が期待された。

［二］

一九九九年は一年にわたり国内の主要なピアノコンクール参加が続いて、ユンディ・リと但昭義《タン・チャオイ》は疲労の極にあった。二人は最後となった第二回中国国際ピアノコンクールの後、静かに春節の休暇を過ごすつもりだった。ユンディは重慶に里帰りし、祖父や祖母と一緒の日々を予定していた。

二〇〇〇年一月二十四日、但昭義は文化省から一本の電話を受けた。電話の内容はワルシャワで開催される第十四回ショパン国際ピアノコンクールに、ユンディ・リの派遣・参加が決まった、との報せである。本来であれば思わず興奮に値する報せであるはずなのに、疲労の極にあった彼にはためらいさえ感じさせるものだった。

「今でもよく覚えてます」。但昭義夫人の高紅霞《カオ・ホンシャ》は私にこう話す。「家でユンディも一緒だった食事時などにショパンコンクールのことを持ち出すと、二人ともいい顔をしませんでした。あまりに疲労がたまっていたせいです。こんな大きなコンクールですからプレッシャーも相当だったと思います。それにユンディがコンクールに必要な曲目を当時まだしっかり弾き込んでなかったこともありました」

「ということは、コンクール派遣の報せを受けた時、あまり参加したいという気持ちにはなれなかった？」

「いえ、そういうことではなくて……。あれは一九九九年の末のことでした。文化省の電話の前です。

そのころの彼らは疲れはともかく、将来のことでも気をもんでいた時で、知っての通りユンディは高三が間近でした。但先生の考えでは、ユンディはもうかなりコンクールに出ているし、今後は弾き込みの幅を広げて作品をたくさん仕上げ、卒業後の外国留学へのピリオドにしたら、と。でも私はコンクールへの参加も強く勧めました。ユンディにとっても次の一歩ですし、但先生との師弟関係を考えても積極的に参加することも大事ではないかって。賞は取らなくてもコンクールへの出場経験は将来的にも貴重なものになるのでは、と思ってました。そんな時に文化省から派遣の報せがあったのです」

「ショパンの曲をまだあまり弾いてなかったユンディ・リでも、コンクール参加には冒険とかリスクは感じなかった、ということですね？」

「どんなコンクールも戦場と同じです。リスクのないチャンスなんてないと思ってました。年明けの二月に文化省から二度目の電話があって……。コンクールは十月だし、八ヵ月もまだ準備の時間があったし、ユンディならやれると思いました」

　私は今ユンディ・リと向き合い、あの年に起きた輝かしい出来事を回想している。「英雄は去りし日の手柄を語らず」。彼はこのことわざ通りの性格で、メディアの過熱した報道や対応にいくぶん嫌気がさし始めた時期だった。ショパンコンクールの記憶がいかに鮮烈でも、彼にはすでに過去の歴史となっていた。その時の心境や回想が繰り返されるだけで、取り扱う話題も変わり映えしなかった。今ここでの彼の最大の関心事とは、当時の境地や心理状態を振り返ることで、現在の解釈がどのように創り出されたかを考えることだった。

「実際、コンクールに出るつもりがなかったのが春節前になって急に変わってきて」と彼はいう。

「そのころはまだショパンがよく分かっていなかった。教材のエチュードを少し弾いていただけで、本格的に弾き込みに入ったのは参加が決まった後からでした」

「とっても不思議な感じね。コンクール前の準備期間はたったの八ヵ月、よく耳にする話では、ショパンコンクールに出る人たちってショパンを長年弾いてきた人たちばかりなのでしょう？」

「ええ、多分。今思えば、音楽に対する直観って、何か日常から突き抜けたものに思えます。よかったことは気持ちがプレッシャーから解放されていたことかな。弾く不安をまったく感じず伸び伸びした気持ちでショパンに集中できたこと。コンクールの成績など何も気にならなかったし、頭にあったのはコンクールをトレーニングの場にできればいいって、ただそれだけでした。目の前の曲にひたすら没頭し、その後のことなどまるで考えませんでした。それにショパンにこれほど集中できた最大の理由は、曲がまったくすばらしく魅力的だったからです。私の境地も何かを学ぶことに一種の飢餓状態になっていて、ショパンを通して直観したものは最高に強烈なものでした。ショパンはひたすら私にインスピレーションを与えてくれました」

「完全にショパンに没頭できたことがよかったのね、コンクール直前という条件の下で」

「そうですね。弾く曲目を但先生と一週間かけてビデオ撮りして。曲はコンクール指定曲の中から選ぶのですが、どれもほとんど弾いたことがない曲でした。音楽をよく理解してなかったことや曲の特徴を摑むことが難しかったりして、弾き込みを始めたころは全然ダメだった」

「ショパンの音楽がよく分からない中で、どうやって曲目を選んだのですか？」

「それも直感に近いものです。もちろん迷いがなかったわけではないけど。名のある大家たちの名盤を聴き比べたり、曲の組み立てや表現の仕方を考えたり。感覚が摑めればそれに集中したりして。でも先生は選曲にはとても慎重でした。選曲は戦略上とても重要だとも話して。ですからテクニックや表現上の要点、強弱や明暗とかコントラストで、私の特徴や長所を考えながら曲目を選んでくれました」

「有名なピアニストの演奏や録音は、弾き込みではどうでした？　影響を受けました？」

「啓発されたというべきですね。初めのころはともかく大家をマネたり、名手が弾くように弾いてました、それもごく自然に。これも間違いではないと思う。でもある段階まで行くと反対にそこから脱け出さなければならなくなる。でないと弾くのが恐ろしくなったり、殻だけで中身のない卵になったりして、そうなったら最悪です。よいピアニストは他人をマネることはありません。芸術の芸術たるところは想像力と個性です。曲を表現するには、それを作った人つまり作曲家の意図や主張、そこをよく理解しておくこと。その中に弾き手のインスピレーションや個性を融合させる。さらに芸術上のスタイルや特徴、解釈なども考え併せる必要があります。ショパンやリストはロマン派の作曲家で、それを別の演奏スタイルで弾くのは音楽を不自然なものにしてしまう。譜面に書かれた符号に忠実なことも大事なことですね」

「大家の演奏から何か見つけだせるかどうかは、まさに弾き手の想像力が試されるってことなのね？」

「ええ。いずれにせよ弾き手はそれぞれのやり方で音楽に挑戦し、新たな発見をしていく。でもこれは難しいテーマです。テクニックも含めて表現や解釈に作曲家の意図が十分反映したものかどうか。一方で、過去のものをどう考えるか、単純に過去に回帰するのか、現在のやり方で過去の表現を見直すのか、回帰が単に過去のコピーでは何の意味もないですからね。これは想像力あるいは弾き手の才能が基になるテーマかもしれません。弾くのは他の誰でもない自分自身ですから。これこそ演奏芸術の奥深さでしょうか」

「初めてショパンと向き合って、ご自身の想像力やインスピレーションをどう発揮されました？」

「それを説明するのはとても難しいですね。一九九九年にリストコンクールに出てリストをたくさん弾いて、それがリスト研究の一つの節目になりました。今回はショパンコンクール。初めてショパンと正面から向き合ったわけですが、そのころに読んだ彼の伝記には、生活の様子や時代背景、曲の解説、曲を誰に贈ったとか作曲する様子まで詳しく書いてありました。周りの環境や心理状態が曲作りに影響したなど、音楽家も社会を映す鏡のような存在だとつくづく思いました。もちろん大事なのは、弾く上でどんな音色、どんなイメージで弾けば曲に適ったものになるか。そこで初めて作曲家の魂の声に触れるわけです。そこで新たな発見をし、ピアノを通して表現する。これがさっきの質問の答えでしょうか。いずれにせよ、よい作品には音楽の楽しみが無限に隠れていて、それがまたよい作品といわれる所以です。また大事なことは、弾く曲が作曲家の代表作のような曲では、その曲だけ練習するのではなく別の曲も併せて弾き込むことで理解がさらに深まります。ですから今回のコンクールのような新たな出合いでは、多面的、集中的に譜面を読んだり研究したりすることがとても重要になり、それを知った上で弾き込んでいけばチャンスは必ず生まれます。曲を仕上げるのに多少時間はかかっても、集中して作品の真髄をつかめばよいのです」

「時間が相当かかったでしょうね。コンクール出場を決めた時はそれさえ考える余裕などなかったとか……」

「コンクールではベストの力が出せました。思い通り力を出せれば、結果が悪くても恥じることはありませんから。でも結果はまったく予想外なものだったし、今思えばあの時のショパンが最高の演奏だったとは思いません。でもコンクール出場者の中では、私のショパンは皆さんに認めてもらえるレベルにあったということでしょう。ショパンには弾き方も解釈もいろいろあって、私自身はロマンをベースにした表現がベストだと思ってますが、古典のスタイルを基にできるだけ歌わせることが大切だと思います」

「以前、コンクールでアルゲリッチの弾くショパンに聴衆が驚いたという話を聞いたことがあります。こんな演奏は聴いたことがないというほど伝統的なショパンとは違っていたとか。彼女の『舟歌』を聴くと船酔いするなんていう人もいたとか。それとご自身の解釈とはどうなのかしら？　比べてみて」

「違っているというのではなく、斬新なスタイルということですね。弾く人の個性は必然的に曲にも反映するものです。まさにショパンのショパンらしいところで、ショパンの曲は彼自身がいう通り、自由にイメージすればよいのです。自分のやり方で曲を解釈すればいいのです。といっても人々に受け入れられるものでなくてはならない。会場で聴いている人たちにも。ただ弾き手は常に自分の解釈やイメージを基に弾くわけですから、それがその時代に喜ばれたものでも、後になってどう評価されるかは、誰にも分からない。時の経過を待つとか次の時代の人たちによって検証されるしかない。数ある名画の中で、画家が生きた時代に評価されなかった作品も、次の時代の美的感覚によって古典となった絵もあるくらいですから」

「そうね。絵画にはそうした例がとても多い」

「音楽も同じことです。時の経過に耐えられるかどうかです。人間の美的感覚の変遷は芸術品の命まで奪ってしまう……。コンクール後もショパンの研究を続けていますが、現在の解釈はこれまでとは少し違うものです。自由な環境の中で研究し解釈を磨き上げている時は、私にとって至福の時です。レパートリーが少ないといわれるのはこうしたことも原因しています。これを誰かに分かってもらいたいのではなく、今は自分が最善と思ったこと、確信したことを進めていくしかありません。こうした境地の中でしか今の私には演奏ができないのです」

「多くのファンが待っているというのに？　忘れられてしまうのでは、なんて思ったりはしません？」

「以前アリエ・ヴァルディ先生がいってました。寂しさに耐えなさい。聴衆に忘れられることを恐れないこと。もちろんこれはマーケットにも背を向けることでいいことではないですね。新しいものが出るのを誰もが待っているのですから……。他の曲を私が弾かないのではなく弾くところまで熟成していないのかもしれません。音楽にしても芸術にしても自分が納得するものでなければなりません。芸術に究極的な完璧さはないといっても、これまでの曲はすべて私が真剣に向き合い納得して仕上げた音楽です。これは私が音楽への敬意を示すもので、聴衆やファンに敬意を表したものでもあります。芸術は生産ラインで造るものでも、型を使ってコピーしたレプリカでもない。芸術は長く貯蔵し醗酵させた老酒《ラオチュウ》のようなもので、熟成させてこそ芸術品たり得るものです」

「でも、そのためにはメディアやマーケットとも闘わなければならない？」

「最終的には、音楽の質がすべてを解決するものと思っています」

　ユンディ・リは音楽への信念と敬虔な心、それまでの様々な演奏経験を拠り所に、さらには天賦の才能を基に八ヵ月にわたってショパンに立ち向かった。彼の言葉通りとすれば、コンクール後の今日になって、ようやく彼のショパンが熟成の時を迎えたことになる。

　ユンディ・リは二〇〇〇年三月、ショパンコンクール審査委員会からの通知によって、ワルシャワでのコンクール参加出場資格を得た。それに伴い深圳芸校も彼のコンクール参加への最大限の支援を決めた。

「まず決めたのは、ユンディ・リの授業を特例として扱う」ことだった、と李祖徳《リ・ツゥトゥ》校長はいう。「英語、外国語は必修科目にし、他の科目も短縮可能なものは短縮し、できる限り本人に時間的余裕をつくり、コンクールへの望ましい環境を整えたこと。次いで六月と八月に国外へ短期留学させ特別なレッスンを受けさせた。アメリカのクライバーン特別クラスに一ヵ月、ドイツ・ハノーファーのアルゲリッチ特別クラスに二週間、さらにその後師事することになるアリエ・ヴァルディ主宰の特別クラスにも参加させた。実際、私たちもユンディが第一位を獲得するなど夢にも思わなかった。そのころ頭を巡らしていたのは、よい成績を得るにはどんな準備が必要なのか、ということだけだった」

人生の成功の鍵とは何か。中国人は「天の時、地の利、人の和」をことのほか重んじる。ユンディ・リのショパンコンクール出場は「天の時」であり、彼に降って湧いたチャンスである。深圳市政府と深圳芸校の強力な支援は彼に「地の利」が働いたもので、また彼を取り巻く校長や教師たち、家族の応援は「人の和」といえよう。いずれも彼にとって成功の鍵となるものだった。

ユンディ・リは七月に故郷の成都に戻った。そして地元の四川音楽学院でコンクールの演奏曲目をプログラミングした「ショパン特別コンサート」を行った。コンクール前のウォーミングアップである。その日、コンサートの聴衆となったのは千人近い母校の学生たちだった。彼の名を聞いて集まったファンもいた。コンサートが終わっても拍手は鳴り止まず、アンコールに応えてハ短調のセレナード、バラード第4番、子もり歌、ワルツ、マズルカ、ソナタ第3番などを弾いた。会場全体が演奏のすばらしさに圧倒された。

コンサートの成功が、その後やってくる輝かしい栄光を暗示していた。

［三］

第十四回ショパン国際ピアノコンクールは二〇〇〇年十月、神秘のヴェールに包まれたショパンの故郷ワルシャワで幕を開けた。ワルシャワは世界の焦点となり、世界中の音楽ファンが見守る中、メディアも大挙してこの地を訪れた。ワルシャワは五年に一度の盛大なイベントを迎えていた。

コンクールは十月四日から十九日までの十六日間に及ぶものだ。二百五十六名の参加応募者の中から録画音源による予備審査を経て九十八名が出場資格を得た。予備審査を通った参加者を国別に見るとイタリア、フランス、ドイツ、ロシア、アメリカ、アルゼンチン、中国（香港、台湾を含む）、日本など全部で二十三ヵ国。出場者が最も多い国は日本（十九名）、次いでポーランド（十二名）、中国（十一名）、ロシア（八名）など、参加者はすべてコンクール受賞経験者だった。ユンディ・リもその一人で最年少の参加者となった。コンクール審査委員会の国別のメンバー構成はポーランド、アルゼンチン、アメリカ、オーストリア、ブラジル、ロシア、チェコ、ドイツ、イタリア、イスラエル、日本など十二ヵ国、二十四名で、審査委員長はカトヴィッツェ高等音楽院ピアノ科主任教授のアンジェイ・ヤシンスキが務める。会場はポーランド国立フィルハーモニーホール。入場券は一次審査からファイナルまですべて半年前に売り切れていた。

コンクール出場者の演奏順序はアルファベット順で行われ、最初の演奏者のアルファベットは無作為の抽選によって決められる。そしてトーナメント方式による三次審査の後、決勝ファイナルで最終順位が決定する。審査の段階で演奏曲目には規定があり、第一次審査ではノクターン、エチュード、バラード、幻想曲の中から選曲を行う。二次審査ではポロネーズ、スケルツォ、プレリュード、ワルツ、即興曲から選び、三次審査ではソナタとマズルカの中から選曲する。またファイナルの曲目はショパンの二曲のピアノ協奏曲のうちから一曲を選ぶことになる。コンクール開幕前日の十月三日、ユンディ・リは但昭義に伴われてワルシャワに到着した。ポーランドの土を踏むのは初めてだった。

十月五日午前十時、ショパン国際ピアノコンクールは万人注目の中、幕が切って落された。第一次審査は五日間で行われる。出場者に与えられた演奏時間はおよそ二十五分間。抽選でユンディ・リの出場は最終日となった。

十月七日はユンディ・リの十八歳の誕生日だった。そして師と共に「ケンタッキー」の客となり、フライドチキンの誕生祝いとなった。健闘を祈りコーラで祝杯を挙げたが、ゴールドメダルを夢見る者はどこにもいなかった。

十月九日、ユンディ・リはショパンコンクールのステージに立った。最初に演奏するのは『エチュード　ロ短調』。エチュードは曲は短いがテクニックが求められる。フレーズの美しさや緻密な構成、整った形式は、後年のドビュッシーやラフマニノフ、スクリヤビンに影響を与えたといわれる。演奏が始まるとすぐに聴衆の熱い視線が集まった。彼は一つひとつの音を大切に、陽光に映える水面を思わせる光彩豊かな音楽が描かれた。次いで弾いた『エチュード　イ短調』は芳醇な響き、伸びやかで弾むような音色に「聴衆は虜となり、無意識のうちに引き込まれた」と当地メディアは評した。

一次審査の中で彼の演奏は際立っていた。弾き終えてステージ裏から外に出ると出口近くに集まった人々から盛んな拍手を浴びた。審査委員のピョートル・パレチニ（一九七〇年のショパンコンクールで三位）は「コンクールのために弾いたのと違い、熱く訴えるものがあった。曲をよく理解しており、悠然として慌てるところがない。これも彼の美点だろう」といった。審査委員長のヤシンスキの話が後日の取材で聞けた。「一次審査の時から彼が第一位になる予感があった」。一次審査が終わり、九十八名だった出場者が三十八名になった。中国からは台湾の出場者も含め七名が二次に進んだ。

二次審査は十月十一日から十四日まで四日間行われた。二次審査からマルタ・アルゲリッチが審査委員のメンバーに加わった。彼女のメンバー入りは関係者の間で話題となった。厳しさで知られる彼女はコンクールの重しとなるものだ。一次審査でテクニックが完璧でも二次審査になると表現力にも重きが置かれる。また四十分間近い演奏時間では出場者にミスが重なることも少なくない。偶然にもユンディ・リは再び最後の出場者となった。順番が迫る中、青白い顔で不意に師にもらした。「緊張で頭の中が真っ白です」但昭義は教え子の顔色を見て驚き、急いでメモを渡した。「無心になること。ただそれだけでいい」師の言葉に彼は心の静けさを取り戻した。二次審査では、スケルツォと子もり歌、ワルツ、そして華麗なる大ポロネーズを弾くことにしていた。ポーランドの民間の舞踏曲を基にするポロネーズは、シンプルな構成の中に純朴さと憂欝な気分がうまく組み合わされ、一幅の音の絵を見るようだ。ユンディ・リの『アンダンテ・スピアナートと華麗なる大ポロネーズ』の卓越した表現は、審査委員たちから二次審査で弾かれたポロネーズの中の「最も優れた演奏」と評された。柔和な音色と微妙なタッチを駆使し、再三現れるテーマも聴く人に重複感や疲労感を与えず、明晰さをいくぶん抑えた表現だった。当地メディアの評は「二次審査に入り、この若者はいっそう実力を示した。『子もり歌』や『スケルツォ　変ロ短調』では優雅さ、情熱が溢れていた。『アンダンテ・スピアナートと華麗なる大ポロネーズ　変ホ長調』の演奏は、彼の天賦の才がよく表れたまさしくSPLANTOであり、ピアノの音が天から舞い降りてくるようだった」と評した。この曲の演奏で彼はコンクールが特に設けた「最優秀賞」を得た。結果発表の後、審査委員の一人アリエ・ヴァルディが自らの帽子をユンディ・リの頭に被せて追い回すユーモラスな光景があった。ヴァルディ教授は一年の半分をイスラエル、残りの半分を教授職のあるドイツ・ハノーファーにて過ごす。彼はその後、ユンディ・リの師となる人物である。二次審査が終了し、十一名が三次審査に進んだ。翌二日目、ユンディ・リは師に連れられてショパン公園を散策した。ショパンの銅像の前で彼は長いこと動かなかった。そして師に「ショパンにいっそう近付けた感じがしました」と告げた。

三次審査は十月十五日に始まった。奇妙にも抽選の結果、ユンディ・リの出場はまたも最終日となった。彼の演奏は二次審査よりさらに好ましいものとなった。彼は『マズルカ』を二曲と『ソナタ第3番　ロ短調』を演奏した。ソナタの機知に富んだ曲想や性格が彼に合っていた。さらによかったのは『マズルカ　へ長調』、ポーランド民謡の深い味わいを見事に表現した。聴衆は最後の音が消えるのを待ち切れず、立ち上がって熱烈な歓声と拍手を送った。ステージ裏に戻ると、ファンや記者が彼を取り囲み、審査委員も近付いてきて、弾き終えたばかりの彼の演奏を褒め称えた。ブラジルの審査委員は「きみの音色はすばらしい。どの音もよく音楽の中に溶け込んでいる」と祝福した。ドイツの審査委員も声をかけていた。当地の音楽評を抜粋して紹介すると、「彼の演奏はまさに我々の注目度の高さを象徴するもの。第三次で弾いた最初の音がその証しで、すばらしく精緻な演奏だった。まだ十八歳というのに、ソナタは貴族の血筋を思わせる品格、ショパンにも精通した深い味わいが感じられる。曲の解釈には新たな発見があり、古典美として最高の域に達したもの。彼がピアノを中国でしか学んでないとは信じ難い。マズルカは音楽の本質を見事に捉えており、彼がファイナルに進むのは間違いなく、ファイナルでも実力を発揮するのは想像に難くない。まさに最高の状態でショパンの境地に足を踏み入れている」マルチンスキは三次審査後にこう評した。「ソナタとマズルカは難度が最も高い。ここで成功を収めるのは限られた者だけだ。これまで全く問題がなかったのはファイナルに進んだユンディ・リだ」カミンスキの評はこうである。「この若い中国人はコンクールに嵐を巻き起こした。演奏が完璧なだけでなく、音楽に気高い品位を感じる。彼の独特の味わいやスタイルが審査委員や聴衆の心を摑んでいる。三次でこれほど完璧に弾くことは誰にもできることではない」

第三次審査終了時での累計点数で、ユンディ・リは第一位だった。同門の姉弟子の陳薩《チェン・サ》、アルゼンチンのフリッター、ロシアのコブリン、日本の佐藤美香、イタリアのノゼがファイナルに進むことになった。四十年来、わが国と縁がなかった歴史がここで塗り替えられた。

ファイナルの演奏曲目は二つのピアノ協奏曲から選曲し、ポーランド国立交響楽団と共演することになる。ある審査委員はいう。「大きな国際コンクールでは、ソロはよく弾けても協奏曲のあるファイナルで実力が十分出せるどうかは分からない。オーケストラと合わせた経験のあるなしが演奏に大きく影響することがある。ソロでよく弾けてもオケとの共演では不慣れや緊張から思い通りに弾けないことも多い」

聴衆を興奮の渦に巻き込むファイナルステージは十月十八日、十九日の二日間で行われる。ユンディ・リはここでも最終出場者となった。彼が選んだのは『ピアノ協奏曲第1番　ホ短調』。ファイナル出場者六名のうち五名がこの曲を選んだ。

歴史は絶えず創造される。ファイナルに進んだピアノの寵児六名のうち、十五年間誰の手にも渡らなかったゴールドメダルを手にするのは誰か。だが再び受賞者が現れないこともあろう。すべては神のみぞ知る、である。ここは世界に向けた発表があるまで奇跡を待つことにする。

〔四〕

十月十九日、夜八時。ユンディ・リは落ち着いた足取りでステージに向かった。細身の体つき、カールした黒髪、色白の顔にはにかんだような笑み。

『ピアノ協奏曲第1番　ホ短調』が作曲されたのは一八三〇年。ショパン二十歳の時で、その年の十月十日に初演された。ショパンが友人にあてた手紙の中に次の一節がある。「新しい協奏曲の緩徐楽章はホ長調にしたが特別な意味合いはない。ロマンチックな雰囲気の中に憂鬱な気分を漂わせる音楽で、楽しい思い出や春の宵の美しい月明かりを想像してくれたらいい」。

ユンディ・リの演奏は整った輪郭の中に優美さが漂い、テクニックも安定していた。テーマの歌わせ方に彼らしさがあり、どのフレーズも丁寧に処理されていた。演奏スタイルとしては作品の古典的な美しさが保たれ、ロマンの色彩が独創性豊かに表現されており、オーケストラの優れた伴奏の下、自身でも思いの丈を尽くした演奏であっただろう。最後の音の余韻が潮のような拍手の中に埋没した。聴衆は歓呼の声とスタンディング・オベーションでピアニストを讃えた。審査員席から審査委員たちが拍手する光景も見慣れないものだったようだ。

真夜中の一時。慣例通り審査委員長はコンクールの結果を公表する。懸念された第一位の行方は発表を待つまでもなかった。第三位となったロシアのコブリンがユンディ・リの手を高くかかげ、すべての聴衆が拍手と歓声でそれに応えた。新たな「ショパン」の誕生だった。その深い味わいをたたえた演奏により、ユンディ・リは第十四回ショパン国際ピアノコンクール第一位のゴールドメダルを獲得したのである。これはコンクール開始以来の最年少受賞者となり、この栄誉に輝いた最初の中国人となった。

一夜が明けると世界中の目がユンディ・リに注がれた。この若者は一夜にして世界に名を轟かすこととなった。ヤシンスキはこう述べる。「彼はまったくショパンそのものだ。より重要なことは、ショパンの曲を完璧に解釈したことだ。欠点がまったく見当らない」。ポーランドの審査委員の評。「彼の演奏はショパンの故郷の人々を感動させた。彼らはショパンがユンディ・リの指先に復活したと思ったほどだ」。コンクール本部が招いた音楽評論家、ジャン・ポピスの評。「まったく自然。天から舞い降りてきた音だ。彼はショパンの音楽を身に宿していることを実証する最高に詩的なピアニスト。しかも音楽のバランスの大切さを理解する、まさにプロの音楽家の後継者だ」。日本のピアニスト藤田梓はこう指摘する。「ユンディ・リには天与の気質があり、加えて確かなテクニックがある。それにより彼は一次審査からファイナルまでの厳しいトーナメントを安定的に戦い抜くことができた。彼のこの若さと活力が一位獲得の主因といえる。ショパンコンクールのゴールドメダリストにふさわしい自在なタッチが音色を見事にコントロールしていた」ロイター通信の論評。「この栄誉は、今後彼が歩む道を開き、巨額な報酬をもたらす世界の一流オケとの共演にサインがなされたものだ（事実、コンクールの結果発表が終わると共演招請が粉雪のように降ってきた）」ＵＰ通信の論評。「東方からやって来たユンディ・リは、ピアノの詩人ショパンの故郷で神霊が乗り移ったような演奏を行い、世界一厳しい審査委員たちを屈服させた」ポーランドの新聞報道。「ユンディ・リはテクニックの完璧さに加え、風格があり、所作まで上品だった」。当地メディアの論評。「ユンディ・リの音の響きは、中国の磁器のように透明でキラキラと輝いていた」台湾の聯合報の報道。「ショパンが生きていたら、おそらく信じ難い思いだろう。十八歳の若者が自分の曲をこれほど繊細に、かつ眩いばかりに演奏するとは」外国メディアの論評。「ユンディ・リはこの輝かしい成功で国家や民族の英雄と崇められよう。中国が日に日に強大になろうとする願望を、彼はまさにそれを体現した。今回の受賞はピアノ演奏の歴史を開く輝かしい一頁であり、国が獲得した栄誉ということでもある」言論界の論評。「これは世界の楽壇をあっといわせた一大壮挙といえよう」

第六章　二十一世紀のスター

［一］

コンクールが終了した翌日、審査委員長のヤシンスキはポーランド『共和国ニュース』に次の一文を寄せた。

「今回のコンクールに私はとても満足している。まず私たち審査委員は過去二回のコンクールで最優秀者を選出できずに来たが、幸いにも終わってみれば一人のピアニストが現れ、大差で第一位を獲得した。彼こそ中国から来た若者ユンディ・リだった。一次予選から彼は高い評価を受けていた。すばらしいことにショパンの音楽を完璧に自分のものにしており、その解釈にはどんな不調和も存在せず、想像力と説得力にあふれた美しい音色でテクニックも輝いていた」

スペインのソフィア王妃は、受賞者を称える盛大な祝賀パーティを開き、ポーランドのクファシニェフスキ大統領夫妻や各国大使館員も姿を見せた。肌の色も国籍も異なる人々が高貴な音楽に吸い寄せられ一堂に介している。世界が調和する美しく感動的な表情を映し出した。会場の人々はショパンに思いを馳せ、若い中国からのピアニストを祝してその音楽に敬意を表した。

ユンディ・リを初めファイナルへの出場者は、コンクールの後四日間にわたり二回のコンサートを行った。彼は行く先々で注目の的となり、ファンが競ってサインを求めたり記念撮影を行う様子が各所で見られた。彼は各国メディアの取材にも落ち着いて対応していた。

地元ポーランドの記者。「どうしたらショパンの曲をこんなによく弾けるようになるのか？　なぜ私たちポーランド人よりこんなに深くショパンの作品を理解しているのか？」

ユンディの返答。「中国は人口の多い国です。その中にはショパンを理解する人しない人、様々います。ポーランド人だってすべてがショパンを深く理解しているわけではないでしょう。私はショパンを理解する中国人の一人です。ショパンの曲は美しく優雅に柔らかく弾くことです。また彼の曲には劇的で深い悲劇性が感じられます。でも彼の悲劇性はチャイコフスキーやラフマニノフとはまったく違います。ショパンはロマン派の作曲家、弾く時はロマン的感性を失ってはなりません」

記者はさらに、どのピアニストの演奏が最もショパンにふさわしいかを尋ねると、彼はこう答える。「私がよく聴くのはイタリアのポリーニやポーランドのツィメルマン。でも一人ひとりに個性やスタイルがあります。私は誰かをコピーするのではなく、自分で理解した音楽を演奏するだけです」

「今回のコンクールで最も印象に残ったことは？」

「ポーランドの聴衆の熱い心です。聴衆の熱い心が予選を戦う私を励ましてくれ、自信を与えてくれました」。将来に向けた計画についても「音楽の道は一生の道、とどまることなく歩き続ける道です。私は信頼と粘り強い意志で音楽ファンや時の試練と向き合い、進んで行きます」

ハンサムな顔つきや今風の外見やスタイル、ロマン的気質、そして卓越した楽才が彼を一躍スターの座に押し上げた。

中国外務省は次のような声明を出した。「ユンディ・リ受賞の知らせは、音楽を愛する多くの国や都市に大きな驚きをもたらした。日本やポーランド、ドイツ政府から中国大使館あて祝電が寄せられた」

帰国日の前夕、ユンディ・リは在ポーランド中国大使館から招待を受けた。大使を初めすべての館員が彼の受賞を称える祝賀パーティに参加した。その様子はビデオに収められた。但昭義《タン・チャオイ》は最初に大使館の人々の歓待に感謝の言葉を述べた。ユンディ・リは恥ずかしげな笑顔で一人ひとりにお礼をいい、短い挨拶をした。何か一曲弾いてほしいとの職員の声にようやく普段の表情が戻った。画面の表情から疲労の様子が伝わってくる。コンクールの十数日間、彼は休まず練習を続け、食事も睡眠も乱れたままだった。期間中、体重も六十キログラムを割っていた。

「あの時はすっかり痩せてしまって」彼はそう振り返る。「原因はコンクールのプレッシャーが一番です。リハーサルがいつも食事の時間と重なり、普段の食事が摂れなかったり、演奏後は疲れて食べる気が起きなかったりで。コンクール期間中はほとんど何も食べていないのと同じ状態でした」

ユンディ・リは十月二十四日、凱旋帰国の途についた。北京首都空港はヒーローを迎えるような歓迎ぶりで、当日の「新聞聯報」の夕刊がその様子を詳しく報じている。

文化省の孫家正《スン・チャチョン》省長、中国音楽家協会名誉主席で著名な音楽家の呉祖強《ウ・ツゥチャン》は翌二十五日、個別にユンディ・リと但昭義との会見を行い、ショパンコンクール優勝の慶賀を表す特別表彰を文化省を代表し行った。

孫省長のあいさつ。「ユンディ・リの今回の受賞は、彼の十数年もの努力の結晶であり、彼の恩師、但昭義の優れた教育指導によってもたらされたものだ」

呉名誉主席の言葉。「これは中国文化芸術界の一大事である。ショパンの音楽をよく演奏したことは、ユンディ・リがピアニストとして深い造詣の持ち主である証しである。彼の成功は中国ピアノ界にとって、また中国人民にとって巨大な影響力を持つもの。今回の受賞は、中国が独力で世界一流のピアノ人材を輩出する実力を示したもので、ここ数年のわが国の音楽教育の発展と向上を象徴するものだ」

李祖徳《リ・ツゥトゥ》校長は記者の取材にこう語る。「ショパンはピアノの詩人とよくいわれる。彼の曲は詩のように洗練され、仄かな憂愁を漂わせて、演奏にも高い技術が求められる。ユンディ・リが十八歳の少年であることはいわずもがな、ショパンの作品の奥には多くのピアニストが憧憬し探求してやまない音楽の魂が隠れている。但昭義はその深い造詣と指導力でユンディ・リを涵養し、早くもこの少年にショパン音楽の奥義を究めさせた」

一夜で名を成したとはいえ、ユンディ・リは冷静さを失わず、私にこうもいう。「ショパンコンクールは私に一つのドアを開けてくれました。こんな若いうちからこのような大きな賞に恵まれて。ですから少しでも気を緩めたら穴に落ちるだけです。今後はさらに努力を重ね芸術的修養を高めなければなりません。スタート台に立った気持ちを忘れず、これからも励んでいきたい」

当時から彼はスター気分に惑わされることはなかったようだが、メディアやファンの動きから味わったことがない興奮を感じ取っていたのは確かだろう。自分の一言が翌日の新聞に載り、何気ない所作が特別なことのように伝わる。十八歳の彼がこうした世の中の反応を楽しんだとしても不思議はない。

ユンディ・リの成功を誰より喜び安堵したのは、彼の母親であったことは疑いもない。母子で共に重ねた努力に、子は最もふさわしい形で答えを出した。張小魯《チャン・シャオル》は取材した記者にこう話した。「ユンディがこんな成績を収めるなんて思ってもいませんでした。ファイナルの十月二十日の明け方、私とパパは一晩中眠らずに結果を待ちました。朝七時に但先生から電話があって、声が震えていました。ユンディが優勝した、とその一言だけ。その時私はどうしたかまったく覚えていません。半日経ってやっと自分に返って。パパも泣いていました」

それから数年が経った今も、彼女はその時の抑え難い思いを胸にこういうのだ。「受賞は彼の努力の結晶です。でもこれは市政府や学校の多くの方々の支援があったからこそで、そうでなければ今の彼はありません」

二〇〇〇年十月二十六日、ユンディ・リが深圳に戻るとさらに熱烈な祝典が待っていた。市政府は黄田空港の貴賓室を祝典会場に設定した。市政府の幹部たちが空港に出迎え、香港や内地から数十社のメディア、百人を超す記者が空港の取材に駆け付けた。深圳芸校の百人に近い教師と生徒がそれを遠くから見守って、祝典の雰囲気は早くも盛り上がった。

ユンディ・リと但昭義が姿を見せると、会場から拍手と歓声が湧き起こり、空港の建物にこだました。

但昭義は記者の取材を受け、改まった表情で語る。「ユンディ・リの成功は様々な要因が積み重なったものです。もともと豊かな才能があり、そこに努力を重ね、感性も磨かれました。そうした中、彼の感性の深奥から迸りでた音楽がこの優勝をもたらしたのです。こんなことわざがあります。石は卵を孵すことができない。だがすべての卵が孵るわけでもない。彼の成功は家族の支えや生活上の管理や指導を切り離しては考えられず、市の文化局や学校からもコンクールへの参加準備に特別な配慮をいただいております」

ユンディ・リはこういう。「今回のコンクールでの成績は決して私一人の力ではありません。市委、市政府、また関係の方々の支援のお陰です。心から感謝しています。芸校の先生方や恩師の但先生、両親にも感謝しています。これまで私を温かく見守ってくれたことへの感謝は、今後の努力でお返ししなくてはならないものです。今回の結果は、これからの音楽への道を開いてくれた鍵に過ぎません。道はまだ遠く長く続くものです。今はスタート台に立ったに過ぎず、今後もさらに演奏レベルを上げていかなければなりません。その努力がピアニストへの道に続くものです」

今後もピアニストへの努力をさらに続けていくこと。まさにその通りだろう。ユンディ・リはある時、ピアニストのツィメルマンに電話で、弟子入りしたいとの思いを伝えたことがあった。ツィメルマンは一九七五年の第九回ショパン国際ピアノコンクールの優勝者であり、マズルカとポーランド舞曲で特別賞を得たピアニストである。電話を受けたツィメルマンは彼にこう答えた。「もう私にはきみに教えるものなどないよ！」

深圳市政府は、彼のショパンコンクールの優勝を称え、表彰状と百六十万人民元の賞金を用意した。深圳芸校はその賞金の一部を活用し、百万人民元でスタインウェイピアノを購入することを決めた。

その後、スタインウェイ社にそのことを伝えると、李校長とユンディ・リはピアノの選定と工場見学を兼ねて、同社から招待を受けることになった。こうした礼遇はめずらしいことだ。通常スタインウェイ社は注文を受けると顧客に二台のピアノを用意し、そこから一台を選定することになる。

李校長の回想。「私たちは社長の歓待を受け、ピアノの生産現場に案内されました。完成したばかりの六台のピアノが私たちを待っており、ユンディは勧められてそのうちの一台を試弾しました。近くに七、八人の技術員がいましたが、急に音が鳴りだしたので彼らは手を止め、ユンディが弾くピアノの方に視線を向けました。彼らの表情が赤らみ、弾き終わると拍手が起こりました。ショパンコンクールで優勝したピアニストだと知ると親指を立てて声を上げてました。ユンディもいちいち頭を下げてましたが、一言、今弾いた曲はスタインウェイ社の皆さんに献じたものです、というと、その時の光景は忘れ難いものになりました。工場の慣わしで購入者は用意されたものにサインするのですが、ユンディは歓待されたお礼も兼ね、『私の最愛のスタインウェイピアノ』と書き添えました。マネージャーによると、これは初めての中国語によるサインで、後日表装してルービンシュタインやホロヴィッツのサインと並べて飾られるとのこと。これはユンディのみならず私にとっても栄誉な計らいでした」

［二］

ユンディ・リは十月二十九日、第九回深圳芸術節コンサートに参加した。このコンサートはショパンコンクール前に企画されたものだったが、彼の「優勝」によって芸術節は想定外の評判を呼ぶことになった。彼としても帰国後の最初のコンサートであり、名を轟かせる特別なイベントとなった。コンサートの開始は夜八時である。会場の深圳大劇場には評判通り多くの人々が集まり、ダフ屋によるチケット代は正規の入場料の四、五倍ともいわれた。

聴衆の熱狂的な反応もあって、彼はプログラムを一曲追加してコンサートを終えた。額から汗が滴り落ち、表情には興奮の跡が色濃く残っていた。取り囲む記者たちに彼はいった。「今夜はショパンコンクールの時と同じ気持ちで弾きました。今夜の演奏を深圳市民の皆さんに捧げます」

ユンディ・リは十一月二十五日にも北京の中山音楽堂で「『祖国人民への報告』ショパンコンサート」を行った。著名な指揮者、湯沐海《タン・ムハイ》が指揮する中国国立交響楽団との共演で、主催は文化省である。音楽堂に来場した聴衆は二千人を数えた。国の指導者の江沢民《チャン・ツゥミン》は直前にチケット三十枚を私人として購入し、会場で若いピアニストの演奏を楽しんだ。その夜、ユンディ・リが演奏した曲目は『華麗なる大ポロネーズ』、『ノクターン』、『マズルカ』、『スケルツォ』の独奏と『ピアノ協奏曲第1番　ホ短調』をオーケストラと共演した。抑え難い強い思いと繊細な情感に溢れた表現となり、熟成の極みともいえるものだった。最後のピアノ協奏曲では輝かしい音色と流れるようなリズム感が、審査委員や聴衆を感動させたあの日の演奏を再現したようだった。コンサート終了後、党中央政治局常務委員で国務院副総理の李嵐清《リ・ランチン》は国の関係部門を代表し、会場でユンディ・リと会見しその功績を称えた。

ユンディ・リを初めファイナルを競った演奏者たちはショパン国際ピアノコンクール組織委員会の規定により、ポーランド国立放送交響楽団と十二月三日から七日まで、日本の東京、大阪、名古屋などで巡回公演を行うことになっていた。日本の音楽ファンはショパンコンクールの優勝者たちによる公演を待ち兼ねていた。主催する日本のNHK放送局にはユンディ・リの公演日程や曲目などの問い合わせが多くあり、公演会場でのユンディ・リとの交流を期待するファンの声がたくさん寄せられた。

初めての日本各地の巡演は空前の成功を収めたといってよい。事実ユンディ・リ本人さえ東方の島国でこれほど歓迎を受けるとはまったく予想もしていなかった。彼は行く先々の会場でファンに囲まれた。大多数が若い女性だった。彼女たちは「ユンディ・リ　ファンクラブ」を作り、公演先の会場で親しくピアニストに声をかけ、手を振って交流を行った。芸校の李祖徳校長はこのことに強い感銘を受けた。

「ユンディが日本で大変なことになっていました。どのコンサート会場でも到着するや早くから集まった若い女性たちに囲まれるのです。ユンディの姿を見て声を上げたりして。コンサート後も再び出口の周辺に集まり、会場の警備員がトラブルでも起きないかと心配したほどで。私たちはそのまま車で会場を後にするのですがファンの声が止まず、私はマナーだといってユンディに窓を開けさせ手を振って挨拶させたのですが、彼女たちは車列の傍に寄り、手に用意した布製の人形やハンカチ、ノートなど小さな贈り物を開けた窓から投げ込んできました」

「初めての日本なのになぜそんな大それたことになったのでしょう?」。私は好奇心もあって尋ねた。

「ユンディの演奏がよかったのを別にすれば、彼がハンサムで日本のアイドルスターに似てるということも人気の理由だったようです。ただユンディはそうしたファンにも、親しく音楽を聴いてほしいと願っていたようですが」。折りしも日本に演奏旅行中だった中国の著名なヴァイオリニスト盛中国《ションチョンクオ》は、東京の公演会場に出向いてユンディ・リや但昭義とも会った。「今回の受賞と巡回公演は中国人にとってまったくすごいこと。お祝いに来てよかった!」と興奮の面持ちでいった。東京芸術大学の教授がコンサート後こう評していた。「ユンディ・リの演奏はテクニックと音楽性が融合した見事な演奏だった。彼は確かにすばらしい」。ユンディ・リは引き続き十二月二十日から二十七日まで、オランダのアムステルダムとロッテルダムで五回のコンサートを行った。彼の活力溢れた演奏に聴衆から熱烈な反響があった。


ピアノ界の新しい寵児「ユンディ・リ熱」の高まりで、世界のレコード会社各社は彼を取り込む「争奪戦」を繰り広げていた。彼と専属契約を結び、各種の収録アルバムを製作する企画が過熱していた。ユニバーサル・レコード社は総裁自らユンディ・リとの交渉に臨んでいた。彼の「優勝」の影響はこれだけではなかった。母校——深圳芸術学校も無名の芸校から国内外に知られる名門校となり、アメリカやドイツ、香港、台湾、また国内の音楽学院からも共同運営や分校設立の話が持ち込まれた。地方の学生からは深圳芸校への通学は万里の道も遠いとは思わないとか、アメリカ、カナダの学生からも声が届いた。

音楽ファンは「ピアノの王子」のすべてを知りたがった。深圳テレビ局は他社に先駆け、彼の生い立ちをテレビ映画にして放映した。中央テレビ系列局も特集番組の製作に取りかかり、上海映画会社は「優勝」までの成功物語をテーマに脚本を完成させた。また香港の嘉禾グループも彼の成長の足跡を描いた二十回にわたるテレビ連続劇『琴胆童心』の製作を決定し、国内の複数の映画スターを共演候補に上げたと報じた。とはいえ、こうした企画の多くは婉曲に断られることになる。

名声には時に重い負担がのしかかる。メディアの取材攻勢が依然として続き、彼に重い疲労感が蓄積するようになる。これが授業やピアノの弾き込みに影響し始めると、但昭義や芸校の教師はメディアに向けて一つの呼びかけを行った。「ユンディ・リを守ろう。才能の褒め殺しをやめよう」

［三］

二〇〇一年の二月初め、ユンディ・リは香港特別区政府の要請により、香港での最初のピアノリサイタルを行うことになった。五百香港ドルのチケットが数時間で売り切れ、ダフ屋の価格は二千香港ドルを超えた。時の香港特別区行政長官、董建華《トン・チエンホワ》夫妻、深圳市市委書記の張高麗《チャン・カオリ》がコンサート会場に姿を見せた。この時期、ユンディ・リには特別な記憶が残っている。二〇〇一年の北京での元宵節（陰暦一月十五日）のことだ。彼は人民大会堂の夜会に招待され、そこで国の指導者の江沢民《チャン・ツゥミン》、胡錦涛《フ・チンタオ》、また夜会に出席した各国の指導者と親しく交流した。その時を彼はこう振り返る。

「江主席にお目にかかったのはこの時が最初でした。優しく穏やかな印象で、外国の指導者の方々にショパンコンクールで優勝したピアニストと紹介されました。その後も主席とは二〇〇二年の元旦の人民大会堂での外国の来賓を交えた夜会コンサートでもお会いしました。政治局の方々もご一緒でした。アンコールで弾いたリストの小品がとても喜ばれ、『黄河賛歌』では政治局の皆さんが一節を合唱して盛り上がりました。それから七月の香港返還五周年記念祝賀会の夜会パーティで再びお会いしたのですが、その時はお住まいが深圳でしたので私の方からお訪ねしました。まだピアノを弾いておられました。とてもすばらしい感性をお持ちで、音楽への興趣の深さが伝わってきました。その後、上海の西郊賓館での誕生パーティでお見かけしましたが、この時はもう引退された後でした。今でもよく覚えているのは『驕ることなく努力し、祖国のために栄光を勝ち取りなさい』と励まされたことでした」

ユンディ・リは台湾からも招待され、二月十五日から十七日まで現地でコンサートを行った。スイス国籍を持つハンガリーの指揮者トーマス・バシャーリと、彼が音楽監督を務めるブダペスト交響楽団との共演だった。台北市と台中市で開催されたこの音楽イベントは、両岸文化交流の歴史的な事業といわれた。国際的にもよく知られたバシャーリは一九三三年のハンガリー生まれ。八歳でピアノコンサートを行い、十五歳の時にリスト国際ピアノコンクールで優勝した。一九九五年の第五回ショパン国際ピアノコンクールではファイナリストとなり、一九五六年のエリザベート王妃国際音楽コンクールでも入賞を果たした。現在スイスのジュネーブに定住している。バシャーリは情熱家として知られ、情感で音楽を表現するピアニストといわれる。彼が演奏するショパンやリスト、ラフマニノフには独自のスタイルがあり、ファンはバシャーリを二十世紀の巨匠の継承者と呼ぶ。指揮者としても特筆されるものがあり、ベルリンフィルやロンドンフィル、イギリス・ロイヤルフィル、パリ管弦楽団、ニューヨークフィルなどに招かれた。ハンガリー政府は彼の幅広い国際貢献に対し、最高の栄誉賞である「コシュート賞」、「名誉金十字賞」を授与した。ハンガリーレコード大賞の受賞歴や、フランス政府が授与した「コマンドール」の栄誉にも輝いている。

コンダクターとピアニスト。バシャーリはこの両者の違いを比喩を交えてこう説明する。コンダクター、つまり指揮者とオーケストラは女友だちと交際するようなものだ。互いに程なく心を開き、理解し合うようになる。だがピアニストは作品と愛し合い、結婚することが求められる。そこで初めて弾けるようになる、という。ブダペスト交響楽団は国営放送局に所属するハンガリー最古の歴史を持つオーケストラである。国民楽派の巨匠エルンスト・フォン・ドホナーニが一九四三年に創設し、ヨーロッパの一流オーケストラと称されるまでになった。一九九二年にバシャーリが音楽総監督に就任するとオーケストラの名声は新たな段階を迎える。今回は四十年にわたり名声を誇るピアニスト兼指揮者と新しい世紀の新進気鋭のピアニストとの共演である。台湾の音楽ファンの期待の大きさがメディアの報道から伝わってきた。

　コンサート当日の午前中、バシャーリとユンディ・リは台北市の国家音楽庁でピアノの選定を行った。二人の指弾する音が交流し、ホール内に響いた。ユンディ・リは当夜のショパンのピアノ協奏曲をさらい、バシャーリは別のピアノでオケ伴の入り方やテンポをチェックした。ハンガリー音楽の権威の目に映ったユンディ・リの印象は「表情も気質も中国のショパン」で、演奏評も「比類なきゴールドメダリスト」の一言だった。

　六台並んだスタインウェイを選定する二人に興味深いやりとりがあった。ユンディ・リは鍵盤タッチが軽く、温かみがある音色のピアノを選んだ。一方バシャーリはタッチの重い、よく鳴り響くピアノを選んだ。このことでバシャーリはいう。「ユンディはまさに新時代のピアニストの音。明るく明快で、聴衆から妬まれるほどのテクニックの持ち主。私の方は旧時代そのもの。幾度《いくたび》かの戦火の洗礼を経て、そこから曲の解釈にも様々な違いが出てくる。どちらが正しいというのではない。芸術の見方、考え方には永遠に終わりはない」

　夜八時、ユンディ・リの台湾巡演の最初の地、台北でのコンサートの幕開けである。考えてみれば、ステージでの演奏は様々な固定要素の重なりも重要な影響をもたらすものとなる。ピアノのコンディションや定置スポット、オーケストラの配置、会場の音響特性や照明、空調状態、また聴衆のある種の動向など。

当夜、ユンディ・リは台湾の聴衆にショパンコンクール・ゴールドメダリストの音楽を堪能させた。バシャーリはピアニスト兼指揮者としての豊富な経験からこの青年ピアニストに大きな演奏空間を提供した。ショパンの『ピアノ協奏曲第1番』。繊細さと輝かしい響き、独自の解釈やスタイルなどピアニストの思いの丈を尽くした演奏となった。ユンディ・リの指先から生じるフレーズをバシャーリは柔軟な伴奏で応じて、オーケストラを自由に伸び伸びと開放した。暗黙の中の互いの理解と融合、その比喩を超えた「新婚」をイメージさせたものだった。ユンディ・リとバシャーリの見事な終曲に雷鳴のような拍手と歓声が待っていた。ユンディ・リは七回のカーテンコールに応じ、アンコールを二曲弾いて一分の隙もなくコンサートを終えた。引き続きピアニストは指揮者、オーケストラと共に、台湾中部の台中市に移動し、台中県立文化センターでのコンサートに臨んだ。新装リニューアルとなった会場でのチケットも高額なものだった。今回のコンサートで県立文化センターは、野外用の大型モニター画面を初めて港区芸術センター、大里市スポーツパーク、県立文化センタープラザの三会場に設置し、実況中継を行った。また実況中継にあたり地元の音楽教育家が曲の解説を行って野外コンサートを盛り上げた。このため各会場にはＥＦＴ番組製作機器を搭載したＳＮＧ放送車が四台用意され、衛星からの受信電波を中継する様々な放送用設備が投入された。台中市でのコンサートは会場のホール内で聴く八百人と、野外の大型モニター画面を見つめる二万人の聴衆が同時に演奏を楽しむという奇跡を創り出し、両岸の文化交流事業を飾る空前のイベントとなった。台湾での三日間にわたるコンサートが終了した。バシャーリは共演したユンディ・リの演奏に最後のコメントを残した。「彼は未来の偉大なピアニスト。私はそう確信する」。コンサートを伝える台湾メディアの音楽評の結びはこうだった。

「ユンディ・リ――輝く二十一世紀のスター」

第七章　神は彼の全身にキスをする

［一］

トルストイの『戦争と平和』に、このような場面がある。ニコライ・ロストフが賭けに敗け、落ち込んで家に帰ると、妹のナターシャの歌声が耳にとび込んでくる。彼はすべてを忘れ、彼女の三度の和音をハモり始める。

《あんなものはみな、不幸も、金も、ドーロホフも、憎しみも、名誉も、あんなものはみなくだらない……これこそが、本当のものだ……さあやれ、ナターシャ、やれ、うまいぞ！　やれ、すごいぞ！……あのシの音をどうこなすかな……やったか？　いいぞ！》そして彼は自分が歌っているとは、自分で気づかずに、そのシを支えるために、高い音の、三度の低音（三度の和音［ソシレのソ］を出した。《ああ！　本当にすばらしい！　これはおれが出したのか？　ああ、幸せだ！》彼は思った。ああ、その三度はみごとにふるえ、ニコライの心にあった何かこよなくよいものが、すばらしく打ちふるえた。（藤沼貴訳／岩波文庫）

このような描写はいくらか極端としても、音楽には心中の狂おしさを炎のように燃え上がらせる力があることを示すものだ。

二〇〇一年になると、ユンディ・リは世界各地の音楽ホールからの公演招請に惜しまず応じ、コンサート会場に集まった聴衆に彼の音楽を送り届けた。美しい旋律が聴衆の耳に届いた瞬間、音符の躍動は聴衆の心を揺り動かす。彼は音楽が持つこうした力が好きだった。

ユンディ・リは一月初め、メディア向けに、今後いかなるピアノコンクールにも出場しない、と表明し騒然となった。但昭義《タン・チャオイ》はこのことで取材を受けた。「これは突然決めたことではなく、ショパンコンクールの審査委員長だったヤシンスキが彼に助言したことを、ここで述べたに過ぎない。コンクールの目的の一つは出場者を世界に紹介することにあり、そこで大賞を獲得すれば世界中が注目する。コンクールの影響力や権威ということでは、これ以上のものはない。ユンディ・リの場合、コンクール出場の目的はすでに達成され、今ではメディアやマネジメント、出版社、オーケストラ、劇場などとの間に緊密な往来がある。世界への扉はすでに開かれており、今後の発展も彼が音楽の道を正しく歩めるかどうかに尽きる」

三月七日、ユンディ・リはモスクワのチャイコフスキー音楽院付属ホールで、ロシア巡回演奏での最初のコンサートを行った。開演五分前のベルが鳴った時、ホールの入口にはチケットのキャンセルを待つ大勢の人たちがいた。当夜の前半のプログラムはショパンのスケルツォ四曲とリストの『ソナタ　ロ短調』だった。聴衆はこの天才ピアニストの見事なテクニックと深淵な解釈に興奮が止まなかった。後半にはロシア国立交響楽団との共演でショパンの『ピアノ協奏曲第1番』を弾き、コンサート会場に来た音楽ファンすべてを圧倒した。彼は四回のカーテンコールに応えて、ショパンのワルツとマズルカを弾いた。ロシア・ショパン協会副会長のアレキサンダー・ロフは、当夜の彼の演奏に最高の評価を与えた。「リのテクニックはこの上なく精緻なもので、ショパンの作品の真髄を表現した。若いながら巨匠的な雰囲気さえ漂わせる。今後の努力によって世界的なピアニストとなるのは間違いない」。ロシアに滞在中の華人音楽家、左貞観《ツオ・チェンクワン》はコンサート後、こう感想を語った。「ユンディの演奏を聴いた後、数日間ずっと興奮が冷めやらなかった。彼のショパンがこのように個性的だったことに拍手を送りたい。音楽に国境はないが、中国人の私が誇りに思うだけでなく、世界のピアノ界にこの優れた青年が現われたことに気持ちが高揚している」

三月十日に行われた「歓迎ユンディ・リ　モスクワ来訪コンサート」の記者招待会では、モスクワの印象を彼はこう語っている。「この地は自然の景観がすばらしいだけでなく、建築物も美しく輝いている。ロシアの聴衆は音楽を深く理解しており、親しみを感じている。機会があればまたモスクワでコンサートを行いたい」。彼はこの後すぐにサンクト・ペテルブルクに移動し、二日間のコンサートを予定していた。十八世紀末に改修された「冬宮音楽ホール」は、サンクト・ペテルブルク冬宮殿の中にある。ロシア人にとって最高のステータスであり、民族の歴史や文化を象徴する特別な場所である。ユンディ・リはこの典雅な音楽ホールでコンサートを行う最初の中国人ピアニストとなった。サンクト・ペテルブルク室内管弦楽団との共演は、会場に集まった人々を「古典」の情趣で包みこんだ。「演奏が始まると、いつもとは違う雰囲気が漂った。知的な静けさに熱い情熱が交錯していた。曲の構成やリズム感を大切にした演奏だった」当地の音楽評である。ロシアの音楽評論家は「彼の音色は天から降って来たような音だ」といった。サンクト・ペテルブルク市の役人は初日のコンサートを興奮気味に語った。「神が足にキスをすると一流のサッカー選手になる。頭にキスをすれば頭脳明晰な人間が約束される。ユンディは神の申し子、おそらく全身にキスをしてたはずだ。音楽が彼の全身からあふれ出ている」

四月に入り、ユンディ・リは上海大劇院でリサイタルを行った。会場は開設以来、リサイタルの開催ではアシュケナージ、フー・ツォンに続く三人目となる。聴衆は詩的な雰囲気に包まれたコンサート会場で彼の透徹したショパンの演奏に浸り、その「虜」となった。大劇院のマネージャーはいう。「ショパンはピアノを学ぶ人にとって重要な作曲家。ユンディがそのショパンコンクールで優勝したことは私たちの誇りで、コンサートでは心底、優勝者の『所作』を味わった感じでした」。会場の一人もこういった。「最初の音を耳にしただけで、この若者が『草ぶき小屋』を出たばかりの世間知らずではなく『長く戦場で過ごした』将軍であることがすぐ分かった。曲の構成を重視した落ち着きある息遣いは、成熟したピアニストそのもの。粗探し屋の評論家も文句がつけようがないだろう。その努力たるは称賛に値しよう」

ユンディ・リはある時、コンサートでの演奏についてこう話したことがある。「コンサートでの演奏、つまり聴衆との交流は私にとって重要な実践の場です。これまでとは違う解釈や表現を試すことができます。以前は演奏回数がそう多くなかったので、作品の新たな理解や解釈をコンサートで試すことは難しかったのですが、今は回数も増え、過去の演奏を振り返って解釈や表現を見直すことがよくあります。私の演奏体験や学習効果を確認する重要なチャンスともいえます。音楽とは心の深奥から湧きでてくるもので、作りだすものではありません。同時にそこで作曲家が意図したもの、表現したものを見つけだすことも重要です。これは私の演奏に対する基本理念ともいえるものです」

「コンサートで実践したり確認したりする中での想定外の出来事、ミスを冒してしまったり、何かに動揺したりすることってあります?」。この種の問いにも彼の答えは常に明快だ。「こういう言葉があります。『人は何もしなければ、間違いも起こさない』。それを防ぐには、演奏の質が保てるようにする。よく弾きこむことです、最低限度。意外に思うかもしれませんが、コンサートやステージでの解釈や表現は必ずしも演奏家の最終的な実力や才能とは必ずしもいえず、経験や努力を積み重ねていくことこそ重要です。音楽への情熱、感性、インスピレーション、知力、精神性、教養など、またそこから派生する様々な要素は演奏家の学習能力とも関連します。普段モノを見たり感じたりする感性もその一部です」

ユンディ・リはその後間もなく日本の九都市へリサイタル公演に出発することになる。リサイタルの会場となるのは東京、大阪、名古屋、札幌、京都などの各都市である。コンクール直後に行われた日本公演では、彼はまさしく「ビッグスター」だった。大きなポスターが至る所に張り出され、その熱狂の様子は彼自身の予想を超えるものだった。その熱気ぶりとは音楽ファンの彼へ敬愛の念からなのか、それともアイドルへの憧れや空想に近い一過性のものなのか。

「前の日本での三回のリサイタルはどの会場も相当な規模となって、ファンの反響もすごかったようですね」。日本公演の後、私はこのことを聞かずにはいられなかった。「驚くほどの人気で、チケットを買うのも大変だったとか。二〇〇五年には『AERA』誌の表紙にもなって。この雑誌はニューヨークの『タイム』のような雑誌と聞いています。音楽家で最初に表紙を飾ったドミンゴに次いで外国人では二人目とか。日本での評判や人気のすごさが伝わってきますが、どうしてそれほどまで人気が高まったのか、ご自身では日本の歓迎ぶりをどう思われてます?」。「日本の音楽ファンに喜ばれるのを、とてもうれしく思っています。日本はクラシック音楽ファンがとても多い東方の国で、真面目で勤勉な人たちが多く、見ていてもとても道理にかなったことをしています。でも少し古くさく融通がきかない点もあり、想像力に欠けるところもあるようです。そうした国民性からかどうか日本は理工系の人材をとても多く輩出しています。彼らは他国の文化を取りこむことも上手な民族で、早くから西洋文化を吸収してクラシック音楽もそこから広まったものです。それに日本人は次元の高いハイレベルなものを常に追い求めて、芸術もそうですが、私がショパンコンクールという国際的によく知られたコンクールで優勝したことも、その視点で評価してくれました。もう一つ私を好ましく思う理由はこの顔にあるようです。私の顔が彼らのアイドルスターに多少似ているようです。でも今は公演などを通して理解してくれたのではないかと思います。最初のコンサートが好評だったことで、すべての聴衆のものになれたと感じてます」

「あの有名なＮＨＫホールでのＮＨＫ交響楽団との熱演では、まさに予想を超える反響でしたね」

「そうでした。ＮＨＫ交響楽団は一九二六年に創立された日本でも傑出したオーケストラで、世界の十大オーケストラの一つともいわれます。団員は全部で百二十六名、毎年平均百四十回ものコンサートを行っています。充実した演奏能力を持ち、アンサンブルもとても美しいものです。欧米のオーケストラと肩を並べる実力があります」。「共演したオーケストラにはとても詳しいのですね。共演する上で互いをよく理解し合うという、これは大事なことなのですね？」「もちろんです。共演する上で必要なことです。知識や理解もそうですが共演することで関係がより深まり信頼も増します」。「日本の音楽ファンには、とても正気とは思えないような歓迎ぶりもあったようですが？」。「ＮＨＫホールは三千人余りの収容規模ですが、私たちが到着するとステージ裏の入口にすごい数の人が待っていて、コンサートが終わるとまたそこに集まって私を待っていたようでした」。「ファンの叫び声にびっくりすることはなかった?」。「特にはなかったですね」返事とは反対に、顔にはにかんだ表情が浮かぶ。「恥ずかしがり屋さんといわれたりして、あるいはと思って?」。「考えてみてください。音楽をする、西洋の古典音楽、ましてや芸術と向き合う空間というものがあります。そうした状況に惑わされない孤独とか静けさとかの」。「ステージに上がる前に聴衆の反応を予測したりすることってあります?」「どんな場にあっても、自分がこれから何をするのか、そのためにどうするかを考えるだけで、その先を考えたりはしません。ただもちろん聴衆の反応への期待感はあります、演奏する以上は。でもステージに上がれば頭の中はもう音楽だけです。演奏が終わった瞬間、この聴衆をモノにできたか、しっかり交流できたか、それが分かるまでは」「そうですね、ルービンシュタインがこういってます。『私が聴衆を前にして考えることは、彼らが何を聴きたいかだけでなく、彼らに何をどのように聴かせるべきか、ということです。そうして初めて、自宅でスリッパのままレコードプレーヤーの前に座る音楽ファンをコンサートホールに呼び込むことができる』。この話ってどう思います?」。「まったくその通りですね。音楽には決まった聴き方などないし何度でも聴ける。本を何冊も読むとか何かを繰り返しすれば疲れたり厭きたりもしますが、音楽それも好きな音楽なら何度でも聴けるし聴き疲れもしません。これは音楽に反応する大脳の働きに関係があるようです。繰り返し聴ける音楽のこの特質は、立場を変えて演奏する側から見れば、再現芸術ならではの一回性、つまりやり直しが利かない一本勝負の厳しさともいえます。さっきのルービンシュタインの言葉、音楽の探求や追究ということに私も一層駆り立てられる思いです。ただ率直にいって、聴衆の大半は音楽を楽しみに来る人たちで、楽しむことに専門性や条件などにそれほど意識はないのでは。またハイレベルな鑑賞を目的とする聴衆もそう多くはなさそうです。こうした人たちは評論活動などに携わるまさに専門家といわれる人たちですね」。「今後はその専門家の人たちにも、少数ではあってでも目を向けることになりますか？」「私の音楽を聴いてくれる人たちはすべて同じです。専門家も一般のファンもありません。たくさんの人たちが演奏に共感してくれるのを望むだけです。ただ専門家の音楽評には注意を払うようにしています。そこで評価してもらえれば聴衆にもそれが伝わったのかな、と思ったりしてます」。ややあって再び続けた。「でも私はコンサートに来る人たちの中に、演奏を審査する審査員が交じっているなどと考えて演奏することはないですね。私が大切にしているのは私自身の音楽です。演奏の結果がよければ美しいと感じてくれ共感してくれます。このことに専門家も音楽ファンもありません。音楽の最終目的は人の心を楽しませて豊かにすること、さらには精神を浄化し感動を呼び起こすことです。これこそ最も基本的なことです」

［二］

ユンディ・リは四月三日、東京でのコンサートの合間をぬって、世界最大のレコードレーベル、ドイツ・グラモフォンと専属契約を結んだ。

ドイツ・グラモフォンは、二十世紀の世界最大のレコード製作・出版企業グループである。一八九八年、ドイツ人で円盤レコードの発明者エミール・ベルリナーがハンブルクで設立した。傘下にはアルヒーフやフィリップス、MCAなど多くの子会社があり、クラシック音楽からポピュラーミュージックまで幅広く多くの一流音楽家や音楽団体が名を連ねる、一大「レコード帝国」である。

ドイツ・グラモフォンはまたレコードの収録・製作で、世界が誇る二大オーケストラを擁している。ベルリンフィルハーモニー管弦楽団とウィーンフィルハーモニー管弦楽団である。また指揮者ではカラヤンとバーンスタインがまず挙げられる。さらにアバド、ブーレーズ、シノーポリ、小澤征爾、レヴァインなど、今日クラシック音楽レーベルとして、楽壇の主要な音楽家と専属契約の関係にあることはよく知られるところだ。ユンディ・リはドイツ・グラモフォン（DG）の専属ピアニストとして、ここに重要な地位を築いたことになる。ショパンコンクール優勝の実績は彼の評価を決定的にした。ここ半世紀のショパンコンクール優勝者も多くがDG専属となっている。ポリーニ、アルゲリッチ、ツィメルマンなど今日大きな影響力を持ったピアニストの名が並ぶ。しかし優勝しながら契約機会を逸したアダム・ハラシェヴィッチ、ダン・タイ・ソンなどは当時の様々な事情を背にした悲運のピアニストというしかない。二〇〇一年五月、ユンディ・リは「二十一世紀の中国に影響力を持つ青年百人」の一人に選ばれた。彼の未来に向けた注目と期待のメッセージである。

七月になってユンディ・リはアメリカ、カナダへの巡演の旅に出た。ロサンゼルス、サンフランシスコ、そしてトロントでのリサイタルで、終わってみると当地のメディアの音楽評はいずれも熱烈なものだった。「ユンディ・リの演奏を会場で聴いた人たちは興奮した感情を炎のように燃え上がらせた」

ユンディ・リが好んでいる曲が、ショパン以外の作品にもいくつかある。「バッハの音楽には、深い精神性や世界観が隠れていてとても好きです。またモーツァルトの音楽は自然で、どの曲にも天才ぶりがあふれています。リラックスしたい時は彼の曲を流し弾きしたりしています。他にもリヒャルト・シュトラウスの交響詩やプッチーニのオペラも好きです。以前は中国の戯曲を何度も繰り返し聴いたけど意味がよく分からなかった。私が学んだのが西洋音楽だったこともあり、中国の戯曲は思ったより難しく感じました。でも音楽を含めてすべての芸術は人類の文明性を表現するものだし、人間の心の深奥にある原初的な感情がその基にあります。たとえ国や民族が違っても歴史や環境が同じでなくても、究極的に人間の本質は同じだと思う。いつしか私にもチャンスが巡ってきて、プロの音楽家になれたことをとても大切に思っています。若ければ心はめげないし、奮起する気持ちも前より強くなっています」

八月になってユンディ・リはドイツのデュッセルドルフ音楽祭とルール音楽祭に参加し、その後ポーランドに移動して、第五十六回ショパン芸術祭に参加した。ポーランド滞在中、初めてCM撮影を行うことになった。香港のIT企業1010主催の人気クラシカル・アーティストで彼がトップの座を占めたことによる。ワルシャワは彼のショパンコンクール優勝の地でもあり、そこからこのCM撮影が企画された。彼は当初こう考えた。「CM出演は本業ではない自分が撮影でちょっとした仕種をするだけ。もしかしてクラシック音楽の普及にも間接的に役立つかもしれない」。香港『大公報』の説明では、彼はこのCM撮影で音楽とデザイン設計のメンバーに加わったという。CMのバックグラウンド・ミュージックには彼をイメージしたショパンの『幻想即興曲』が決まった。舞台裏の布陣も強力で、CM監督には香港の実力者ブライアン・ライが起用された。彼はNikeやコカコーラ、Orangeなど人気のCM製作に携わった実績を持つ。美術指導には『シンドラーのリスト』でオスカー美術賞を獲得したアラン・スタースキの名があった。同社の説明によれば、ユンディ・リのCM起用は、彼が人気ピアニストである上に、常に完璧さを追究する真摯な姿を、1010ブランド・キャッチフレーズである「よいものはよい」にイメージ化することだという。当初このCMは、その趣旨から著名な華人タレントにブランド・キャンペーンの推進役を期待し、候補者選びに四月から三ヵ月間、複数のタレントと交渉するも進展せず、半ば方向転換を迫られる中でユンディ・リと出会ったのだ。だがそこでも手間取ることになる。彼は俳優やタレントと異なり、交渉や契約では専任の代理人がなく、演奏活動も多忙で交渉のタイミング順調ではなかった。CMの製作期限は迫り、この時点で半月しか残っていなかった。だが幸運にも八月初め、CMチームはドイツに出発する直前の本人と香港の空港ホテルで契約を終わらせることができた。契約終了後、CM撮影は予想を超えるスピードで進展する。チーム担当者の回想。「撮影が始まるとメンバー全員が安堵感を胸に仕事に邁進した。ブライアン・ライは随所にCMの趣旨を生かす創意工夫を発揮しチームをまとめた。ユンディ・リをスカウトした幸運をメンバー全員が感じていた。ブライアンはクラシック音楽に精通し、バックグラウンド・ミュージック選びではユンディ・リとの間で『幻想即興曲　嬰ハ短調』と決めていた。ワルシャワの撮影の初日、会場でユンディ・リがこの曲を弾いた時の情景が今も鮮明に甦ってくる。ショパンの曲は私たちの身近にある音楽ではなかったが、不思議な感動が胸を衝いた。音が美しかっただけでなくピアニストの後ろ姿にまで光が射していた。撮影の最終日、白一色に彩られた広場に多くのポーランド人が集まり、会場も華やいだ雰囲気だった。彼が再びピアノを弾き始めると辺りが静まり返り、音だけが広場にこだました。時間が音楽の中で凝結し、音楽が時間の中で静止したようだった。弾き終わると拍手が自然発生的に沸き起こる。その光景はそのままCMの映像となった。仕事を終えたメンバーの誰もが遠い国でのこの光景を現実とは思えず広場に佇んでいた」

九月に入り、香港テレビ局は完成したばかりのCMを電波に乗せた。CMのバックグラウンド・ミュージックは忽ち香港中の携帯電話の人気着信音となり、ユンディ・リの名も各界各層に知れわたった。その年、彼はメディア露出度の最も多いミュージシャンに選ばれた。一方で彼は社会から「アイドル」として扱われることを頑なに拒んだ。彼はメディアにもはっきりと表明した。「私の仕事の真実を見てください。私の音楽に共感してもらえるならアイドルでもかまいません。いずれにせよ私です。音楽をひたすら追究することは私の揺るぎない目標です。社会がアイドル時代になっても私の棲む音楽の世界には仰ぎ見る大家や天才がいるだけでアイドルとは別の世界です。この世界は血のにじむ努力なしには生きていけない厳しい世界です」

以前、彼への取材の中で私は真顔になって尋ねたことがある。「傲慢や不遜な態度は相手の反感を買うもとだけど、自信を示すことで相手に嫌な思いをさせることってないかしら。有名人のあなたはこの違いをどう思います？　いえ、相手への意思表示や態度を普段ご自分でどう意識されているのか、と聞くべきかしら？」。彼は唇をかみ少し考え込む様子だったが、やがて口にした言葉は筋道の通ったものだった。「ピアニストのアラウが、どこかでこういってます。表現者として虚栄心や不遜な言質は最も恐ろしい敵だ。次へのステップの最大の邪魔者となる。きみの表現や演奏法が真にユニークなものなら、人が満足するか共感してもらえるかなど考える必要はない。きみが思った通りに表現すればよい。演奏者として自信めいたものであっても得るものは少なくない。フランスの画家のゴーギャンがこういっている。私の芸術上の表現はすべて正しい、と。傲慢そうにも聞こえるが彼のいうことだからその通りだろう。いいたいことは、自信というものが人の気持ちにどう反映するかは様々である。中味のない自信や視野の狭い言葉は不快感を呼び覚ますだけ。これまで私がピアノを学んで、それで名を残そうと思ったことは一度もない。ただ確かな時の経過の中で今日に至っている。社会や楽壇の私への論評には感謝の言葉があるのみ。だが了解願いたいのは、私が社会に尽くせるのは、生涯ただ音楽しかないことだ」

ユンディ・リが人々に音楽のプロとしての輝かしい人生をスタートさせたかに見えた中、九月の声と共に彼はドイツ・ハノーファー音楽大学に入学し、アリエ・ヴァルディのもとで学ぶ道を選択した。彼ほどの才能があれば、誰の目にも世界から注目されるピアニストとしての多忙な人生が眼前に開けたはずなのに、人々はこの選択が理解できなかった。期待された楽壇でのスタートを自ら放棄したと思われた。

ユンディ・リにも自らの思いがあった。「音楽家としての文化的素養は将来に向けてとても大切なもの。素養は閉じこもっていては身につかず国外で研鑽の機会を求めるしかない。クラシック音楽の発祥地はヨーロッパ、ピアノもヨーロッパの楽器、ルーツはいうまでもなくヨーロッパです。今回の留学は「ルーツを訪ねる」ものです。歴史を見てもドイツは多くの偉大な音楽家を育んだ国。私もこれまでドイツの文化的環境から多くの薫陶を受けました。ハノーファー音大への留学はヴァルディ先生からいただいたお話です。今後もピアノを学ぶ上で先生の指導を受けることはとても重要です。数年前、但先生にピアノを学ぶため深圳芸校に入学した当時のことを今でもよく覚えています」

ピアニストで指揮者、教育家のアリエ・ヴァルディは、一九四一年イスラエル生まれである。自国イスラエルの国際ピアノコンクールで受賞して名が世に知られると、直後にズービン・メータ指揮のイスラエルフィルハーモニー管弦楽団と共演を行った。続いてブカレストのジョルジュ・エネスコ国際ピアノコンクールでも受賞し、その後ヨーロッパ各地でコンサートを行うようになる。ルーピン音楽アカデミー在学中、テルアビブ大学で法学の学位を取得し、パウムガルトナーのもとでピアノを学び、ブーレーズ、シュトックハウゼンには作曲を学んだ。

ヴァルディが得意とするピアノ曲は広範にわたり、バッハやモーツァルトの協奏曲は全曲を演奏している。近年は印象派の作品を中心に公演を行い、ドビュッシーやラベルの全作品を演奏した。母国イスラエルの現代作曲家による作品も数多く演奏し、その多くは彼に献呈されたものであるである。

オーケストラとの共演では世界的に著名な指揮者と各地でコンサートを行い、その足跡は東西ヨーロッパや南米、北米、ラテンアメリカ、オーストラリア、日本などに及ぶ。二〇〇四年には中国でもコンサートを行った。彼はイスラエルが生んだ世界的ピアニストであり、母国では彼のことを「音楽の神」と呼ぶ。

現在、ヴァルディはドイツ・ハノーファー音楽大学のピアノ科主任教授、イスラエル・エルサレム音楽アカデミー教授、テルアビブ大学ブッフマン・メータ音楽学校教授を兼任するだけでなく、多くの国際コンクールの審査委員を務め、ルービンシュタイン国際ピアノマスターコンクールの芸術顧問、審査委員長でもある。他にも数回にわたり、ジュリアード音楽院、パリ音楽院、チャイコフスキー音楽院、ロンドン・ロイヤル音楽院でマスタークラスを担当した。彼の三十名余りの学生はいずれも世界各地のピアノコンクールの優勝経験者である。

ヴァルディにユンディ・リと出会ったころの様子を尋ねてみた。「まだあのころは十八歳にもならず、はにかみ屋で聡明なところがあったが、音楽には天性のものがあった。私にはあんな天分はなかったので根気よく努力するしかなかった」

［三］

ドイツ・ハノーファー市は北ドイツの主要都市である。パリからモスクワ、北欧からイタリアへの交差路に位置し、ミッテルランド運河にも近く、商工業が集中する交通の要所でもある。ハノーファーとはドイツ語で「高い堤」の意である。一二四一年に市となり、一九四六年にニーダーザクセン州の首都となった。今日、ドイツの十大都市の一つで、北ドイツの経済文化の中心都市である。

ハノーファー市は市全体が緑に囲まれた美しい公園都市である。ハノーファー音楽大学は市内の恵まれた自然環境のもと、音楽・芸術の名門校である。音楽大学の専門教科には鍵盤楽器、弦楽器、声楽など三十に近い教科がある。とりわけ鍵盤楽器はどの教科も世界的な名声を誇り、特にピアノを専攻する学生の多くは国際ピアノコンクールで優秀な成績を収めている。学内の教授には等級が四段階あり、州政府から終身制の公務員として招聘される。器楽教科の教授は教育家や演奏家として知られ、世界各地でコンサートや録音活動を行っている。ピアノ専任教授には世界的な大家を擁し、著名な国際コンクールたとえばチャイコフスキー、ラフマニノフなどの審査委員長を務める。アリエ・ヴァルディ教授はドイツ連邦大統領勲章を受賞した教授の一人である。ヨーロッパの大学教育は在学生との協和的な教育指導が大本にあり、学生とは友人同士の関係を見るようである。教授たちも礼節を重んじ、無私の心と教育への情熱は音楽への愛惜がその根源にあった。ハノーファー音大に学ぶ学生は千名を超える。学内の学位制度により学生は在学三年で一回目の卒業試験を受ける。合格者には音楽教育学位（ＭＡ）が与えられる。継続して在学を希望する学生には一―二年後に追加試験が行われる。追加試験は科目として一時間の室内楽演奏、さらに一・五時間の独奏科目が加わる。合格者にはアート・トレーニング学位（ＫＡ）が与えられる。在学生が目標とする最高の取得学位は独奏家（Ｓｏｌｏ）である。それには一定規模のオーケストラとの共演を三回以上行い、独奏会を一回行うことが条件となる。

九月十九日、ユンディ・リはハノーファー音楽大学の正門をくぐった。バッハやベートーベン、ブラームスの母国、ドイツ。馥郁とした芸術の香りと肥沃な音楽の土壌が彼の天賦の才に新たなインスピレーションを呼び覚ます。

ドイツへの留学は彼の生活を根本から変えるものとなる。母親の同行さえも断《た》ったのだ。このことは学業面の独り立ちだけでなく、生活面でも完全な自立を意味するものだった。十九年来、彼にとって母親の存在は空気のようなものだった。音楽以外の事情はおよそ深く考える必要がなかった。しかしここではすべてが変わり、移行期間もなくこの巨大な変化に対応することになった。「ハノーファーでの生活が始まったころは確かに思うようにいかなかった。すべて自分でやらなければならず、細々とした処理や対応に苛立つこともありました。それでも普段起きる様々な支障をクリアする力を身につけておくことは、自分の将来にも必ずプラスになると思って……」。彼は正直だ。「アパートは大学の近くに借りましたが、手筈もすべて自分でやって。そういえば食べる方も一人だと疎かになりやすくて、気付いたらすぐ食べるようにしてました。時には料理もしましたが、料理は音楽と同じで想像力がとても大事だと感じました。たまに中国料理店に行って食欲を満たしましたが、値段が高かったり味も少し違うものでした。当時の心境を言葉で表せば、何とか生活には慣れてきたかな、というところですね」。「大学の授業の方はどんな感じでした？　クラスメートとは楽しく交流ができて？」

「クラスメートとは特に何もない毎日でしたね。どこから来たかとか経歴はどうか、名が知られているかいないか、そんなこと誰も聞いてきませんし、私も入学したばかりの一年生です。ましてや教授たちは名を知られた大家ばかりで、私など気遣ってもらえることなど一つもないです。でも来る前に想像していたこととは随分違うものでしたね。振り返ってみれば、賞を取ってから留学するまでの数ヵ月いつもどこかに戸惑いがあって、心理的にもある種の消化期間のようでした、今にして思えば。そして国内のあの喧騒から飛び出してあの静かな丘の上に立って初めて、それまで自分がやってきたこと考えてきたことが実感を伴って蘇ってきて、何とそこから方向らしきものが見えてきたのです。それまでの正体不明だった自分から抜け出たような感慨というか、嬉しさも込み上げてきて、気持ちが一層軽くなりました」

とはいえ経過を細かく追えば、実状は聞くほど手際よく進んだわけではなかった。張小魯《チャン・シャオル》は私にこういう。「ユンディのハノーファーでの生活はいつも心配ばかり。毎日がどうなっているのかさえよく分からず、電話では大丈夫だといってきても、慣れない土地での生活振りにパパも私もいつも不安ばかりでした。当時がどうだったのか今でもよく知りません。もしかしてよく話に出たCD録音のことで忙しいのか、と自分を慰めるしかなかったです」。李川《リ・チュワン》の回想はこうだ。「ユンディは一度、中央テレビ局の『芸術人生』の番組ゲストの話で帰国し、私も北京に同行しました。とはいっても道中ずっと心ここにあらずの体で、番組の方の対応にも心配があったものの、そちらはまずまずだったようで一安心でした。息子にはこれも得難い人生のトレーニングの場かなと思うようにしてました。その後、帰国の度に変化も見られ、大学生活や音楽活動の方はともかく、人としての成長の跡も伝わってきました」

ユンディ・リの戸惑いとはどのようなものだったのか。そのころのプレッシャーは私には外因によるものではなく、内面に潜んでいた腐心に似たものから生じたのではないかと思える。自分にどう立ち向かうか、自分をいかに克服するか、そうした苦悶が戸惑いに繋がったのかもしれない。優勝したことで目標を見失い、その後が見えなくなった。ピアノ専攻の学生に求められるのは質的なレベルアップで、目に映るのは審査委員ではなく、聴衆や音楽ファン、またクラスのライバルたちなのだ。比較したところでコンクールの会場は小さく、優勝後のステージは主催者のご褒美に過ぎない。世界のステージへの望みを叶えるには一層厳しい研鑽と精進が待っているのだ。だが人は進む方向が決まれば、すべてを容易に変えられる。ユンディ・リは自らの音楽に渇仰しながら、白鍵と黒鍵が織りなす世界にまさしく新たな一歩を踏み出すことになる。

アリエ・ヴァルディはこの生徒がとても気に入っていた。音楽をどう理解するか深奥に何があるかを学生たちに講義しながら、ユンディ・リの理解力や楽才に強い印象を残した。ヴァルディはいう。「リはステージ上のプリンスだ。考え方に柔軟性があり、弾き方も丁寧、鋭い聴覚は優れた感性を表すものだ。彼にはこれといった欠点が見当たらない。自ら音楽を創出できるだけでなく、どうすれば最適な音色が弾きだせるかを知っている」

　ある記者が教授への取材を試みた。彼の音楽教育の基にある理念とはどのようなものか。何とか手がかりを摑みたい。取材が実現し、そこで記者はこう尋ねた。「今日の若い音楽家は音楽とどう向き合うべきなのか。また音楽を学ぶ学生にアドバイスがあるとしたら？」。教授は記者に答える。「アドバイスするとしたらただ一つ、『自らよく考えなさい』ということだ。自らの個性や表現を直視すること。他人を真似たり聴く人の印象をよくしよう、誰かを喜ばせようと色を付けたりするのは地獄行きに等しい。大事なことは好きな曲を思い通り演奏すること。それで初めて弾けるようになる。そこで方向を見失わなければ、いつか自分のものを見つけられ、他人からも認められる日が来る」

　ヴァルディ教授について話が及ぶと、ユンディ・リはこう語った。「先生は実に博学です。授業でも作品の構成や表現方法、作曲家論でも様々な側面を取り上げ、学生に考えるチャンスを与えてくれる。民族や文化に関する知見から作品の解釈が深まり、音楽の見方や視野が広がりました。先生は指揮もされるのでオーケストラ・アングルからも講義もとても貴重なものです。また先生は頻繁に国外に出られて、私も公演予定などあるのですが、授業がある時は最大限、出る努力をしています。自分の演奏能力のレベルアップも最近やっと自覚できるようになって……。それに私たちがヴァルディ先生を好きなのは、音楽に関する学生の疑問や質問を何でも受け止めてくれることです。いいたいことが存分にいえるのです。先生と議論ができるのです。この部分の処理はこうすべきとか、テンポを少し速くしたいとか尋ねて、先生に違った考えがある時は、その解決方法について質問や意見をいえるのです。最後はそれぞれの考え方を先生が実際に弾いて解説して終わりになりますが、ここで大事なことは、やり取りを聞く中で自分の直感力をどれほど磨けるか、このことに尽きます。解釈や表現上の地平がそれによって無限に広がるのを実感させてくれます。先生は音楽との交わりの中でこれからも変わることのない教師です」。ユンディ・リのハノーファーの留学生活も次第に違和感のないものになる。朝はクラスメートと授業に出席し、音楽史と音楽教育論の講義を聴き、午後の時間の多くは楽理と外国語の授業となる。

「そうですね。ピアノは毎日五時間くらい練習します、最低限。他にはCDを聴いたりして。知らない曲の譜面もいろいろとあり、時間があればそうした曲のCDを聴くようにしてます。また音楽関係の本を見たり、楽譜を眺めてはマークや注を入れたりもします」。「練習ではいつも決まった曲を弾くのかしら?」。「いや、そうとも限らない。ショパンだとかリストの練習曲、公演が近ければプロにある曲のテクニックの要点箇所とか」「弾きたくないことって、時にはあります?」。「ピアノに向かう時の気持ちって、毎日違うものですね。リラックスした時などはピアノが特別に親密な相手に思えたり、かと思うと反対に煩わしく感じたりして、そんな時は触りません。CDを聴いたりします。CDはチャイコフスキーの交響曲だったり、最近よく聴くのはブラームス、特に四番、他にもベートーベンの七番とか。普段からよくCDを買うのですが、時には買い過ぎて飛行場で携帯荷物が重量オーバーしたこともあります」

ユンディ・リはメディアの取材でも大学生活に触れてこう語る。「私が大学で学ぶ曲は古典ものが中心です。ベートーベン、モーツァルト、シューマンなど。CDでも聴きます。ピアノ曲以外では交響曲、オペラや器楽の独奏曲、このことは私の音楽や文化、歴史の理解にとても役立っています。

チェロも好きです。とても説得力ある楽器です。また学生たちで作った室内オーケストラにも参加しています。これは教科とは関係なく好きでやっているだけですが、そこから学ぶことがたくさんあります。夜は友人と食事したり、時には映画を見て今の時代を感じたりしています。よい映画からも芸術は感じ取れますね。ハノーファーの夏は最高で、いろいろなものが学べます。大学の後ろのこんもりした林が大好きで、練習が終わるといつもそこを散歩します。大自然からもインスピレーションをたくさんもらっています」

彼が留学したハノーファー音大での数年間は、毎日を半ば学生、半ば演奏家として多忙な生活を送ったことになろう。彼が考える音楽の喜びとは、過酷な練習を支えにしたステージでの演奏を通じて聴衆や音楽仲間と交流が図れる喜び、またそこで得られる充実感だった。これこそが彼の音楽への情熱や活力を育む源泉である。彼は大学生活とコンサート活動をバランスよくセットした。一年のうち地元ハノーファーで四―五ヵ月、それ以外の時間は世界各地の招聘元での活動に充てていた。

彼はいう。「考えてみれば、授業に出ることもピアノを弾くことも、するのは私自身。音楽や芸術の研究は場所を選ばない、まさに言葉通りです。ドイツではコンサートにはいつでも行けるしアーティストに会うこともたやすい。これはヨーロッパの環境と文化の中での私の生活実感です。ドイツには彼らが自慢するだけの音楽や伝統がある。ドイツ人は音楽に深い愛着があって、小さな村のタクシーの運転手も作曲家の名前や曲をよく知っている。ある日、書店巡りをして驚いたのは、ＣＤの専門店でもないのに音楽書の脇棚に新旧のＣＤをいっぱい並べて、その売上げのランクまで張り出してある。一瞬ここはアメリカ？と思ったほどです。ドイツは音楽の世界でも豊かな土壌を持つ国です。

彼らはこれが自分たちの文化伝統で、こうして普段から音楽と向き合っていれば、世界の津々浦々までそれが広がっていくと思っているようです」

第八章　ショパンとの初恋

［二］

ユンディ・リがCDと初めて出合うのは十一歳の時である。CDプレーヤーも当時はまだ発売されたばかりで、所有する家庭もごく僅かだった。張小魯《チャン・シャオル》がユンディと友人宅を訪ねた折り、そこで初めてCDとCDプレーヤーを見ることになる。めずらしさや音のよさ、響きの透明感がたちまち彼を虜にした。家計を考えればとても買えなかったが、息子を喜ばせようと百元もするCDを一枚買った。CDはアラウのピアノ曲集だった。息子はCDを手にした嬉しさのあまり「僕もいつかCDを出すんだ」と声を上げたのを、母親は今でも覚えていた。

二〇〇一年十二月五日、子供心に叫んだ言葉が今まさに実現しようとしている。彼の最初となるショパンのCDアルバム『ショパン精選』（日本盤『青春のショパン〜ユンディ・リ・デビュー』――訳注）が発売されたのだ。CDの演奏はコンクール優勝当時の彼の音楽性とテクニックを彷彿とさせるもので、屈指の録音技術を持つドイツ・グラモフォンの記念碑的アルバムといわれるものだ。

このCDについて尋ねると、彼はこう回想する。「アルバムの中の曲はすべて私自身の選曲です。当時は経験不足で考え方も未熟でした。ショパンコンクールの延長線上の曲ばかりで、一般の音楽ファン向けのものです。満足感という点ではそれほどでもなかった。今出すとしたらもう少し異なる音楽観から別の選曲になったでしょうね。製作会社に同調するとは必ずしも限りません。音楽や芸術に対する自信とか信念を問われることになりますから」

「製作会社はあなたを絶対的に信頼していたようですね？」。「そうですね。ドイツ・グラモフォンのような伝統ある会社は、ＣＤの販売でも商業価値だけでなく、世の評価や名声、芸術面での価値観をとても重視します。その後、二枚目を出すに至る経緯からも、それをとても強く感じました。今は会社に何でも聞いてもらっています」。「一枚のＣＤ録音にどれほど時間がかかるのかしら？」。「一曲で普通なら三日位です。一日の収録時間はおよそ三時間。私は時間を長くかけるのが好きではないので、準備が終わった段階で収録は一日一回。収録前に常に準備が整っているとは限らないので、インスピレーションが湧いた時がそのタイミングです。会社もタイミングを合わせてくれます。暗黙の約束ごとのようなものです」。「最初のＣＤでは選曲も今のお気持ちとは違うとのお話しでしたが、評判も販売もとてもすばらしいもので大成功でしたね。当時の収録の様子はどんな感じだったのかしら？」。「収録はベルリン市内にある録音スタジオでやりました。見たこともない設備や機材、そして現場の作業では珍しさや興味深さも手伝って、見ていてまったく不思議な感覚でした」。当時の印象が甦ったのか興奮した表情が見て取れた。「考えてみてください。まずピアノが音電気信号に変わります。その電気信号を増幅し周波数変調を行って音のバランスを調整します。さらにそこに人工的な残響音を込めて、一枚のＣＤが誕生するのです。何とも奇妙に思いませんか。昔はレコードのことを『缶詰の音楽』っていってたけど、このＣＤの『缶詰』を作りだす工程にはまったく驚かされます。収録した音をより完全なものに推敲までさせるのです。そうなると現場で鳴っていた音楽とは違った響きになるかもしれませんね。終わってみたらスタジオの中はといえば、終始静かで穏やかなものでした」

「あらためてそこでご自分のCDを聴くのってどんな感じかしら?」。「自分のCDはほとんど聴かないですね。決まった解釈やモデルとして残りそうな録音はほとんど避けます。ピアニストの多くがそうだと思う。演奏時の原初的な衝動に、自分のCDの記憶はマイナスの作用、つまり感受性や直観力を逆に弱めてしまうのではないかと。即興性の中に新たなインスピレーションを見出す、これこそ求めるものです」

私は取材に入る前に、録音スタジオでCD製作に向かう彼の映像資料を見ていた。印象に残ったのは、彼が周囲と交わしていた笑顔や自信に満ちあふれた表情だ。スタジオ入りしたのはスタッフが機器の調整を始めて間もなくで、彼はプロデューサーのクリストフ・アルテの背後で器材を操作する所作を眺めていた。ふと振り返ったアルテがユンディ・リに気付いて大声を発したので、彼は一瞬尻込みしかけて、おどけ顔になった。すぐに周囲に笑い声が起こり、スタジオの緊張感がほぐれて、やがて仕事が始まった。

カメラがピアニストを追っていたので堅さも感じられたが、一旦ピアノの前に座るといつもの表情が戻って、動作にも意気込みが感じられた。もはや脳裏には音楽のこと以外には何もないだろう。

ドイツ・グラモフォンは、ユンディ・リのこのCDアルバムを、ヨーロッパで最高といわれる録音技術を駆使して製作した。初めて彼とパートナーを組むアルテは、社内ではトップクラスのプロデューサーで、この青年ピアニストへの期待のほどが伝わってくる。

「収録は順調に進んだ。リは年は若いがすごいやつだ。素直だし仕事が楽しい」。アルテはそう語る。

「リは演奏にも卓越したものがある。十九歳というのに老練の音楽家にまったくひけを取らない……

彼には自分の音楽がある。ショパンの作品は旋律をよく歌わせ、曲の構造が見渡せなければならない。リズムもきちんとしないと全体がずれる恐れがあり、構造を摑んだ上で弾くことが基本だ。だが旋律はやはり十分歌わせる必要があり、そこが難しいところなのだが、リはそのあたりがとてもうまい。さらに感心するのはフレーズに旋律的音色のようなものが感じられることだ。また、リは真面目で完璧主義者。時として彼はこういう。『これはステージでは弾けるけど、今はまだ最高の状態になっていない』つまり彼には自分のやるべき仕事がはっきり見えている。自分をピークに持っていく術《すべ》を知っている」

音楽ファン期待のこのCDアルバムは、発売されると世界各地でベストセラーとなった。日本での販売数は数週間で予想もしなかった十万枚を突破し、二十万枚に達するかともいわれた。そしてその年のクラシック音楽のCDの販売記録を作った。販売キャンペーン期間中、日本のテレビ局は彼に顔立ちが似ているといわれるタレント、木村拓哉とのコラボレーション番組を製作し、二回にわたって放送した。同じようなことが香港や台湾でも見られた。香港では十二月九日に彼のCDが発売されると、初日からゴールドディスク販売数を超え、クラシック音楽のCD販売記録を破った。さらに発売十日目に販売数が三万枚を超え、香港のクラシック音楽CD販売数の最多記録を打ち建てた。その年、彼のCDアルバムはIFPI香港トップセールス・ミュージックアワードのプラチナ賞を獲得した。台湾でもCD『ショパン精選』は多くのファンの熱い視線を集めた。台湾メディアはユンディ・リを「新世紀の華人の光」と形容した。

クラシック音楽のレコード・CDマーケットは、海賊版の出現などで不振が続き、長く停滞状態にあった。そうした中、一枚のＣＤが作ったこの販売記録はまさに奇跡でしかない。ドイツ・グラモフォン副総裁のフリード・ホルストはこう語る。「ユンディ・リの初めてのＣＤアルバムの成功は、我々の目の確かさ、彼の演奏のすばらしさを証明するものだ」。二〇〇一年十二月十九日、北京でもＣＤ『ショパン精選』販売キャンペーンが行われた。ユンディ・リは会場に集まった百名近い内外の記者や音楽界の名士を前に、こう宣言した。「ＣＤが一枚売れる毎に、国際連合児童基金ユニセフに四元を寄付します」

［二］

CDアルバム『ショパン精選』には、ショパンの作品が九曲収められている。DG番号：471479—2。アルバムの資料には次のような解説がある。

二〇〇一年九月、ユンディ・リはベルリンのテルデック・スタジオで、彼の最初となるショパンの作品の録音を行った。曲目は最も人気のあるエチュードやノクターン、ピアノソナタ第3番、ポロネーズ、即興曲などで、ユンディ・リの演奏は一分の隙もないテクニックと、彼の感性から生まれた自在なテンポ、ショパンの作品の境地の深い解釈が、名曲に息づく詩の心、不朽のロマンの精神をよみがえらせる。

音楽評論家マッケラーは、次のように評した。
ショパンの音楽の世界にはツィメルマンやキーシンという後継者がいる。この年若いユンディ・リにもショパンの作品の独自の解釈が見られる。演奏テクニックの確かさ、豊かな音楽センス、洞察力など、この年若いピアニストにすでにこうした特質が感じ取れることは尋常ではない。この演奏はショパンをストレートに解釈したもので、かつ自然そのものだ。不適切な色調やテンポの不規則な揺れもなく、不自然なリズムで音楽を歪めることもない。ユンディ・リは要点をしっかりつかみ、ストレートに楽譜の中に入りこみ、作曲家が音符を通して表現した詩の世界を描きだす。彼にとってテクニックは、そのための工具に過ぎない。第三ソナタの最終楽章やアンダンテ・スピアナートと華麗なる大ポロネーズの演奏は、その好例である。ユンディ・リのショパンアルバムは美とロマンとカンタービレが一体となった演奏で、他のピアニストから聴くことができないものだ。

ドイツ・グラモフォンはCD『ショパン精選』の広報・宣伝の一環として、クラシック音楽界にはあまり例がない活動を展開した。発表会やサイン会、実演コンサートがそれである。このことに人々から疑問の声が上がった。この「アイドルスター」を思わせる活動はクラシック音楽という伝統芸術にはそぐわない、との指摘だった。

当のユンディ・リは、それにこう答えている。「クラシック音楽のCD販売状況は芸術活動の一つの結果であって、広報や宣伝だけで達成されるとは限らない。内容がどう評価されたか、ということもある。また製作会社がCDの広宣活動で協力を求めるのは当然と思う。多くの人々がクラシック音楽を愛好することを私は願っているし、学業や公演活動に影響しない限り、今後も協力します」

この一件について私は後日、彼に尋ねる機会があった。すると彼の答えは当時とは変わっていた。「クラシック音楽のレコードやCDの販売はずっと低調で、製作会社の広宣活動はもちろん販路拡大のためのもの。私の前の二枚のCDにも宣伝攻勢をかけたと思います。香港の商業施設の実演では八百万香港ドルといわれる特殊なクリスタルピアノを弾いたり、市の中心街の施設での千人を超す野外コンサートにも参加しました。当初、私も出来るだけ協力して音楽ファンを増やすことを願ってました。ですが、徐々にこの種の騒がしい商業活動に疑問を持つようになりました。効果がよく分からず、私がやることだろうか、と思うまでになって。音楽のファン層を広げるのは純粋な音楽活動や音楽ホールでのコンサートであって、人々を呼び集めるだけの広宣活動は少し違うのかな、と気付きました。その後は『音楽に語らせ、他は沈黙する』を正道と考え、三枚目のＣＤ以後は対応をはっきり伝えてあります。こうした活動を避け、音楽に集中するようにしています」

ショパンの作品の演奏で、ピアニストの解釈の各々の個性に話が及ぶと、彼はこういう。「プレトニョフはまさに天才型です。とても真似られるものではない。アルゲリッチには不思議な魔力があります。演奏も自由自在。彼女にはラテンアメリカ人独特の奔放な情熱を感じます。また往年のディヌ・リパッティが弾いた『ソナタ第３番』は誰もが最高の演奏と認めています。音楽性が鋭く、心のこもった演奏です。ポリーニはとても厳粛で整った演奏をします。大家たちには様々な特徴やスタイルがあって、どの演奏を聴いても好きになり、幸福な気持ちにさせてくれます」。「以前に、ルービンスタインがとても好きだ、といっていなかったかしら？」。話の中にかつて耳にした大家の名がないのを不思議に思って尋ねた。「ええ、いいました。今でも大好きです。彼には引き出しがたくさんあって、どんな音楽でも解釈は一流です。これは誰もが認めるところです。リヒテルも好きです。彼の演奏をとても楽しんでいます、哲学的な味わいがあって。いわば浸透力、心に深く染みこむような味わいがあります。フレーズの中でストレートにその情感や境地を表現している。こうした内面性豊かな表現は作曲家や作品に十分な理解や疎通がなければできません。ピアノ本体が持つ音質をコントロールするテクニックも求められます。曲と向き合った時点で、表現する情感や境地を見通す楽才を持っているのです。語法はよいか構成は確かか、というようにです。衣服を裁断する作業ともよく似ています」。「よくお話に出るピアニストの個性やスタイルって、演奏のどこに現われるのかしら？」。「この説明は音楽論になりそうですね。音の強弱とか濃淡、音楽の重さ軽さ、テンポ、変化、情感や音色の対比、想像力、イメージなど。劇で各々の役柄を演じる俳優のように、様々な旋律やリズム、フレーズが音楽のスタイルを表現するのです」「昔の大家の演奏に挑戦して、それを超えようと思ったりはしません？」。「それはないですね。私は私自身の音楽を楽しんでいますし、音楽自体が持つ様々な美を堪能しているから、ともいえます。こんなことわざがあるのを知ってますか。『音楽は永遠に競争しない。競争するのは馬だけだ』実際その通りですね。誰かを超えようとしたり競争して勝とうとすれば、それだけで音楽は濁ってしまうし、やがて自分まで見失うことになる。比べたり競争したりするのは罠をのぞき込むようなものです。しかも仕掛人は自分です。大事なことは自分が先ずそれに気付くことです。よい言葉があります。『誰もがどうしたら幸福になれるかを考える。でもいつか追い求めているのは、どうすれば他人より幸福になれるか、ということになってしまっている』」

〔三〕

ロシアの著名なオーケストラの一つ、ロシア・ナショナル管弦楽団は二〇〇二年二月、楽団の創始者のミハイル・プレトニョフと共に、北京人民大会堂で二回にわたり「太合之春」コンサートを行った。これは楽団創立十二年来、初めての中国訪問となるものだ。

コンサートのゲスト・ピアニストとして招かれたユンディ・リは、ショパンの『ピアノ協奏曲第1番』を演奏した。これは彼にとって世界一流オーケストラとの国内での初めての共演である。ロシア・ナショナル管弦楽団はドイツ・グラモフォンと専属契約があるオーケストラで、今回のコンサートはいわば同門同士の共演ともいわれた。創始者で音楽監督のプレトニョフは、ピアニスト、指揮者、作曲家など、多彩な才能を持つ注目すべき音楽家の一人である。七ヶ国語を操ることでも知られる。彼は一九五七年四月、北ロシアに生まれた。十三歳でモスクワセンター音楽院に推薦入学し、十六歳でパリ国際ジュニアピアノコンクールの第一位を獲得。翌年、モスクワ音楽院に入学し、ピアニストのフレールに師事した。その後、一九七七年の第五回ソビエト全国ピアノコンクールで第一位、一九七八年のチャイコフスキー国際ピアノコンクールでも第一位に輝いた。また一九九〇年には指揮者としても十年余の経歴を持つ彼はロシア・ナショナル管弦楽団を創設し、その後十数年にわたる国際的な指揮活動により、オーケストラの実力をベルリンフィル、ウィーンフィルなどと並ぶ世界のトップクラスまで押し上げた。ピアニストとしての彼の演奏は一流のテクニックに加え、優れた個性とインスピレーションに満ちたものだ。イギリスBBC音楽ジャーナルは彼のスカルラッティのピアノソナタを「最も優れたピアノ演奏」と評した。またリストのピアノ作品では彼独自の解釈による表現、生来の大家の風格を持った演奏に加え、奇妙なつむじ風のようなピアノ超絶技巧まで展開する。また彼の弾くショパンは多くの評論家から「人を驚かせ、震撼させる解釈」との賛辞が送られる。今回の共演は「二人の天才ピアニストの対話」ともいえようか。共にショパン弾きの呼び声高いピアニストであり、ショパンのピアノ協奏曲の共演は二人のファンにとっても聴き逃せないコンサートとなった。当然のことのように、北京のこのコンサートには国内外の記者や関係団体、音楽ファンの目が注がれた。記者はコンサート直前、プレトニョフとユンディ・リ双方に個別のインタビューを行った。音楽とピアノをテーマに互いの顔の見えない対話となった。以下はその抜粋である。

共演相手について

プレトニョフ：ユンディは若くしてショパンコンクール第一位に輝いた。しかも十五年来の第一位であり、とてもすごいこと。彼との共演がとても楽しみだ。

ユンディ・リ：自国での世界の一流オーケストラ、著名な指揮者、ピアニストとの共演は初めてです。とても光栄に思い、またとないチャンスと思っています。プレトニョフの名はずっと前から知っています。ピアニストでその後、指揮者としても成功している、たいへんな方です。

ピアノ演奏について

プレトニョフ：音楽は音符を追うだけでなく、心や魂が何より大切なもの。ピアニストは指の感覚で魂の記憶を呼び起こす。これはまったく個人的なしかも一瞬の出来事なのだ。そこに芸術的な表現を求めるのは誰にでもできることではない。音符を正確無比に弾いても音楽的にはまったくの間違いというしかない。私はピアノと真に一つに融け合えたらいいと思う。

ユンディ・リ：プレトニョフの演奏はとても個性的です。音色の変化やコントロール、細部のフレーズの処理にも独自の解釈があり、想像力もとても豊かです。人の耳を驚かす新鮮な演奏を度々聴かせてくれます。同じ曲でも彼の演奏から受ける印象は「ワオ、こうも弾けるんだ！」です。それなのに彼の解釈や表現はロジックに基づいており、完璧な演奏には彼の個性があふれています。

録音について

プレトニョフ：録音の際は、音のバランスに特に注意が必要だ。コンサートでは会場の一番後ろの席にも音が十分届いているか注意して弾く必要がある。録音の環境には自然さが不足、私はマイクが邪魔にならなくなった時を見計らって始めます。また出来るだけ継ぎはぎしない録音を心がけている。理想的には全曲を通しで演奏することだ。

ユンディ・リ：ドイツ・グラモフォンから最初のＣＤアルバムを出しました。曲目はすべてショパンの独奏曲です。今の私には「芸道に極まりはない」の言葉通り、ＣＤは十九歳の当時の私の演奏記録に過ぎません。

指揮について
プレトニョフ：今日ではピアニストの多くが後年に指揮棒を持つようになっている。プレヴィンやアシュケナージも。私もピアノは音楽の一部となり、指揮の際にピアノが演じる役割が分かるようになった。よいピアニストはよい作曲家であり、よい指揮者でもある。
ユンディ・リ：今回の共演では彼が手を入れた楽譜を使います。主な手入れ箇所は第3楽章のオーケストラ部分で、オケの比重が増しています。ピアニストがピアノ協奏曲を指揮するのですから、いっそう心を通じ合えると思います。

二月三日、万人注目の二人の共演によるコンサートが幕を開けた。オーケストラが鳴りわたると聴衆は息を凝らしてステージを見つめ、咳払いの音も遠慮がちだった。ユンディ・リをよく知る聴衆なら、当夜のショパンがコンクール優勝当時と違うことに気づいた人も多いはずだ。音楽が熟成し自信に満ちあふれていた。プレトニョフのタクトは手勢たちを意のままに響かせ、音楽の韻律感を極限まで追求していた。作曲家の目で各声部のバランスに気を配りながら、オーケストラとピアノを手堅く操り、彼自身の解釈とスタイルで終わらせた。
後日、ユンディ・リとこの日のコンサートを振り返った。時が経っていたとはいえ記憶は生々しく残っていた。大家との共演はとても得難いものでした。特に強く印象づけられたのは、一流の音楽家に備わった親しみ易く謙虚で控えめな応対ぶりだった、と彼はいう。こうした体験は彼に音楽の世界と音楽家の心境や境地をいっそう身近なものに感じさせた。「オーケストラとの共演は、本当に堪能できます」と彼はいう。「オーケストラが有名かどうかは関係ありません。ただ指揮者とは意思の疎通が要ります。ピアニストの解釈が指揮者に伝わり、共感してくれれば最高の音楽となりますが、無論、芸術には基準などありません。成功したコンサートには、独奏者や指揮者、オーケストラを一つにする暗黙の約束ごとが見えないところでうまく働いています。一般的にピアノ協奏曲ではピアニストの解釈が曲全体に関わり、演奏効果にも大きく影響します。もしピアニストと指揮者に解釈の違いが生じる場合、通常なら指揮者がピアニストに一定の妥協を図ります。実際にはこのような事情があるのですが、幸運にも私はこれまで共演したどの指揮者も私がどう弾きたいのかを理解し、しっかりサポートしてくれました」

二月の北京でのコンサートが終わると、ユンディ・リはハノーファーの大学生活に戻った。ひたすらピアノに向かい音楽の研究に没頭した。静かな一人だけの時間を彼はとても大切にした。こうした時間と環境は彼にピアノや音楽の研究だけでなく、心を整理し自らを省みる空間と地平を作った。「もしピアノを弾いていなかったら、今ごろどんな仕事をしていたか、なんて考えることありません?」ある時こう尋ねてみた。「ピアノを弾くことは私にとって一番の自己表現の手段です。もしピアノを弾かなかったらなんて考えたことないですね。そうした考えは本来的にもピアノに対する裏切りのようなものです」ユンディ・リが「超えた存在」ではないにしても、彼はすでに自転する輪なのだ。ピアノが彼の自己表現の手段となり、そこにコミュニケーションの場が形成されれば、それを結びつけるパイプも自然発生的に眼前に現れてくるものだ。

二〇〇二年、彼はドイツ・グラモフォンとの契約を継続する文書にサインした後、新たに別の契約書にサインを行った。そのことは国際的な音楽ビジネス活動に本格的に足を踏み入れたことを意味するものだ。彼はアメリカ・コロムビア・ミュージックエンタテインメントとの専属契約者となり、ウィルフォード総裁自らがマネジメントを行うピアニストとなったのだ。これまで無数の音楽家を国際舞台で成功させたブローカーは期待をこめてこう語る。「何ともすばらしいことだ。中国から来たこの青年は小澤征爾の後、世界を征服するもう一人のアジア人となろう」。アメリカ・コロムビアは特異な芸術的慧眼と幅広い広報活動で世界にもよく知られている。所属する音楽家には故人となった指揮者カラヤンやジェームズ・レヴァイン、小澤征爾、伝説的なピアニスト、ウラディミール・ホロヴィッツやマルタ・アルゲリッチ、オーケストラではベルリン・フィルやロンドン・フィルなど、いずれも世界の一流揃いである。

この契約はユンディ・リが真にプロフェッショナルなピアニストの道を歩み始めたことを意味する。そして世界各地でコンサートを開催し、一流オーケストラや大家と共演する道を開くものだ。

第九章　悪魔のような曲

［一］

ユンディ・リにとって二〇〇二年は、コンサート活動にも余裕のある年となった。

七月に香港会議展覧センターで行われた香港返還五周年祝賀コンサートが終わると、その後八月に予定された二回目の日本への巡演コンサートが重要な任務となった。しかも巡演先が十数箇所と多く、コンサート回数も二十回を超えるものである。さらに期間中、リサイタルとは別にオーケストラとの共演も企画され、ハンガリーの著名な指揮者、イヴァン・フィッシャー率いるブダペスト祝祭管弦楽団との、ショパンのピアノ協奏曲がプログラムされていた。日本の音楽ファンにとって、この一ヵ月はまさに「ユンディ・リ月間」だった。どのコンサート会場も爆発的な人気を呼び、大阪会場のチケットは発売後一時間で売り切れた。チケット売場の係員が「こんなことは今までなかったこと」といった。

日本公演の後、ユンディ・リは意図的にメディアから姿を消した。音楽ファンは魔術師が次にどんな技を出すかを探るように彼の情報を待っていた。世界のメディアは二次戦後、ショパンコンクールで第一位を獲得したピアニストをマークしている。ポリーニはコンクールの後、シューマン、シューベルト、そしてベートーベンに向かった。アルゲリッチはその後も活躍し天才ぶりを発揮したが、方向を極めるには至らなかった。ツィメルマンはブラームス、ドビュッシー、ラベル、スクリアビンに挑戦した後、ショパンに回帰する。メディアはユンディ・リがどこに向かうのかを見守った。

彼がリストと出会ったのは、ショパンよりも一年早い。出会いや心情の近さからいえば、次にリストに向かっても不思議はない。だが実際に演奏を聴いてみなければ、彼がリストをどうイメージしているかは誰にも分からない。

「ピアノの王」フランツ・リストは、一八一一年ハンガリー・ライディングで生まれた。六歳でピアノを始め、その非凡さから「モーツァルトの生まれ変わり」といわれた。八歳で曲を作り、九歳で人前でピアノを演奏した。やがてピアノを教育家チェルニーに、作曲をサリエリについて学ぶことになる。十六歳の時にパリに移ると、当時のロマン主義の文芸思潮が彼を包み込んだ。

ショパンとリストのピアノ作品の演奏難度は、楽器の演奏上の最高峰を極めたものである。二人の作品の解釈と演奏は、すべてのピアニストにとって最大の挑戦テーマである。二十歳になったユンディ・リは、このチャンスを心待ちしていたかのようである。

二枚目のCDアルバム『リスト精選』（日本盤名『ラ・カンパネラ　リスト・リサイタル』―訳注）は、二〇〇二年十二月に世界同時発売された。このCDは『ショパン精選』と同様、ソナタ―ショパン盤は第3番、リスト盤ではロ短調―をメインに、他に小品を集めたものである。ショパンコンクールの演奏曲を集めた『ショパン精選』も音楽ファンの期待を裏切らなかったが、この『リスト精選』はさらに予想を上回るものとなった。CDの販売量のみならず音楽評でもショパンのCDを凌ぐ評価を獲得した。彼は世界の音楽ファンに向けて新たな情報発信をしたことになる。ショパンだけでなくリストでも彼独自の才能を発揮できたことを。

彼にはショパンとリストの両方に独自のアプローチがあった。「二人の作品はいずれも名曲ばかり。ショパンはピアノで一生を送った人。どの作品にも詩心が詰まっています。リストもロマン派の作曲家。作品は創造力とイマジネーションに満ち、多彩なテクニックをちりばめてピアノ音楽を新たな境地まで高めた。もしショパンの作品の演奏を、海底を泳ぐ冒険に例えれば、リストの作品の演奏は、断崖絶壁を攀じのぼるものです。『リスト精選』で私が表現したかったのは青春と活力です。もし高齢のピアニストならおそらくこうは弾かなかったでしょう」。付記すれば、このCDアルバムにはビデオ・コンパクトディスク（VCD）の付録があり、『ラ・カンパネラ』のミュージックビデオ（MV）が見られる。二〇〇二年の日本公演時にビデオ撮りした一部で、CDアルバムでは初めての特典である。MVに登場する鐘は、ベルリン郊外の寺院が所蔵するもので、撮影には一週間を要したという。ドイツのスーパーモデル、クリスティーナ・バイエルがヒロインとして登場する。物語のあらすじはこうだ。ユンディ・リが演じるシンイは、ある女性の家の前に住み、出会いの機会を待っている。ある夜、シンイは彼女が家にいるのを知って、ピアノを弾いて気付かせようとする。画面に彼の弾く『ラ・カンパネラ』が流れ、春霞のような詩的な映像も現れる。だがピアノの音に彼女は気付かない。シンイは一心に弾きつづける。画面のユンディ・リには芸術家の雰囲気が漂い、演奏も彼女への思いをこめて情熱に満ちたものだ。MVは五分足らずだが、美しい音楽と映像が織りなす光景を堪能できる。製作費は十五万ユーロだったとか。

［二］

CDアルバム『リスト精選』には、『ソナタ　ロ短調』のほか、全部で六曲が収められている。DG番号473　314―2。アメリカの音楽評論家、ジェド・ディストラーによる、このCDへの総合評価は次のようなものだ。曲目別の音楽評は別記。

このCDは音質が極めてよい。演奏面では、小品での高い演奏能力、耐久力、大胆な切り込み、優れたテクニック、そして繊細さがすばらしい。また『ラ・カンパネラ』と『ヴェネツィアとナポリ』には大きな力点がある。『リゴレット　パラフレーズ』はロマン的詩情にあふれたものだ。付録のMVや表紙のデザインは特に必要と思わない。大事なことは、音楽が聴く人の心に響くかどうかだ。

ディストラーはクラシック音楽専門のウェブサイト「Classics today」の首席音楽評論家で、厳しい音楽評で知られる。彼のこのCDへの演奏評価は八十点。音質評価は九十点（共に百点満点）である。ちなみに、彼がキーシンに与えたチャイコフスキー・アルバムの評価は七十点、ユンディ・リのショパン・アルバムは六十点だった。このリスト・アルバムの八十点の演奏評価は十分高得点といえよう。

ジェド・ディストラーの音楽評（曲目別）

一・『ラ・カンパネラ』

このリスト・アルバムは、一枚目のショパンより興趣が高い演奏である。どの曲もすばらしいが、中には尋常でない演奏もあり解釈に戸惑う。解釈に戸惑う曲とは、この『ラ・カンパネラ』のことである。冒頭から慎重に過ぎ、曲の流れがやや重い。フレーズ最後の難しい二―三箇所は少し改善された（これで正確？）が、その後に急にテンポを上げ、音量も増して激しく曲を終わらせている。よく知られた解釈のロジックからはやや一貫性を欠く演奏と思われようが、彼のこの演奏はむしろ称賛されてよいものだ（参考までに一言、リストが楽譜上にテンポを速めるように指示した箇所はない）。リストの作品を思いのまま自由にアレンジして弾こうとしたのは一世代前のピアニストのみ、とは誰もいっていない。優れた研究者や自己主張の強い現代のピアニストなら今日ではこのように弾く。ジョージ・ボレットも緻密にこの曲を弾いた。だが彼は終始テンポを変えなかった。ヨーゼフ・ホフマンはやや速いテンポで弾いたが、期待した変化はまるでなかった。

二・『献呈』

シューマンの歌曲からの編曲。ユンディ・リの指の下から人を酔わせる美しい旋律があふれ出る。彼がいつもアンコールで弾き、聴衆の耳奥の神経を焚きつけて共感を呼び起こす曲でもある。

三・『愛の夢』

この標題にはとてもロマン的なイメージがある。（一九六三年にイギリス・デッカに録音したクリフォード・カーゾンほどでなくても）ユンディ・リは人を引きつける豊かな個性を持った若いピアニストだ。彼が弾く小品にはどれにもこうした特徴が感じられるのだが、中間部のアンダンテ、その前後のドラマティックな箇所はやや表現不足であり、想像力にも欠ける。

四・『ヴェネツィアとナポリ』

リが弾くこの曲は数多いCDの中でも最も優雅な演奏の一つだ。中間部では情感を込めすぎて弱々しくなったが、むしろ曲全体の統一感を意図した表現を心掛けた方がよいと思う。彼が堂々として立派なのは、この軽く突出したような弾き方がリストのこの小品にぴったりなことだ。人を驚かせるあの「八度の跳躍」を、リは他のピアニストのように独立した音節ではなく、前段に隠れていた八度がいかにも自然に姿を現したかのように弾いている。また異なるテーマの区切りを隙間なく繋げて、あの詩情溢れるロマン的な二長調にまで進めている。しかも小フーガの前ではロマン的情緒に陥らないように慎重である。多くのピアニストが弾くこの小品は、まさに彼のこうした特質から誰よりも音楽性が豊かで、また優れたテクニックの持ち主かが見えてくる。彼はおそらくアラウほど気分を落ち込ませず、ジョージ・ボレットの威厳やアルゲリッチのアップテンポほどの勢いはない。さらにはリヒテルの強さもない。だがユンディ・リのこの演奏は独自のスタイルを持った卓越したものである。

五・『リゴレット　パラフレーズ』

リはこの曲を心おきなく優雅に弾いている。いかにも耳に快く、氷砂糖のように甘い。アラウの演奏は慎重な上にきめ細かく、まるでオペラの前に人を食事に誘うかのようだ。『献呈』や『愛の夢』にはユンディ・リの特徴や長所が明確に感じ取れる。

［三］

CDアルバムの最後の曲は『ピアノソナタ　ロ短調』である。その複雑な構造、高難度のテクニック、情熱の嵐のような内容から「悪魔のような曲」とも呼ばれる。演奏時間三十分余りの神懸かり的なこのソナタは、リストのピアノ曲の中でも突出した作品である。この作品は、作曲者自身の世界観の錯綜と矛盾を深刻に反映したものといわれ、その矛盾とはまさに天国と地獄との間の闘争だった。人々はこの作品のイメージをマルガレーテ（ファウストから誘惑される純潔の少女）とメフィスト（魔女）のテーマが頻繁に現れる、ゲーテの『ファウスト』に結びつける。この作品の中でリストは人間の心の奥底まで深くのぞき込む。曲に標題はないが、敬虔な信仰や光明に満ちた幸福への渇望、人生への懐疑や運命などが果てしなく表現される。単一楽章の形式にしたのも成功している。モチーフは短いがリズムやテンポ、調性、音域、構成などの柔軟な変化が十分に感じとれる。『ソナタ　ロ短調』は一八五二―一八五三年の間に書かれ、シューマンに捧げられた。シューマンが一八三九年にリストに贈った『幻想曲　ハ長調』の答礼の意もあろう。この曲はリストの唯一のソナタである。しかし作品を発表した当時には、大きな論争が巻き起こった。古典的なソナタの信奉者たちは、この作品を受け入れなかった。「見たこともない支離滅裂な構成で、それをあざとく繋ぎ合わせ、音楽をこのように混乱させる」。一方、ワーグナーはこの作品を「すべての概念を超越した偉大で美しくまた深みがある高貴なもの」と手紙でリストに書き送っている。このCDアルバムには解説があり、抜粋すると次の通りである。

「ロ短調ソナタは人の一生を見るようだ。冒頭は人の誕生であり、曲の終わりは人の死である」。これは二十歳のピアニストの言葉だが、いささか大げさに聞こえようか。ユンディ・リはこの曲についてほとんど語らないが、冒頭の起伏に富んだ味わい深いモチーフを、話し言葉で分かりやすく描きだす。彼がいうところの「妖怪」（リストは「棍棒」）である。だが、同じモチーフが柔和な色合いに変化して再び現れてくるところでは、まるで引力が解かれ来世に向かって漂い始めるかのようである。彼はこれを「悪魔が一つ消えていく様子」という。大方、彼はあの血と火を見るような激しいイメージをこのようにまとめて描きたかったようだ。「細かな分析など不要で、自由に想像すればよい。音楽は個人の世界なのだから」。このCDアルバムは、ピアニストが作曲家とどう関わってきたかを様々な角度から眺めることができる。短くない三十分余りの『ソナタ　ロ短調』の、しかも冠たる演奏でありながら、そこに畏怖と省察さえ垣間見える。百五十年も前の作品ながら、二十一世紀初頭に二十歳を迎えたピアニストの、世の人々を心服させる演奏である。

CDアルバム『リスト精選』発表会が二〇〇二年十二月十三日、北京で行われた。彼もアイドル・ピアニストのイメージを残してキャンペーン活動に参加した。わずか半月の間に北京、上海、広州、深圳に移動し、各地で記者会見やサイン会を行った。

記者：今回のリスト・アルバムは、ファンの間で囁かれてたショパンコンクール優勝者はショパンしか弾かないという奇妙なうわさを完全に取り除きました。しかもこのCDもとても評判がよいものです。よく音楽家は一枚CDを出すごとに新たな世界を開くといいますが、ご自身のこのCDアルバムへの思いとか評価は？

ユンディ・リ：どの演奏家にもいろいろな考え方があります。演奏自体必ずしも常に同じとは限りません。CD録音やコンサート会場での演奏にも同じことがいえます。私のこの二枚のCDアルバムは、今の私がファンの皆さんに楽しんでもらえそうな曲を収録したものです。私は今ベートーベンなどにも挑戦していますが、コンサートで弾く以外は録音するつもりは暫くありません。皆さんが期待する気持ちは分かりますし、私も今後さらにレベルアップしたいと思いますが、演奏家としては皆さんにCDを聴いてもらって初めて結果が出るもので、ただ一―二枚のCDで評価が定まるものでもありません。音楽の道は長く遠いものです。一―二年の時間の経過は音楽の世界ではほんの一瞬で、やがて私に転換期が来るとしても十年が一つのスパンではないかと思ってます。ファンの皆さんにはどうか若い私をこれからも見守っていてください。

このCDはユンディ・リのリスト研究の一つの成果となり、内外で様々な賞を獲得することになる。特筆すべきはその年の「エコー・クラシック」賞―Soloist of the Yearを受賞したことだ。この賞はドイツでも重要なクラシック音楽大賞で、対象となるのは声楽、器楽、指揮、管弦楽団、オペラなど幅広く、その年のクラシック音楽活動で活躍した音楽家の中から選ばれる。ユンディ・リの受賞は同賞始まって以来の最年少受賞者となる。二〇〇四年十月二十六日、彼はドイツ・ドルトムントでの

「エコー・クラシック二〇〇三」の受賞式会場にいた。時の首相、ゲアハルト・シュレーダーも式典に顔を見せた。式典には二千名余りが参加し、国営テレビが表彰式の模様を中継した。

受賞式でユンディ・リはリストの『ラ・カンパネラ』を記念演奏した。清澄な「鐘」の響きが式典の会場に集まった人々の心に響いた。ドイツのメディア、FONO FORUMは「彼はまさしく巨星に違いない」と称賛した。

CDアルバム『リスト精選』は十一月十七日に第四回中国ゴールデンレコード演奏賞と審査委員会特別賞を受賞した。さらにはオランダのエディソン賞の器楽部門を対象とした賞も得ている。十二月二十七日にはアメリカ・ニューヨークタイムズに「ベストクラシックレコード二〇〇三」に入選したとの記事が掲載された。

第十章　アイドル・エイジとの別れ

「聴く」とは音楽家の本領であり、「思う」とは文学者の器量である。もともと音楽と文学は浅からぬ縁で結ばれたものだ。表現方法に違いはあっても、互いの本元にインスピレーションの働きがあることも共通している。歴史上でも音楽家と文学者の往来にはよく知られた逸話も多い。実際、間違いなくいえることは、音楽家と文学者にはいずれも強い感受性が備わっており、情愛も深いことだ。感受性とはインスピレーションの基になるものである。また情愛とは真情を相手に吐露することでもある。

【二】

二〇〇二年十二月二十日、ユンディ・リと金庸《チン・ヨン》の邂逅はまさに音楽家と文学者の「離れ難き縁」を地で行くものだった。一人は二十歳になったばかりの音楽家、もう一人はすでに古希を迎えた文学者である。二人は三時間近く思いの丈を語り合い、互いに相手を称えあった。

この語らいはユンディ・リの心に深く刻まれた。「金庸先生は徳が高く、とても謙虚で、大家の風格を持った人柄。言葉の一つひとつに意味深さを感じました。驚いたことに先生はクラシック音楽や演奏にも通じ、しかも独自の考え方をお持ちなことです。若いころにバレエを学び、趣味では車の運転がとてもお好きとか。私たちには世代間のギャップがまったくなく、実にたくさんのことを先生から学びました」。この二人の出会いは多くの人たちを驚かせた。今でもグーグル「ユンディ・リと金庸」を検索すると、その時の報道の模様がすぐに甦ってくる。ピアノの王子、ユンディ・リと武侠小説の巨匠、金庸が偶然にもこの香港で出会ったのである。語り合ううちに二人は互いによき理解者であることが分かる。ピアノ演奏や音楽、武芸、最近の逸話など二人の芸道の話題が満載で、以下はその抜粋である。

金庸：小説を書くことはピアノの練習と同じで近道などない。厳しい日ごろのトレーニングの積み重ねが文章になり小説となる。鍵盤テクニックだって、この若さだ。体力も十分あるだろうし、もうとっくに完璧になっていても不思議はない。

ユンディ・リ：子供のころは大家の名演奏を聴くと、テクニックばかり気になったのですが、やがて音楽性の大切さを理解するようになりました。

金庸：音楽性を深く理解するには、年を重ね人生経験を増やしていくしかない。心が成熟して初めて作曲された当時の音楽や作曲家の境地が分かるようになる。

ユンディ・リ：まさにそうですね。ピアニストのルービンシュタインは六十歳を過ぎてテクニックが多少落ちたといわれても、彼独自の表現の限りを尽くしています。あるいは彼の年令に達して初めて、その音楽性が演奏の中で体現されるようになったのかもしれない。

金庸：ドイツやロシアには音楽を学ぶすばらしい環境がある。音楽家をたくさん輩出している。今も多くの学生が様々な音楽コンクールに挑戦している。そこから人材も育まれる。

ユンディ・リ：多少残念に思うことは、中にはコンクールに集中する余り、賞を獲得することだけが目的のトレーニングになったりしがちで。音楽の深奥にある心を理解することが疎かにならないよう心していくことがとても大事です。

金庸：もし厳しいトレーニングが、コンクールの賞を取ることだけを目標にしたものなら、程度が低いというほかないね。賞を取ってもよい音楽家にはとてもなれない。

ユンディ・リ：そうですね。大事なことは音楽の心を理解し、大切にすることです。ショパンの『ポロネーズ』。この曲は旋律がとても速い。あるダンサーがリズムに追いつけないと不満をいうと、ショパンは、この曲は体で踊るのではなく心で踊るのです、といったとか。

情愛が深く、感受性に富んだ人たちは、言葉を弄んだりはしない。別れ際、金庸はユンディ・リに言外の意をこめて自作の小説『侠客行』を贈った。考えてみれば、まさにユンディ・リは中国の音楽侠客その人で、ヨーロッパのステージを「渡り歩く」人物なのだ。

ユンディ・リにとって二〇〇二年は実りの多い、また祝福されるべき年となった。

CD『リスト精選』の好評が伝えられる中、クリスマスが近づいたある日、CD『ショパン精選』の「香港クラシックレコードCDプラチナメダル」授賞式への招待状がレコード会社から届いた。

十二月二十二日、彼は香港での授賞式夜会に出席していた。黒の礼服に身に包んだ洗練されたスタイル。「アイドル」でないと自ら否定しつつも、その姿に多くの目がアイドルスターの雰囲気を感じとる。夜会はたいへんな盛り上がりようだった。甲高い叫び声に眩しいマグネシウムライト、金銀の宝石を着飾った人気歌手や映画スター、テレビ俳優が入り乱れて、いつもの彼のステージの様相とはまったく別の世界だった。ステージ奥にある黒光りするピアノが、古い友人のように彼の出番を待っている。彼はいつものはにかんだ笑顔でステージに上がり、賞を受け取った後は短く感謝の言葉を述べた。いくらか慣れない雰囲気だったが、受賞の喜びを胸にしまい、新鮮な気分でアイドル的ステージを楽しんだ。

不意に一人の出場者が、ステージ上に残ったユンディ・リにそっと近づき話しかけた。夜会の主催者が、事前の申し合わせなしに彼と人気歌手ジェイ・チョウ（周傑倫《チョウ・チエルン》）のピアノの連弾を決めていたのだ。突然のプログラム変更である。若い彼らは互いの面識もなかったが二人は喜んでこれを受け入れた。ピアノの連弾でしかもまったくの即興演奏である。どう弾くかを二人で話し合う時間もない。彼らはそれぞれの音楽ジャンルのビッグスターであり、授賞式の目玉となる演出となったのだ。二人は手早く楽譜を手にステージに戻り、すぐに演奏を始めて観衆の声援に応える。今でもネット上に、その時のユンディ・リとジェイ・チョウの四手の連弾の映像が残っている。ユンディ・リは鍵盤の上を慣れた手の運びで楽し気な表情だったが、ジェイ・チョウは明らかに緊張の様子。連弾曲はモーツァルトのトルコ行進曲。『ピアノソナタ　イ長調』の第三楽章のよく知られた名曲だ。軽妙洒脱。ユンディ・リの右手が軽快なテーマを弾くと、ジェイ・チョウは左手で伴奏和音を合わせる。出だしのリズムの小さな乱れもすぐに安定し、流れに乗って美しい音が響く。やがて十六分音符の速い旋律に進むと、連弾は隊列が素早く移動する様相で、やがて行進曲風の変化に富む部分に進む。音楽が輝かしく壮大に発展し、クライマックスを迎える。すっきり整った響きで、気宇壮大な終曲である。二人の見事な連弾に会場中が沸き立った。ファンの歓声や叫び声が会場を揺るがすほどだった。熱烈な拍手と歓声に二人は手を振って応えた。この即興的連弾はクラシックとポップミュージックの共演として新たな話題を提供した。ただそこにはクラシック音楽をポップス手法で演出する是非や、この種の共演について議論が囁かれた。これについてユンディ・リはこういう。「異なる音楽空間を結ぶ活動は、ファンにも関心があり、実際に共演した話も聞きます。ただジャンルを超えた共演には一定の積み重ねも必要です。ヨーヨー・マ（馬友友《マ・ヨーヨー》）は私が好きなチェロ奏者ですが、彼には数十年の積み重ねがあり、今も共演しています。パバロッティはポップスに出演しながらクラシックの道から離れることなく、いわばポップスを道具にしてクラシックファンを吸い寄せています。この点、私にはそうした積み重ねはないので、クラシックの道に邁進するしかなく、それがファンの期待に応える私の歩むべき道かと思います」。そしてこうもいう。「ピアノを弾くことは私にとって厳粛な仕事です。私はロマン的な音楽は弾けますが、ピアノを弾くことはロマン的な作業ではありません。クラシック音楽は熟成まで長い時間の積み重ねがあります。私もいわれるような「アイドル」ではなく、私は私、ユンディ・リです。私の演奏がポップス的に宣伝されても、私が演奏するのは熟成したクラシック音楽以外にありません」。クラシック音楽の厳粛さを体現する音楽家。これこそ彼がイメージするピアニストの姿だろう。彼の近くに「積み重ね」によって人気を博す、親しいまた尊敬する音楽家はいても、彼自身の目標方向にそうした音楽はなかった。

二〇〇三年の年明けと共に、ユンディ・リの世界各地でのコンサート活動が本格化する。

アメリカ・コロムビアの総裁ウェイフは、彼の演奏活動を方向づける年間プログラムを作成し、若い中国人ピアニストを世界のステージに送る準備に取りかかった。

二〇〇三年一月、ユンディ・リはスイスのチューリヒとクーロンで、それぞれリサイタルを行った。クーロンでは急病のプレトニョフに代わり、ショパンの四曲のスケルツォとリストの『ピアノソナタロ短調』を演奏した。次いで「ユンディ・リ　二月アジアコンサートツアー」が幕を開け、シンガポールがリサイタルの最初の地となった。二月十一日、当夜のコンサート会場エスプラネード・シアター・オン・ザ・ベイの千八百席収容のホールに空席はなかった。聴衆はステージから放射される音楽の輝かしい響きを一身に浴びた。初めの会場で若いピアニストは優雅な所作と情熱的な演奏で聴衆を音の渦の中に巻き込んだ。カーテンコールに応えた三曲のアンコールでは最初に『サンフラワー』を弾いた。この曲の原曲は雲南省の民謡で林尔耀《リン・アルヤオ》がピアノ用に編曲したもの。ピアニストはいう。

「九歳の時にステージで弾いて以来、好きになった曲。カーテンコールで中国の色彩を出したい時は、短いけどリズムが軽快で楽しくアンコールに適していると思う」。中国のピアノ曲は、多くが民間歌謡や革命歌曲を編曲したもので、原曲を生んだ地方の特色が強くにじんでいる。演奏では旋律の歌わせ方など、地方特有の味わいを出すことが大切で、特色を出し過ぎて過激になったり、反対に旧来通りでは新味に乏しくなって、よく知られた曲ほど難しい。当夜の『サンフラワー』は原曲にある政治的色彩もまったく消え、シアターステージで生まれ変わっていた。この曲の持つバイタリティーは中国人だけでなく多くの外国人からも愛されている。コンサート後、聴衆の一人がいった。「こんな光景はシンガポールでは見たことがない。感動して言葉も出なかった。音楽の持つ強い力を感じた。何もかも溶かされてしまった」

ユンディ・リは二〇〇三年三月に、ショパンコンクール後の通常公演では国内最初となる、各地での巡回コンサートを行った。この国内巡回コンサートは、彼の国外公演をアメリカ・コロムビアが二〇〇六年まで確定したことで、今後の演奏活動が長期にわたって国外での活動となるため、そのことに配慮した、いわば出国前のお別れコンサートだった。

ちなみにユンディ・リの過去二年間の国外公演を開催地で振り返ると、ロシア、ドイツ、イギリス、オーストリア、スペイン、イタリア、スイス、ポーランド、アメリカ、カナダ、日本、香港、台湾などの国と地域。オーケストラとの共演ではフランス国立管弦楽団、ロシア・ナショナル管弦楽団、ポーランド国立放送交響楽団、ハンガリー国立フィルハーモニー管弦楽団、中国交響楽団。また指揮者ではクルト・マズア、ミハイル・プレトニョフ、イヴァン・フィッシャー、トーマス・バシャーリなどとなっている。

演奏活動を長期に国外で行うことは、国内の音楽ファンにとっては、各々の地元で彼の演奏を楽しむチャンスも失われたままになってしまう。それだけに今回の国内巡回コンサートには彼自身にも特別な思い入れがあった。そうしたこともあり、三月五日の最初のコンサート開催地は故郷である重慶となり、また最終日の三月十八日のコンサートは四川音院がある成都となっている。また興業収入の一部の寄付も公表しており、収入全体から二十万人民元を、また重慶でのコンサート収入すべてを中国児童基金会に寄付することになった。今回コンサートが行われる都市は順に、重慶、広州、上海、杭州、長沙、厦門、北京、成都の八都市。演奏曲目はショパンのスケルツォ四曲とリストの『ピアノ

ソナタ　ロ短調』である。

全日程十三日間のコンサートが始まると、どの都市の会場周辺も普段の平静さが一変し、立見席にもダフ屋が出るほどだった。開演直前にはチケットの払い戻しを待つファンが窓口に列を作り、彼の人気が一陣の竜巻のように地元市民や音楽ファンを渦に巻き込んだ。コンサート主催者の話。「こんな熱狂的なクラシック音楽のイベントは、これまで経験したことがない。十数年間のクラシック音楽普及への努力が、ユンディ・リ個人の影響力によって花開いたということだろう」

三月七日、彼は広州市の会場、星海音楽庁ホールに来ていた。音楽ファンに交じってピアノ好きの子供たちの姿もあった。プログラムの曲目が演奏され、数回にわたるカーテンコールの後、ステージ裏では聴衆たちへのサインや記念撮影する列が長く続いた。主催者によれば、メディアが流すユンディ・リのアイドルイメージは彼個人やクラシック音楽ファンの思いとは違っても、若い人たちとのこうした熱い交流で音楽ファンを増やしているのは確かだという。広州の会場の聴衆の中に学生の数が多かったことから、ユンディ・リは次の上海の会場では、チケット購入の際に学生証を提示すればチケットが割引されるよう主催者と話し合った。そこでも彼は演奏後にファンとのサイン会や交流の場を用意した。気付くとすっかり周りをファンに取り囲まれていた。

杭州のコンサートでは、地元の記者が会見の場で彼の幼少のころの様子やピアノの上達方法について尋ねた。彼は笑いながら答えた。「子供のころは遊びに夢中だった。でも音楽がとても好きだったので真面目に練習して途中で投げ出したりしなかった。ピアノの練習は才能もあるけど、よい先生につくことが大事で、成功のチャンスは誰にでもある。ピアノが好きだったこと、真面目に練習したこと、家族の応援やよい先生との出会い、そしてチャンスに恵まれたこと、かな」

ユンディ・リが空路、長沙に降り立つと、空港にはメディアの他に数十人もの湖南師範大学の学生たちが出迎えていた。彼らは花束を手に「熱烈歓迎、ピアノの王子　ユンディ・リ」の横断幕を掲げている。彼は感動し学生たちにこういった。「私は長沙の皆さんに最高の演奏をお届けします」。果たして当夜のコンサートでの彼の卓越した演奏は、長沙に一大センセーションを巻き起こした。翌日の地元の新聞に一篇の記事が載った。見出しのサブタイトルに「ショパン」スタイルとある。長沙の人々は若いピアニストの未来を祝福し、当夜の彼の演奏を次の言葉で称えた。「脱帽して敬意を表します。市民の皆さん、私たちの目の前にいるピアニストは『ショパン』。天才の中国人です！」

［二］

ユンディ・リの世界各地における演奏活動は、こうしてスタートを切った。その年、彼は三月から十二月にかけてイタリア、スペイン、フランス、スイス、オーストリア、アメリカ、日本、ドイツ、ハンガリーなどでのコンサートを予定していた。共演するオーケストラや指揮者は、ロペス・コボスとスペイン国立管弦楽団、フィラデルフィア管弦楽団、NHK交響楽団、パーヴォ・ヤルヴィとシンシナティ交響楽団、ロシア・ナショナル管弦楽団、ハンガリー・ブダペスト祝祭管弦楽団、また音楽祭では、チェコの「プラハの春」国際音楽祭、スイス・ヴェルビエ音楽祭、オーストリアのザルツブルク音楽祭などである。

年に一度開催される「プラハの春」国際音楽祭は一九四六年に始まった。「チェコ音楽の父」スメタナを偲んで創設されたもので、第一回は世界の巨匠たち、ショスタコーヴィチやバーンスタイン、メニューイン、オイストラフなどが参加して行われた。六十年代にはマゼール、カラヤン、バーンスタイン、ブーレーズ、ムターし、ルービンシュタインなどが「プラハの春」国際音楽祭を盛り上げ、揺るぎないものにする。そして世界の音楽家から「プラハの春」は永遠のステージであり、音楽ファンの楽園とも呼ばれるまでになった。音楽祭の期間は三週間で、スメタナの命日五月十二日に開幕する。交響組曲『わが祖国』がそこで演奏され、最後はベートーベンの『第九交響曲　合唱付』で幕を閉じる。これは音楽祭のよき伝統であり、毎年ヨーロッパやアジア、南北アメリカから世界に名を知られたオーケストラや演奏家が招待された。二〇〇三年五月、美しい都市が清々しい季節を迎える。第五十八回「プラハの春」国際音楽祭は、ユンディ・リによるピアノリサイタルを開催した。彼は音楽祭組織委員会の招きで、プラハを訪れていた。音楽祭の期間中、彼は市内をくまなく見て回った。「プラハは本当に美しい。街の光景がとても心地よい。リフレッシュできて生まれ変わった気分だ。コンサート前に街並みや自然と親しめてインスピレーションがたくさん生まれ、リサイタルは成功すると思った」。チェコのヴルタヴァ川沿いにあるルドフィヌム宮には、ルドフィヌス（芸術家の家）がある。このネオ・ルネサンス様式の建物の中に、現在チェコフィルハーモニー管弦楽団の拠点となっている美しい音楽ホールがある。チェコの作曲家ドヴォルザークは、このオーケストラとの最初のコンサートをこのホールで行った。ホールに彼の名があるのもこの由来からで、ドヴォルザークホールはチェコのみならず、世界の音楽家たちの聖堂であり、「プラハの春」国際音楽祭のメイン会場の一つとなっている。

ユンディ・リのピアノリサイタルは五月三十一日、このドヴォルザークホールで行われた。彼はこの音楽祭でリサイタルを行う最初の中国人ピアニストとなった。彼はこういう。「世界によく知られた『プラハの春』国際音楽祭に招かれ、ドヴォルザークホールでコンサートが開けたことをとても光栄に思う。プラハの人たちに私の最高の演奏をお届けしたい。またヨーロッパの音楽文化に対する私たちの理解と敬愛を知ってほしい」。コンサート当夜には、駐チェコ大使、唐国強《タン・クオチャン》夫妻の招待により、シュビドラチェコ共和国首相夫人、ハズチ副首相夫妻、フィリップ下院副議長夫妻が会場に姿を見せた。また文化芸術界や経済界の関係者、有力メディア、華僑代表、さらには二十ヵ国余の駐チェコ使節など約二百人が来賓として参加した。ユンディ・リがステージ奥から姿を現すと、静かなホールに大きな拍手が涌き、ピアノの前に座ると一瞬息を押し殺したようになった。彼はたちまち全身全霊をピアノに投入する。前半のショパンのスケルツォの旋律がホールに鳴り響く。手と指が鍵盤の上を跳ぶように舞い、美しく流れるピアノの音がショパンの面影を連想させた。後半はリストの『ピアノソナタロ短調』が演奏された。この「野蛮な獣」は彼の指の下で飼い馴らされ、聴衆もいつか征服されていた。会場の万雷の拍手に応え、彼はリストの『ラ・カンパネラ』、『リゴレット　パラフレーズ』、そして中国民謡『サンフラワー』の三曲を弾いた。会場はそのたびに盛り上がった。弾き終わると聴衆は立ち上がり、長く拍手が続いた。彼は額の汗を拭いながら二度三度とステージで挨拶を繰り返した。

「プラハの春」音楽祭総監督のビェロールは興奮した様子で語る。「毎年多くのコンサートを楽しんでいるが、ユンディ・リのピアノは本当にすばらしい。さすが今日最も才能ある若いピアニストといわれるだけのことはある。スタイルからも彼はリストに近い。激情あふれる演奏で、驚かされたのは、この難度の高いテクニックを完璧に自分のものにしていることだ」。音楽祭企画部のマジェネールはいう。「中国人のヨーロッパの音楽作品への理解が、このようなハイレベルにあることが信じられない。今日の中国音楽界の実力や今後の可能性を世界に示したものだ。ユンディ・リのピアニストとしての人生はまだ始まったばかり。四十歳になるころには、巨匠クラスのピアニストになっていると私は信じる。少なくともベストファイブには入っているね」

引き続きユンディ・リは六月五日、スタインウェイピアノから招待を受け、アメリカ・カーネギーホールの創立百五十周年特別記念コンサートに出席した。記念コンサートでは、チャールズ・オースクトが司会進行を務め、ピアニストのヴァン・クライバーンが記念講演を行った。クライバーンは、一九五八年のモスクワ・チャイコフスキー国際コンクールで優勝し、世界に名を知られた。冷戦下のソ連（当時）での受賞に、英雄の凱旋のような母国の歓迎ぶりで、時代の寵児となった。彼の演奏は華麗な音色に特徴があり、高音域の輝くばかりの音色は「クライバーンの色」と呼ばれた。招待されたゲストピアニストには、カーティス音楽院院長のゲーリー・グラフマン、スペインのギュヘル・ペキネル、ジュヘル・ペキネル姉妹、フィリピンからセシル・リカド。また「エロイカ・トリオ」（ピアノ／エリカ・ニクレンツ、ヴァイオリン／アデラ・ペーニャ、チェロ／サラ・サンタンブロジオ）、声楽家ではカナダのテノール、ベン・ヘプナーなどがいる。

スタインウェイピアノは、ユンディ・リのコンサートの指定ピアノである。彼はこのピアノ特有の音色と雰囲気が好きだった。どんな細かな指示にも反応し、十分に歌わせることができる。当夜、彼が演奏したのはショパンとリストの作品で、中国から来たこの齢わずか二十一歳の青年の指先が描き出した二人の作曲家の真髄は、コンサートの大きな衝撃となった。弾き終えてステージ裏に戻ると、グラフマンが感動した面持ちで歩み寄り、すばらしい演奏だった、と祝福の言葉を贈った。そして親しく言葉を交わした後、記念写真に収まった。ニューヨーク・タイムズの賛辞：ユンディ・リのコンサートは、陶酔させるような優雅さと燃え上がるような情熱が混然一体となったショパンとリストだった。

七月十六日には、ユンディ・リはフィラデルフィアのマン・センター・フォー・ザ・パフォーミング・アーツの招きで、フィラデルフィア管弦楽団との共演に臨んだ。指揮者は若いロベルト・ミンチュクである。フィラデルフィア管弦楽団は一九〇〇年に創立された。初代指揮者はフリッツ・シェール。一九一二年にレオポルド・ストコフスキーが三代目の音楽監督に就くと、オーケストラはたちまち全米「三大オーケストラ」と称されるまでになる。一九三六年からはユージン・オーマンディが指揮をとり、彼の手中にあった四十四年間にオーケストラを「フィラデルフィア・サウンド」と呼ばれるまでに育て上げた。一九八〇年からリッカルド・ムーティが指揮棒を受け継いだ。ムーティの時代はヴェルディやプッチーニ、ワーグナーなどオペラを中心に新たな時代を築いた。一九九九年からはミュンヘン生まれの指揮者ヴォルフガング・サヴァリッシュが六代目の首席指揮者に迎えられた。彼は「フィラデルフィアの魂」とも呼ばれる。団員は百五名を数え、毎年百九十回余りのコンサートを開催する。独奏家として知られる団員も多く、世界の楽壇からは「スーパーオーケストラ」とも称されている。共演するロベルト・ミンチュクは、同楽団では客演指揮者の地位にある。彼はカルガリーフィルハーモニー管弦楽団のハンス・グラーフの後任として音楽監督に就いた。一方、ユンディ・リにとっても初めてのアメリカ公演である。アメリカの一流オーケストラ、注目の若手指揮者との共演は、ショパンのピアノ協奏曲にも新たな栄養分と活力を注入した。「フィラデルフィア管弦楽団とのコンサートは特に印象深いものだった。オーケストラの輝かしい響きと音色、特に木管声部がすばらしい」。ユンディ・リはこう称賛する。このフィラデルフィアでの最初のアメリカ公演の成功は、もう一つの企画を生むこととなった。

七月二十日、ユンディ・リは駐米中国大使、楊潔篪《ヤン・チエチ》に招かれ、ワシントン西北区の大使官邸で、週末ピアノリサイタルを開いた。その日、聴衆となったのはアメリカ政界の著名人や経済人、文化人、ジャーナリストなどで、その中には元国務長官のヘイグ、同じく大統領補佐官のブレジンスキー、国務副長官のラルソン、国土安全部副部長のハチンソンなど、折しも訪米中の外務省副大臣、戴秉国《タイ・ビンクオ》も招かれ、官邸に姿を見せた。その日の午後、戴副大臣と楊大使は国務長官パウエルと会談を行っていた。複雑な国際交渉がこの小さなコンサートの開演を一時間遅らせた。やがて時が来て、楊大使は誇らしげに一人のピアニストをアメリカ人の来賓たちに紹介した。「音楽は人類共通の至宝です。中米の文化交流を促進し、中米両国人民の理解と友情を深めるよき架け橋です」。大使が話を終えると、白の礼服を着たユンディ・リがステージに現れた。カールした長髪、落ち着いた笑顔。彼は流暢な英語でひとこと挨拶の言葉を述べると、すぐに音楽の世界に身を投じた。ショパンの『スケルツォ第2番』が明るくドラマチックに展開する。楽しげに心中の思いを語り、時には奔放な情熱を、また時に柔和で穏やかな表情で、ショパンの旋律が美しく会場に流れる。ワルツの箇所では音楽が活気あふれるリズムを刻む。ヘイグ将軍は陶酔の面持ちでリズムに合わせ指先を動かしている。次いで、リストの壮大な『ピアノソナタ　ロ短調』。ピアニストの恐ろしいほどのテクニック。ピアノの音が会場で耳を傾ける来賓の心臓の鼓動や血圧を支配するかのようだ。リストのインスピレーションが生み出す叫び声は、永遠の絶唱となる。曲が終わると少しの静寂があって拍手が起こり、来賓たちが立ち上がって喝采を送った。あるいは、ただ音楽だけが政治家たちの重くこわばった神経を生き返らせることができるのかもしれない。

〔三〕

スイスのヴェルビエ音楽祭は、創設後わずか十数年という短さながら、クラシック音楽界の著名な音楽祭の一つに数えられている。公演のプログラムには学術交流的な雰囲気が漂い、毎年多くの世界のトップクラスの演奏家や音楽ファンを引き寄せている。

二〇〇三年七月二十九日、ユンディ・リはヴェルビエ音楽祭では初めてのリサイタルを行った。このスイスの音楽祭で、彼が特別に得たものがあるとすれば、指揮者ジェームズ・レヴァインとの友情に勝るものはない。ジェームズ・レヴァインは、レナード・バーンスタインの後継者ともいわれる、現代の最も優れた指揮者の一人である。一九四三年にアメリカ・シンシナティで生まれ、四歳でピアノを習い始め、十歳でシンシナティ交響楽団と共演した。その後、指揮にも才覚を示し、十三歳でコンサートの指揮をとった。十八歳でジュリアード音楽院に入学し、ピアノと指揮を学び、二十一歳の時、ジョージ・セルに招かれてクリーブランド管弦楽団の副指揮者となる。一九七三年には、メトロポリタンオペラハウスの首席指揮者兼音楽監督に就任し、今日に至っている。二〇〇二年にはボストン交響楽団とも契約を結び、またオペラハウスとは二〇一一年まで契約を延長している。

ユンディ・リとジェームズ・レヴァインの出会いは二〇〇一年のことである。彼がCD『ショパン精選』を出した年、レヴァインはこのCDを聴きアメリカ・コロムビアを通じて面識もないこのピアニストに祝福を送った。その後もユンディ・リがＣＤを出すたびに、ピアニストの才能を称える言葉を贈っていた。レヴァインはこの時すでにヴェルビエ音楽祭の名誉芸術監督の地位にあった。ユンディ・リの音楽祭参加は、四〇歳余りも年の離れた二人の音楽家のまたとない旧交を温めるチャンスとなった。さらにこの時の事情がその後の共演のきっかけともなるのだ。音楽祭の開催期間中、大の散歩好きのレヴァインはいつもユンディ・リを誘って散策した。風景画のようなスイスの地方都市ヴァルビエに二人は忘れ難い思い出を数多く残している。

ある時、私は尋ねた。「たくさんの指揮者と共演した中で、これまでいちばん影響を受けた指揮者って、すぐに名をあげられるものかしら?」。するとと彼はジェームズ・レヴァインの名をあげた。「彼は音楽の先達です。尊敬する心の教師でもあります。いつも適切なアドバイスをしてくれる。音楽家としての心構えや体験もたくさん聞かせてもらいました。これはとても貴重なことです」。「彼の指揮者としての特徴って、どのようなものかしら?」。「上品で穏やか、ということかな。彼には曲への鋭い洞察力と独特の処理の仕方があって、表現したいことを完璧にオーケストラに伝えられる。身振り手振りで最高のものが引きだせるコンダクターですね」。「彼ってどんな性格なのかしら?」。彼はふと思いに沈んだ。言葉を探っているようにも見えたが、どのようなことを話すのか私には想像がつかなかった。これまでの取材ではあまりなかったことだ。やがて語りだした。「ニューヨークのメトロポリタンオペラハウスは、世界的にもよく知られたオペラハウスです。彼はそこで三十年余りにわたって指揮を執っています。オーケストラはよく五年から十年で指揮者を変えることがあります。オーケストラの活力を維持するためとか、響きやスタイルを広げたいなどの考えからなのですが、ニューヨークのような目まぐるしく変化する過酷な都市で、何十年も重要なその地位に留まっていること、これは本人にしか分からない厳しい試練の連続だと思います。彼がメトロポリタンオペラの指揮を引き継いだのは三十歳の時です。当時は何人もの人が彼を不安視していたようです。彼自身もアメリカ・コロムビアから強いプレッシャーを受けていました。オペラハウスは収益、つまり客を増やす上で聴衆の嗜好に合わせた対応を指揮者に求めます。これもある種の縛りになるもので、さらに日常的にメディアや評論家などの批判にもさらされ、メンタルの弱い音楽家ならいつ自信を失っても仕方がないところです。レヴァインが三十年余り努力し堅持してきたのは、揺るぎない信念と情熱です。オペラへの惜しまぬ努力と無私の精神が、ニューヨークだけでなく世界のメディアや評論家、音楽ファンとの信頼につながり、今日でもその地位にあるのです。まさに音楽家としての本分を体現してきた人ですね」。「分かる気がします。でも反対に、音楽を愛していない指揮者なんていないし、まして彼のような一流の指揮者であれば……」。「彼には音楽に献身する心と無私の精神というものがある。彼の意識の中にはほとんど雑念がなく、いつもどこかで音楽と向き合っている。社交生活にもほとんど関心がない。常に音楽に囲まれた生活、十年一日の如く……まるで音楽の僧侶のようです。もちろん忘れてならないのは、彼の音楽や芸術への生まれついた才能で、誰もがそれを高く評価し、その成果にも期待を寄せるというものです。ジェームズ・レヴァインは何をやっても価値を生み出せる、という。そうしたプロフェッショナルな最高の現場監督なのですね、彼は」。まるで朗読でもするように、滔々と止まらなくなった。「どれほど彼を尊敬しているか、よく伝わってきます」。「私のお手本です。この指揮者の傍にいると、普段忘れかけている音楽の魅力や、人格というものにも気づかされます。自然に伝わってくるもの、にじみ出てくるものです。言葉のやりとり一つにも、ものの道理を悟らされたり啓発されたりする。難しい事態に遭遇したり、音楽上の迷いが生じても強い支えになってくれ、私の理解力や思考力をレベルアップさせてくれる。自信まで回復させてくれます」。ユンディ・リの話のテンポがいつか急ぎ足になっている。なぜか私には早くレヴァインに追いつこうと焦る彼の気持ちのように思えた。「彼からどのようなアドバイスがありました？　助けになったこともたくさんあったでしょうね？」。「彼の長いニューヨークでの仕事の中では、ベルリンフィルやウィーンフィルを指揮したり、パバロッティやカレーラス、ドミンゴ、またキリ・テ・カナワなど、多くの歌手とも共演しています。彼はその間、何人もの人たちの最後の姿、以前に活躍した音楽家が様々な事情から忘れられていく光景を見ている。彼自身も早くに名をなしたこともあり、強い自戒があったかもしれない。私にはいつも欲望や雑念を捨て、音楽に専心するようにと。これは彼の忠告ですね。また音楽の理念を堅持することは、苦しい試練の道のりだとも。信念を貫ける、雑事に惑わされない心の強さを身につけること。そして何よりも私に、芸術家として自立し、外界に追従せず、最後まで音楽の純粋さを保つこと、このことを厳しくいわれました。つまり、どうすれば歩むべき道を歩め、持つべき心を持ちつづけられるか、このことを教わったことです。考えてみれば、私の目の前の目標には、音楽以外には何もないということ。たとえばメディアの宣伝やアメリカ・コロムビアの後援活動にも、私は参加すべきでない、ということ。私がこうした外部要因を排除するには、ある種の強い信念が必要になる、ということ。よかったことに、レヴァインにはこうした友人がいないことを思えば、私には彼の言葉があり、言葉を体現する彼の存在がある。レヴァインとの友情は、天が授けてくれた贈り物です」

一つ見えてきたことがある。友人が少なく社交生活にも無関心な指揮の大家は、この若いピアニストがとても好きだったことだ。レヴァインを語るユンディ・リの表情には、彼への尊敬の気持ち以外に、胸中をある種の抑え難い感情が巡っていたように見えた。彼らが会うチャンスは頻繁なコンサート活動にも阻まれ、せいぜい週一度の国際電話による「情報交換」だという。無論ユンディ・リがニューヨークに行けば会って話はできるが、そこに行く目的自体が公演のためなのである。レヴァインはこれまでユンディ・リの公演会場に足を運ばなかったことはない。

この年の八月、ユンディ・リは世界的によく名を知られたザルツブルク音楽祭に参加し、リサイタルを開くことになった。この音楽祭から招待されたのは、彼にとっても初めてである。オーストリアの首都ウィーンは音楽の都として名高い。ザルツブルクはさしずめ「音楽の故郷」であり、モーツァルトの生誕地でもある。毎年の七月末に五週間にわたって公演が行われる。オーストリア最大の芸術祭であり、世界で最も影響力を持った芸術祭の一つである。ザルツブルク音楽祭の歴史は一八七七年まで遡る。とはいえ、現在の姿に直接つながる意味を持ったザルツブルク音楽祭は、一九二〇年八月二十二日にマックス・ラインハルトが大聖堂広場でフーゴー・フォン・ホーフマンスタールの脚色のイギリス中世紀の道徳劇『イェーダーマン』上演後に開催されたものとなる。また一九二六年には当時の大司教が新たに建設した会場に公演会場を移し、それ以後もザルツブルク音楽祭は、この会場で行われるようになった。ウィーンフィルハーモニー管弦楽団のザルツブルク音楽祭への参加・公演も慣例化された。一九三〇年になると、ザルツブルク音楽祭は新たな時代を迎える。当時、最も影響力を持った二人の指揮者アルトゥーロ・トスカニーニとブルーノ・ワルターは、この音楽祭に交替で出演した。二次戦後、芸術祭も復活を遂げて、その規模をいっそう拡大する。音楽祭のため新たに建設した祝祭大劇場が竣工し、一九六〇年七月二十六日にこけら落しが行われた。最初の公演は、ザルツブルク生まれの指揮者ヘルベルト・フォン・カラヤンによるオペラ『バラの騎士』だった。それ以後、ザルツブルク音楽祭は世界で最も注目される音楽祭の一つに数えられるようになる。毎年、期間中には世界各地から一千万人を超える音楽ファンがこの地を訪れる。彼らにとっても「音楽巡礼の旅」であろう。毎年、芸術祭にはウィーン国立オペラとウィーンフィルが参加しているが、他にも世界の著名なオーケストラや指揮者、独奏者、歌手などが数多く参加する。上演されるオペラはモーツァルトやリヒャルト・シュトラウスが中心だが、イタリアやドイツのオペラも上演されている。

ユンディ・リのピアノリサイタルは八月十日である。彼はザルツブルク音楽祭にその姿を現すこととなった。ザルツブルクには音楽の伝統が限りなくある。音楽はモーツァルトの故郷の人々にとって生活の一部でもある。毎日、大小様々な音楽の催しがあり、生活の中に溶け込んで最早なくてはならないものだった。このことがザルツブルクの人々に音楽の素養と鑑賞力を賦与しているのだ。音楽家にとって当地での公演は一つの試練ともいえるものだった。音楽祭に参加する音楽家がどれほどの大家であっても、公演前には必ず十分に準備を整えて臨むものだった。音楽家はザルツブルクの人々の耳を信じ、この地における音楽の影響力を信じた。その夜、ユンディ・リが用意した曲は、ショパンの主要なピアノ作品を網羅するものだった。前半では『セレナード　変ロ短調』、『セレナード　変ホ長調』、得意とする『アンダンテ・スピアナートと華麗なる大ポロネーズ』、後半は『バラード第4番』、『ソナタ第3番』、またアンコールに用意したのは、ショパンの『エチュード作品10』と『同11』そしてマズルカの数曲だった。ピアニストの指の下から生まれる輝くような音の響きに、聴衆は催眠術にかけられたようになった。彼は聴衆を手中に秘めたショパンの叙情詩の世界に引き込んだ。音楽に東方のロマン的気質と洒脱さが漂い、流れに乗ってどこかでショパンに出会えそうな感じさえした。当地の音楽評は、短くこう述べた。

ユンディ・リはピアノを通して、自らの歌声を聴かせていた。演奏は華やかな彩りに満ち、活力にあふれたものだった。卓越した演奏テクニックと音楽の表現力は、彼が間違いなくピアノの天才であることを証明するものだ。

〔四〕

ユンディ・リは九月四日と五日の二日間、再び招待を受けて日本公演を行った。若いピアニストへの日本の音楽ファンの熱い思いは、時間と共にいっそう高まりを見せる。このことが彼を深く感動させた。今回は日本のＮＨＫ音楽祭による公演で、指揮者の阪哲郎とＮＨＫ交響楽団との共演で、ショパンのピアノ協奏曲を演奏した。コンサートは実況録画され、日本とヨーロッパで放送された。九月六日、七日は、日本航空主催による、京都・万福寺での野外コンサートだった。ユンディ・リはイギリスのソプラノ歌手サラ・ブライトマンとゲスト出演し、ピアノ独奏ではリストの『ラ・カンパネラ』と中国民謡の『サンフラワー』を演奏した。そこでも日本のファンの興奮は最高潮に達した。関西テレビがこの模様を録画し放送した。九日には、ＮＨＫ放送局が特集番組を組み、ピアノコンサートの模様を放送した。日本航空の機内でもこのコンサートが見られた。

ユンディ・リには、こうした公演への参加にはある種の決意があった。世界のステージを巡回公演する際、常に心身の状態をベストに保てるよう特に注意を払っていた。最早センセーショナルな宣伝や期待を呼びこんだ公演でファンを増やそうとは思わなかった。彼はいう。「私はコンサートをいつも楽しむようにしている。コンサートは私に特別な満足感をもたらす。だがその間の心身の状態には特に注意し、巡演期間中であっても不調に襲われたらすぐブレーキを踏むことにしている。私を含めて誰もがロボットのような演奏を楽しめるはずがない」。彼はそのため公演回数を年間六十回程度に止め、スケジュールの上でも節度を守っている。「体調がよくないため予定したコンサートを中止にすることって、実際に起こることかしら?」。本心では演奏したいのに、ある種の精神面での不調が中止させようと追いこむのではないか。「いずれにせよ私の公演回数はそう多くはありません」。ほとんど考えることなく答えが返ってきた。「私はいつも心身共ベストの状態でコンサートに臨んでいます。予定が入っているからそこで演奏するというものではありません。実際に状態がよくなければ、どんな公演でも中止をためらうことはありません。もちろんマネジメント会社には迷惑がかかりますが仕方がないことです。私はどのコンサートでも、聴衆にはいつも最高の演奏を届けたいと願っています」。「でも、中止したらあなたのファンを、とてもがっかりさせることになる。そうではありませんか?」。「ファンが聴きたいのは真に心に響く音楽です。こわばった演奏ではありません。コンサートを中止にすればファンは失望するかもしれませんが、反対にもしそこで聴いた演奏がうわべだけの機械じみたものだったら失望はもっと大きいはずです。突き詰めていえば、演奏家は楽器が何であれ自分の演奏に責任を負っています。どんな事情があろうがロボットじみた音楽でよしとすることはないですね」。彼はさらに続ける。「でも私はこれからのコンサートがとても楽しみなのです。今は何か自分を抑え難い思いにさせるものがあって。次はファンの皆さんに新たな解釈、前とは少し違った演奏を聴かせられそうです。どういうことかというと、コンサートの演奏をよく振り返り、分析研究する中で発見したものを次のチャンスに活かすということがあります。つまり新たな解釈によって演奏することです。そこに新たな音楽が生まれます。といっても何か意図的に手を加えるようなものでは無論まったくありません」。

彼がいう「新たな解釈による演奏」のその先にあるものを私は想像してみた。芸術家は自らの奥義、心の深奥を探ろうとする。未知を究めて展望を拓こうとする。手中のものでは完全には満たされないのだ。ヴァイオリニストのウラディーミル・スピヴァコフがこういう。「解釈とは常に変化を伴う。変化の最終状態とは、音楽を完璧に掌握した時に得られる。それに挑戦するとは、音楽が未知からある種の姿態に進む過程を示すものとなる」あるいはこうした理解とも通じ合うものだろうか。なぜあのコルトーが長い年月を経て若いころの名演奏―バッハの『ゴールドベルク変奏曲』を録音し直すことになったのか。それには十分な勇気と確信があったのだ。「初めてのコンサート会場で何を弾くかは、その国や街の性格とか特徴を考えて決める、って以前にいっていたことをまだ覚えています?」。「そう。国外でコンサートを行うようになったころの、もう何年も前のことですね。様々なプレッシャーがあったり、主催者やマネジメントから曲目を決められたりして。でも状況も少しずつ変わってきて、最近は曲目を先に決めることは基本的にありません。最後の最後になってからですね、私も慎重に考えた上で決めることにしています。コンサートでの演奏内容はピアニストにとって生命線です。そこでつまずいたら次はまずありません。一回性ということの恐ろしさですね。ですからある意味では、心身がよい状態にない時はむしろ中止や放棄も考えに入れた方がよいのかも……」。「コンサート会場での演奏って、外的な影響を受けるものかしら?」彼の答えは質問とほぼ同時だった。「どのコンサートでも影響は少なからずありますね。ホールの具合、大きさや広さ、音響効果。またピアノの音の響きや照明の明るさ、その日の天候。さらには客席の前列のお客さんの声や咳払い。そんな細々したものも影響します。微妙に化学反応を起こしたりするものです」。「何とも敏感な神経をお持ちなこと」。「ピアニストに限らず、演奏家とは皆そういうものです。敏感でなおかつ繊細。その感覚がインスピレーションを触発するのです。いわば感性の層のようなもので、演奏家にとって命ともいえるものです。その働きによっていっそう高い境地が臨めますし、インスピレーションの炎に触発された演奏は、最高のコンサートになりますね。反対にインスピレーションのない演奏は内容の乏しいこわばったものでしかない」。「インスピレーションの働きって一瞬ですよね。捉えることも出来ない。作曲とか演奏の中で、高い境地に向かう手がかりとしてインスピレーションが働くのは、何かとても恐ろしい感じがする」。私はピアニストとの対話が知らぬ間に核心に吸い込まれていくような錯覚を覚えた。「インスピレーションが重要といっても、安易にそれを期待したり、その働きに拘ったりしたら、そこからは何も生まれてこない。確かにひたすらそのことを思って没頭し研究を積めば、その過程で何かが生まれる可能性はある。ある種の状況下ではインスピレーションも触発される。ただもし努力してインスピレーションを捉えたとしても、それは芸術とは離れたところにある、別のものの可能性もある。なぜなら注意力とはインスピレーションそれ自体の中に存在するもので、芸術や音楽の中ではないからです。もし芸術家の手の中でインスピレーションが触発されれば、それは特別なものです。目にも鮮やかな美しいものです。インスピレーションが小さなエネルギーで何倍もの効果を生むことは、芸術家なら誰でも知っていることです。でもそれを盲信したり拘り過ぎてはならない。インスピレーションとは精神の炎の層、しかもそれは蓄積されることが重要で、たとえていえば、インスピレーションが働かないのに、ピアノの前に十時間座っていても何もならない。インスピレーションの炎とは、ピアノを十時間懸命に練習し続ける中で蓄積されていくものです」

補足することがあるとすれば、この二十四歳に満たない若者が蓄積した努力や体験は、同世代の若者とは比較にならないほど多いということだろう。

第十一章　アメリカ初登場

［二］

第二次世界大戦前後、アメリカには多くの音楽家が移住した。初期のころのドヴォルザークやラフマニノフ、終戦近くにはムロワ、バルシャイなど。一方でこのことはアメリカの音楽界に大きなチャンスをもたらす。当時、世界で最も進んだ産業大国だったアメリカは、移住した音楽家に多くのステージとビジネスチャンスを提供した。その後、ヨーロッパで名をなした多くの音楽家がアメリカに移住するようになり活動の場を広げていく。音楽界はこれを「ヨーロッパ生まれのアメリカン・パッケージ」現象と呼んだ。

アメリカには千四百余りの数のオーケストラがある。よく知られたオーケストラだけでも、ニューヨーク・フィルハーモニック、ボストン交響楽団、シカゴ交響楽団、ワシントン・ナショナル交響楽団、クリーヴランド管弦楽団、サンフランシスコ交響楽団などがある。毎年六月から九月末にかけて、各地は音楽シーズンを迎える。アメリカでは多くの地方が野外会場を使って音楽祭を開催する。大まかな統計では、毎年行われるコンサートやオペラ、ミュージカルなどの消費額は四億二千二百万ドル余りに上り、クラシック音楽のＣＤやＤＶＤの製作費に八千六百万ドルが使われるといわれる。この圧倒的な経済力と特有の文化の融合が、世界の音楽家たちの激しい生存競争を生み、巨大マーケットを創出したのである。

ユンディ・リは二〇〇一年七月、ロサンゼルスとサンフランシスコの二つの都市でピアノリサイタルを行った。二〇〇三年には前後してカーネギーホール、フィラデルフィア・ミュージックセンターでもリサイタルを行い、いずれも高い評価を得た。しかし彼のヨーロッパでのエネルギー投入の大きさと比較すれば、アメリカはまだ余裕があった。一方アメリカのメディアや聴衆の彼に対するイメージは「よく知ってはいるが、身近ではない他人」という扱いが多かった。アメリカ・コロムビアの企画による彼の北米での演奏活動は徐々に広がりを見せていた。幸運なことにヨーロッパ各地での名声やチケット販売の人気なども手伝って、北米公演では望み得る最高のステージで演奏するチャンスを得たことだった。

ジョン・F・ケネディ芸術センターは一九五〇年代末に建設が決まり、アイゼンハワー大統領の時代に計画がスタートした。ケネディが大統領に就任すると本格的な建設計画に人々の関心が集まったが、彼が一九六三年にダラスで暗殺されると議会はこの壮大な建築物にその名を残し「ジョン・F・ケネディ芸術センター」と命名した。建築には五年余りの年月と五千七百五十万ドルの資金が投入された。白亜の大理石三千七百トンを用いた優美な芸術の宮殿は、一九七一年九月八日に正式にオープンし、芸術活動を幅広く推進する一大拠点となった。

二〇〇三年九月二十日、ジョン・F・ケネディ芸術センターはユンディ・リのピアノ・リサイタルの日を迎えた。チケットは早い時期に売り切れ、ステージ通路脇の補助席も完売した。在米の華僑たちも評判を聞きつけて会場に詰めかけた。駐米中国大使の楊潔篪《ヤン・チエチ》は大使館員やアメリカ政府の要人たちと初めて会場に席を取った。ユンディ・リは、プログラムの前半にショパンのスケルツォを四曲、後半はリストの『ピアノソナタ　ロ短調』を用意した。アンコールは三曲、『サンフラワー』もそこに含めた。スケルツォには「戯れ言」などの意もあるが、曲中でショパンの戯れ言を思わせる箇所はなく、憤りや反抗への思いから彼自身への嘲笑や皮肉のようにも見える。リストはこのスケルツォを「激しい怒りや絶望の気持ち、時には辛辣な皮肉や、頑なな自尊心」といっている。ユンディ・リは自信たっぷりに、ショパンの音楽の境地を描き出した。『スケルツォ　変ロ短調』では機知に富んだタッチ、細やかな音色の変化、微妙なペダルコントロールで、ロマンの香りを歌い上げた。特に第二部では四つの声部の軽快さや明るさ、高音部の躍動感や歌心に富んだ旋律を巧みに演出した。さらに左手の低音部の音形が持続的に繰り返される中、中声部の明快な旋律や高音部のやや下の声部の弱拍からの三連音符が、微妙に踊るように鳴っていた。この辺りはショパンの天才が如実に表れた箇所で、ユンディ・リの最後の仕上げともなる表現だった。コーダの飛び切り速いテンポは、あのポリーニの「十一本目の指」を連想させたほどだ。『ピアノソナタ　ロ短調』の卓越した演奏には、すべての聴衆がピアノの音の響きに包まれ、魂の旅路を彷徨いつづけた。ステージの袖に戻った彼の上衣の背中に汗の染み跡が浮き出ていた。拍手と歓声が会場にこだまし、ピアニストへの最高の贈り物となった。

ワシントン・ポストは九月二十一日付で、この夜のコンサートを次のように伝えた。

ユンディ・リの天賦の才が何もなかったかのように聴衆を音楽の中で陶酔させた。

著名な音楽評論家で、ワシントン・ポストの音楽コラム執筆者ティム・ペイジの音楽評。

ユンディ・リの土曜日の午後のジョン・F・ケネディ・芸術センターでのピアノリサイタルは、三年前のワルシャワのショパン・ピアノコンクール優勝の後、その演奏の感銘を伝えたすべての報道をまさしく証明したものだ。二十歳のユンディ・リは、これでかつての優勝者たち、アルゲリッチやツィメルマンたちの仲間入りをした。

当日、彼がプログラムに配したのは、まさに挑戦的な曲だった。前半はショパンのスケルツォを四曲、後半はリストの巨大な『ロ短調　ピアノソナタ』だった。この四曲のスケルツォはショパンを代表する難度の高い曲で、しかもこれらを速いテンポのバラードと、高度なテクニックを要するエチュードを挟んで弾いた。

ユンディ・リは若い世代にあまり見かけないタイプの音楽家だ。彼は他の多くの音楽家とも異なる特質を持ちながら少しも奇異な感じを与えない。彼は才能や個性をひけらかすことなく一心にピアノに向かっていた。そうした優れた特質はピアノの響きの中に自ずから表れるものだ。

あのよく知られた『病室の中の詩人』。ユンディ・リが表現したのは、力強さ強靱さ、そして強弱を明確に対比させたショパンだった。スケルツォの二曲目は冒頭の小さな囁き声から入り、やがて強烈に爆発させるという解釈。三曲目は多くのピアニストが聖歌ふうの高音を装飾音のように鳴らすのを、ユンディ・リは手の中の必要な音符だけで心を強く揺さぶった。聴衆は終始、美しいショパンの世界に引きこまれたまま、ユンディ・リが何をしたかさえ忘れていた。

リストのソナタに理に適った議論などは存在しない。それが好きならその理由を述べる必要もない。伝道師がドグマを復興するのを疑い深く反駁し続けることも可能だ。私自身のことをいえば、これまでこのソナタにずっと冷たく無関心だったことは認める。すでに多くのピアニストが工具まがいにこれを弾く姿を見ている。彼らは演奏の際、リストのこの古い旋律にインスピレーションを求めるように彼方を仰ぎ見る。だがユンディ・リは自らの思い通りストレートに弾いていた。見事なテクニックで十九世紀の味を除去し、リストが書いた譜面に集中していた。その結果、聴衆が耳にしたのはいつもの味とは違う理知的なソナタだった。テンポの速い八度の跳躍が曲を終わらせた。このソナタに私は今回ほど感銘を受けたことはない。

［二］

ユンディ・リは九月二十六日、二十七日の二日間、パーヴォ・ヤルヴィ指揮のシンシナティ交響楽団と、アメリカ公演に臨んだ。パーヴォ・ヤルヴィは今日、北欧を代表する指揮者である。著名なネーメ・ヤルヴィの息子として一九六二年、エストニアの首都タリンで生まれた。父親の薫陶の下、小学生のころから音楽の才能を発揮し、後にカーティス音楽院で学んだ。その後ロサンゼルスで指揮者レナード・バーンスタインの指導を受け、ザルツブルク・モーツァルテウム音楽院の指揮研修セミナーで研鑽を積んだ。今日、目覚ましい活躍が期待される新時代の指揮者の一人である。パーヴォ・ヤルヴィは一九九三年から一九九七年にかけ、スウェーデンのマルメ交響楽団の音楽総監督を務めた。また一九九五年にはストックホルム王立フィルハーモニー管弦楽団の首席客演指揮者に迎えられ、翌年にはバーミンガム市交響楽団の首席客演指揮者となった。二〇〇一年九月にシンシナティ交響楽団の音楽総監督に就任し、名門オーケストラに新風を注ぎ込んだ。やがてアメリカ・テラーク社の興業部門の人気オーケストラの一つとなった。二〇〇六年からは三つの職務を兼任、シンシナティ交響楽団のほかヨーロッパの二つのオーケストラの音楽総監督も務める。シンシナティ交響楽団との契約は二〇〇九年まで延長となった。イギリスのメディアは、彼とシンシナティ交響楽団との協力関係を、世界で最も望ましい組合せと評した。シンシナティ交響楽団はアメリカの歴史ある五つのオーケストラの一つである。一八九五年の創設で、多くの世界的な指揮者がオーケストラを現在の姿に成長させた。レオポルド・ストコフスキー、フリッツ・ライナー、ユージン・グーセンス、マックス・ルドルフ、トーマス・シッパース、さらにミヒャエル・ギーレンなど。オーケストラは創設以来、アメリカでの指導的役割を果たすだけでなく、室内アンサンブル活動でも音楽ファンを楽しませている。コープランド、グローフェなど現代アメリカを代表する作曲家の作品も数多く紹介する一方、テラーク社との録音活動でも注目の演奏団体として、アメリカだけでなく世界各地に多くのファンを持っている。

ユンディ・リは九月二十六日、パーヴォ・ヤルヴィ指揮のシンシナティ交響楽団と、ショパンの『ピアノ協奏曲第1番』を共演した。ほかにブラームスの『交響曲第1番』、ヨハン・シュトラウスの『皇帝円舞曲』がプログラムに組まれた。ショパンのこのピアノ協奏曲は、これまで数多く演奏してきたが、当夜の演奏も新鮮で味わい深いものだった。パーヴォ・ヤルヴィの気品と清新さあふれるタクトが叙事詩のような響きを漂わせた。アンコールはリストの『ラ・カンパネラ』。冒頭のキラキラした「鐘」の音が鳴り響くと、聴衆はショパンの詩の世界からリストの華麗な音の響きの中に投げこまれた。ユンディ・リの卓越した演奏を指揮者も賞賛していた。パーヴォ・ヤルヴィは十一月のシンシナティ交響楽団のアジア巡回公演にも彼を同行し、ノルウェーの作曲家グリーグの『ピアノ協奏曲イ短調』の共演を予定している。シンシナティ・ポストは九月二十八日の紙面で、当夜のコンサートを「ユンディ・リの味わい深い音楽が、聴衆を心から感動させた」と評した。彼は続けて十月一日から八日にかけ、ロシア国立交響楽団とドイツの四つの都市での巡回公演を行い、次いで十一日、十二日の二日間にはハンガリーの首都ブダペストで、ブダペスト祝祭管弦楽団と共演するコンサートを行った。

ユンディ・リは十一月に入り、パーヴォ・ヤルヴィ率いるシンシナティ交響楽団と日本各地を巡回するコンサートに出た。公演する都市は東京、大阪、札幌、神戸、横浜、山形、北九州で、最終を飾る北九州市でのコンサートは市が主催の国際音楽祭である。毎年行われる北九州市国際音楽祭はすでに十六年の歴史があり、人口百万人都市・北九州市が最も注力する文化活動の一つだった。当夜、座席数二千二百のホールは熱気に包まれた。音楽祭のメインであることに加え、世界的なオーケストラと人気ピアニストの共演は音楽祭の最後を飾るにふさわしい彩りを添えた。当夜のプログラムは、グリーグの『ピアノ協奏曲　イ短調』とベルリオーズの『幻想交響曲』、シベリウスの交響詩『フィンランディア』である。ユンディ・リはアンコールに二曲用意した。満員のホールに聴衆の期待が満ち満ちた。ユンディ・リがステージに姿を現した。北九州市のステージは彼にとって初めてだったが地元の音楽ファンは彼をよく知っていた。彼の名は全国に知れわたっているといっても過言ではない。日本の聴衆は痩身でハンサムなこの青年ピアニストに熱い思いがあり、アイドル的存在でもある。こうしたいい方は彼を称えればこそで、軽蔑した表現では決してない。彼の外見や性格が日本の若い女性の心をとらえ、ピアニストであることがいっそう熱烈なものにする。指揮台のパーヴォ・ヤルヴィも熱烈な拍手に微笑みながら二人は握手を交わす。すぐにユンディ・リがピアノの前に座り、ホールにグリーグのピアノ協奏曲が響きわたった。当夜のコンサートの地元新聞評を、以下に引用する。

ユンディ・リのピアノはとてもロマン的な演奏だった。聴衆は彼が両手を高く掲げたり、ゆったり振り回したりする所作まで楽しんでいた。衝動にかられたようにテンポを速めても、パーヴォ・ヤルヴィは見事に合わせていた。オーケストラのアンサンブルもすばらしかった。二十年近い音楽祭の歴史の中でも特筆すべきコンサートとして語りつがれるだろう。

演奏が終わると二人の少女がステージに上がり、ピアニストに贈り物を手渡した。はにかんだ表情で彼がそれを受け取ると、会場は大きな拍手に包まれ最高に盛り上がった。最後はパーヴォ・ヤルヴィとユンディ・リがそろって花束を受けた。聴衆の興奮が止まない。指揮者がオーケストラの方に向き直るとすぐに音楽が鳴りだした。アンコールの声に応えたのは、ブラームスの『ハンガリー舞曲ト短調』。快活で踊るようなリズムが興奮した会場の雰囲気にぴったりだ。演奏中、音楽に合わせて手拍子が沸き起こり、ステージと客席が一体となって最高潮の時を迎えた。コンサート終了後はピアニストにサインを求める人たちで場外に七百人余りもの列ができた。ユンディ・リの日本での人気を物語るものだった。

指揮者のヤルヴィはユンディ・リを次のように評する。「彼は実に才能豊かな青年だ。音楽に対する感性がすばらしい。あの真摯な表現はごく自然な情感から生まれでるもので、それが心に奥深く染みこむのです。今まで私は彼の機械的・形式的な演奏を聴いたことがない。いつも心のこもったすばらしい演奏だ。よく聞かれることだが、若い演奏家との共演は実はそれほど容易ではないのです。若い世代のとの交流や意志疎通には時に勇気が要ることもある。若者たちは生まれたばかりの小牛で虎の恐ろしさを知らない。だがユンディ・リとは実によい時間を共有できる。彼は人柄がとても誠実で音楽にもそれが表れている。自分を冷静に見つめられ、よいところや足りないところもよく自覚している。常にどうすればよくなるか考え、試みている。彼に大きな成功がもたらされる日が来るのを私は信じています」

ユンディ・リもこの指揮者の印象をこう語る。「彼はとても親しみやすい指揮者です。尊大さや虚勢を張るところがまったくなく、楽員といつも笑顔で接しています。公演が終わればバーで一緒に楽しむことも。彼は普段の生活上のことをよく話題にします。Ｉ－ｐｏｄはとても便利で、一台にトランク二個分の重さのＣＤが入るとか六十曲の交響曲が入るので今はスコアを持ち歩くだけだ、などと得意げにいうのです。彼からルフトハンザドイツ航空のマイレージを勧められ、費用が節約できるというので会員になったら、まさにその通りでした。公演で移動が多かったりして、すぐにゴールドカードになりました」。パーヴォ・ヤルヴィはユンディ・リを二〇〇五年の特別企画によるコンサート、シュターツカペレ・ドレスデンとのドイツ国内巡回公演に再びソリストとして同行することになる。

十二月に入ると、彼はピアニストとして最も輝かしい時を迎える。オーストリア・ウィーン楽友協会に招待され、リサイタルを行うことになったのだ。この芸術の聖地として名高い音楽の殿堂に、彼は初めて足を踏み入れることになる。

楽友協会大ホール（ムジークフェライン・グロースザール）はウィーンで最も歴史あるホールである。当地の人々はこのホールを音楽協会またはウィーン楽友協会と呼ぶ。大ホールは「黄金のホール」の別名があり、年間最も多くコンサートが行われている。ウィーン楽友協会の建設は一八六七年で、二年後に竣工した。建物はイタリア・ルネサンス様式の外観を持ち、大ホール内には金箔に彩られた三十体の女神像がある。「黄金のホール」の由来でも知られる。シューボックスといわれる長方形をした大ホールには全七百四十四の座席があり三百の立席がある。ホールの音響は比類ないもので、弦楽器や木管楽器、金管楽器など楽器のバランスのよさは世界のホールの中でも特筆されるものといわれる。「黄金のホール」は世界中の音楽ファンの聖地であるだけでなく、プロの音楽家にとっても憧れのステージである。楽友協会は落成した日から世界的なオーケストラ―ウィーン・フィルハーモニー管弦楽団の拠点となった。そこではシーズン毎に十二回を超す定期コンサートが開かれ、世界各地から集まる音楽家による年間三百六十回のコンサートが行われる。ブラームスも一八七二年から一八七五年にかけて彼自身の主宰によるコンサート記録が残されている。一九三九年一月一日からは毎年このホールで「ウィーン・ニューイヤーコンサート」が開かれている。戦争での中断があったが一九五九年に再会されると、オーストリア放送協会はヨーロッパ放送連盟の協力によりコンサートの模様を全世界にテレビ中継するようになった。それ以後ウィーン・ニューイヤーコンサートは、新年を迎えた世界中の人々に夢と音楽を贈る国際的な文化イベントとなった。

ユンディ・リのピアノ・リサイタルは十二月十五日に行われた。プログラムの前半はショパンの四曲のスケルツォ、後半はリストの『ピアノソナタ　ロ短調』である。「黄金のホールは本当にきれいで、まさに芸術の極みを感じました。あのホールでリサイタルが開けたことはとても光栄なことでした」。彼はこう回想する。「実際、国外のコンサートは会場の建築物の美しさや特徴が私の想像力をかき立て、さらにホール内の色彩や構造、配置、風格とか雰囲気がインスピレーションをとても刺激します」。彼はコンサート当日の午前十一時過ぎ、リハーサルのためホールに入った。ステージでピアノを調整する技術者の仕事を見るのが好きだった。ピアノ内部の複雑なメカニックに彼は言葉に表せない親近感があった。自分が表現する音楽はここに組み込まれた部品の働きによって創出される。目に映る素材一つひとつが生命を宿すようだった。

ホール備えつけのスタインウェイはコンディションがよくとても気に入った。作業が終わったピアノに触れてみると鍵盤タッチは彼の望み通りに調整されていた。そして数曲を短くさらうと満足してホールを後にした。次いでレストランに行き、山盛りの昼食を取った。演奏前はいつも適度に胃を労うことにしている。ただ開幕直前には何も口にせず、食べるのはコンサートが終わってからである。その時は再びかなりのボリュームで食欲を満たす。ホテルに戻ると目を閉じて横になった。この時刻に訪ねてくる者はいない。楽譜や解釈、テクニックのことなどすべて忘れることにしている。やがて目を醒ますと熱いシャワーを浴び神経を目覚めさせる。耳元に優美な旋律が流れている。いつもはバッハかモーツァルトだ。心と体がゆったりとした愉悦感に包まれる。夜七時ちょうどに「黄金のホール」ステージ裏に入る。ピアノの位置や椅子の高さ、ステージの照明などを確かめ、しばらく曲をさらう。開幕直前のこうした短い時間の中では、先ずはホールの響きや空気、温度、香りに自分を馴染ませることになる。聴衆が入場するころには準備がすべて整っている。礼服に着換えた後は座って楽譜を眺めたり、テクニカルな箇所の指使いを確かめたりする。その後は落ち着いて時を待つだけである。咽喉でも渇かない限り飲み物を摂ることはない。ちなみに彼は高級な革靴を二足用意している。共にコンサート用で普段履くことはない。ステージの袖から客席の様子を眺めておもむろに靴を履き換える。そのころには気分も高揚している。

夜八時。コンサートが始まった。ショパンのスケルツォは解釈が行き届いた演奏だった。彼らしいカンタービレのほかに随所に目を見張らせるテクニックがあり、高揚する箇所は情熱的に響かせ、叙情的な部分では水が静かに流れるように、ピアノの魅力を余さず引き出した。スケルツォの一曲目、冒頭の二つの厳しく叱責するような和音に、聴衆はたちまちショパンの世界に引き込まれた。競走馬のようにピアニストの指が鍵盤を駆け抜け、ピアノの音が怒り狂う嵐のように響きわたる。一つひとつの音を手堅く操り、ほとばしるような情感をこめたかと思えば、きめ細かい繊細な表情で歌わせるなど、いかに恐ろしい陰険な部分にもしなやかさと透明感が息づいていた。最後の箇所では簡潔に凝縮して悲しみや憤り、毅然たる精神を表現していた。響きわたる音や気迫に満ちた旋律は、ピアニストと作曲家、聴衆に最後に残された心の交流となった。後半のリストの『ピアノソナタ　ロ短調』は目も眩むようなテクニックで、心の奥底に潜む不安や孤独を表現した。彼はこの曲を熟知している。細部の処理では新たな発見もあり、音楽の外貌と断面の境地を描き出す。「音質の美感は私にとって特に重要です。そこに音色が生まれ、その音色が音楽を創り出す。音質とはピアノの内なる声です。よい音色を創り出せなければ音質はどこかへ消えてしまいフォルテで探るしかなくなる。大事なものが断面に隠れていても音楽はただ表面的に流れるだけです」。こうした彼の危うい試みに多くのファンが期待を寄せる。最近のユンディ・リの演奏は以前のCDアルバムの中の演奏をすでに超えた、と。

ユンディ・リは一九九九年のリスト・ピアノコンクールでも、この『ソナタ　ロ短調』を弾いた。

彼のこの曲との出会いはさらに前に遡り、少年のころから好んで弾いていた。哲学的で叙事詩にも似たこの深淵な作品（どのように形容しても過ぎることはない）が十五歳の少年の心をとらえ、衝動に駆り立てた―悔しいが私の筆力では、それは天与の才のなせる業、と書くしかない。「十五歳の少年が奇しくもリストの深遠な魂の絶唱を体験した」ことを注釈できる、ただ一つの証しなのだ。

リスト自身がこの曲をどう演奏したか私たちは知るよしもない。ただ悪魔の顔を持ったこの曲がピアニストの「試金石」となっていることを知るのみである。ユンディ・リはこの曲に数年もの時間を費やし、感性と若さで独自の音楽を創出した。音楽の造形はピアニストの内なる姿である。作曲家の奥深い世界がこの悪魔の曲の楽譜を介して再現されたのだ。彼のこの演奏は鍵盤ヴィルトゥオーソの代表作となった。

「コンサートでのリストのソナタは、たいへんな反響でしたね」。二〇〇六年十月、私は取材の中でこの曲に新たな発見があったかどうか尋ねたかった。「なぜかこの曲を、ご自身ではほとんど語っていませんね。曲の奥深さはもはや言葉ではいい表せないということかしら？」。「ロ短調のソナタは私が思うに、ピアノ演奏のあらゆる要素をすべて取りこんでいるのではないかと、内容や構成、演奏テクニックなどあらゆる面で。ロマン派のソナタの中でも最も規模の大きな曲です」。言葉は少なくても思いが強ければ、身振り手振りが激しくなる。表情にも心のうちを伝えるものがある。「この曲を初めて聴いた時は衝撃的で、すぐに普通の曲とは違うと感じました。テクニックも相当難しそうでした。とてつもないものに挑戦することになると、その時直感しました。こんな大きな曲をどう弾くのか、どう弾けば内容を表現できるのか。物事への興味って奥に隠れた神秘性から感じることがあります。衝撃的だったのは曲の奥深さや神秘性でした。練習するうち無意識に神秘的な体験が重なって、弾けば弾くほど神秘感が深まっていき、成長して理解や解釈があるレベルまで行くと、その神秘感の中にいろいろなものが見えてきて」。「そうしたことって、今日の演奏が当時のCDアルバムより深化した、というファンの声とも関連する事情なのですね？」。「多分そういうことですね。この曲を書いたころのリストには生活上でも多くのこだわりや考え方、体験があったといいます。人生の試練や苦しみの体験を経て、彼の思考やロジックはそれまでの人生観や世界観を大きく変えてしまう。やがて彼は敬虔な宗教徒の道に入ります。ですからこれを作曲した時の技法はそれ以前と大きく違うある種の超越があって、それは当時の音楽に対する美意識を覆すほどのものでした」。「リストはどのようにして、その超越……にたどり着いたのかしら？」。「このロ短調は、回想とか日記的な内容を持った作品です。リストの回想つまり自分自身を思索し検証する中で、ダンテの影響や様々な試練、体験で得たインスピレーションによって、この不朽の作品を完成させたといわれます。この曲と取り組んでから、そのころの資料を探したりダンテを読んだりして、私なりに理解を深め作曲家の心境に少し近づけたかな、との思いはあります。でも当時とは時代も違いますし、長い時を経れば時代の見方や考え方も変わってきます。ただロ短調ソナタの魅力は、その広々とした空間、広大な音楽の世界にあり、時代を超えて大きな感銘を与えてくる作品だと思っています。ロ短調はいわばダイヤモンド。光の屈折は角度が変われば反射角も変わるけど、きらきらとした輝きは永遠に変わらない。この曲は私に挑戦する意欲をかき立ててくれます。その対象が何であれ、挑戦したり困難に立ち向かうのは私の本領です」。「この曲の演奏にどんな考えをお持ちなのか。あるいは解釈とかスタイルについてお話しいただけませんか?」。「これは難しい質問ですね。言葉で曲の説明するのには限界があります。そうですね。初めは何度も繰り返し弾いてイメージを求め、そのイメージを基にまた繰り返し弾くという。ただこれはイメージ構築への一つのプロセスで、ある種のイメージが強まると、反対にそこから自分の感覚を自由に解放できなくしてしまうことがある。こうしたプロセスを今は乗り越えたと思っていますが、何もないところからあるイメージ、ある概念に至り、最後はその概念をすべて棄て去る、つまり想像力を解放させるのです。現在、私はまったく意のままにこの曲を演奏できます—ロ短調はどんな状況下でも私の曲になっています」。彼の説明は私をとても驚かせた。この曲への思い入れの深さ、自信に満ちあふれた言葉は、私の想像を超えるものだった。「よくいわれる、無心に遊ぶということかしら?」。「多分そういうことですね」。「だとすると、この曲を弾く時って、何を考えながらこの世界に入るのかしら。連想するもの……?」私も止めるわけにいかない。「この曲は、もう私の芯まで染み込んで血や肉となっています。曲を弾くのに何かを考えたり連想するということはないですね。連想とかドグマのようなものは溶解して消えています。ただ、あるレベルでこの曲を考えると、何かを連想することは曲を脆く壊れやすいものにする。本来ではない頼りない演奏になってしまう。ただ曲の真髄がつかめなければ連想に頼るしかないでしょうが」。「曲がもう手のうちにあって、どのようにも弾きこなせる、ということですね?」。「そうですね。私が挑戦した曲は最後にはすべてこの境地までこられたらいい、と真剣にそう思っています。深化させて自分の中に取りこむこと。それには自分を常に磨いておかなければなりません。何より大切なことです。その努力を私は放棄することはありません」。さらに彼は続ける。「よく耳にすることですが、私がいつも同じ曲しか弾かないとか、レパートリーが広くないとか。そうした声を私はまったく気にしません。ピアノ曲が無数あるのを承知の上で、私はファンに聴いてもらえる曲をしっかり準備すること。音楽家は一歩一歩着実に進むべきで、考えたり学んだりする時間を大切にし、常に心を豊かにしておくことです。以前にも話しましたが、ピアニストとしての私の人生は長いスパンで考えています。ゆっくり進むことは気になりません。これからも長い道のりを歩いていくわけです。音楽の研究は私の一生のことです」。「とはいっても、計画したことに結果が伴わなかったら、心配になったりしません？」

「そういうことは考えないことにしています。何か考えを巡らせて、それがよい結果を生むかどうか、それによって何が手に入るのか。これは私にとってかなりつらい状況です。これでは進むものも進まなくなりかねない。まるで賭け事ですね。勝ったり負けたり、そこで賭けに出なければチャンスを失う。博徒並みに勇気を奮い立たせることも時には必要になるかもしれない。でも私がいいたいのは挑戦する勇気のことです」。「挑戦して負けたことってあります、これまで？」。

「私に自信があったものは、八十、九十パーセント思い通りの結果を得ています。自信はとても大事で、勇気の原動力とかエネルギーとなります。もちろん予期した効果が得られないこともあります。でもよく結果を見れば納得できるものです。他人がどう考えようが最後までやり通すだけです。私は直感を大切にし、またそれを信じるようにしています。曲の演奏にも直感力は重要で、他人から与えられるものでもありません。私も時には友人と何かの作品で意見を交わしたりはしますが、最後は自分の直感によって進めるだけです」「直感とか感覚って変化するものですね？　特に芸術の世界では。芸術家の鋭い直感が絶えず新たな感覚を呼び覚ます。これが芸術の魅力というものかしら？」。「つまりこういうことなのかな。私も弾いていて日々異なった感覚があります。弾きながらそれが自分の求める音楽かどうか、この解釈が成り立つかどうかを考えます。ヨーロッパの古典は様々な要素が混じって歴史に溶けこんでいます。新たな感覚とか解釈は深く追究し、また整合する必要があり、その上、作曲家の意図に添ったものでなければなりません。これは簡単なことではなく、長い時間を要するものです」

「古典に精通した人たちや専門的な鑑賞力を持ったファンも増えています。これからは難解といわれたり、普段あまり弾かれない曲を積極的に取り上げていく気持ちはありませんか?」。「私が取り上げる音楽は、時の試練を経た古典、人類の遺産のような曲ばかりです。たくさんのピアニストが演奏し録音も残されています。ですから私にとってはそれだけで大きな挑戦です。どうすれば古典から新しいものを創出できるか、過去の解釈を追究しそれを超えられるか、どう解釈すれば私の新たな境地を創造できるか。真似たり際物ではなく独自の研究によって過去の演奏を超える音楽が創出できるなら、どんなことをしてでも挑戦します。これは私の強いこだわりです。普段あまり演奏されない曲も、確かに広める必要があり興味もありますが、今のところ挑戦する気持ちはありません。音楽ファンはこうした曲をほとんど理解しないし、演奏を聴いても比べる対象がありません。結果として、やはり普段よく演奏される曲を取り上げることになる。そこにはピアニストの私がよく表れているし、私の世界がその中で完結している」

よく分かったことは、ユンディ・リはリアリストだということだ。彼は率直な性格と個性ある芸術観を持った青年である。ピアニストとして自分が歩むべき道を熟知し、目標を達成するにはどうすればよいかを、綿密に考え抜いている。だからこそメディアが彼をどのように評価しようが、どんなプレッシャーを与えようが、彼は終始自らを拠り所に冷静な対応を可能にしているのだ。目の前のピアニストは今後どのような困難にもしっかりと対処していくことだろう。私は強くそう思った。

第十二章　完璧なピアニズム

〔一〕

ユンディ・リは二〇〇三年十二月から翌年一月にかけて、ピアノ作品を集めたCDアルバム『アンコール集』及び『ユンディ・リ精選集』を相次いで収録した。以前に発売された二枚のアルバムが共に内容の濃い選曲だったのに比べると、今回の二枚に収められた曲は「珠玉の小品」ばかりで、ファン層拡大を狙った楽しく聴ける曲を集めたものである。『アンコール集』に収録された曲は、文字通りユンディ・リがコンサートのアンコールに応えて弾く楽しい小品集である。この二枚のCDアルバムはドイツ・グラモフォンがアジア市場向けに限定発売するものである。

国内で発売されるこの『アンコール集』（日本盤『トロイメライ〜ロマンティックピアノ名曲集』―訳注）には九曲の楽譜の付録がついている。これは国内盤向け限定サービスで、ピアノを学ぶ人には朗報である。収録曲はショパンの『ワルツ』、『セレナード』、『プレリュード』、『マズルカ』、シューマンの『謝肉祭№12「ショパン」』、『トロイメライ』、モシュコフスキーの『超絶技巧練習曲』、『サンフラワー』などである。

ユンディ・リはこういう。「このCDアルバムは軽い曲ばかりで、この二年間の国外での公演記録のようなもの。前の『リスト精選』ほど難しい曲目ではないものの、この間、音楽仲間との交流もあり、自分でも成長したように思う」

『アンコール集』に次いで発売されたのが、彼自身初めての自伝的『ユンディ・リ精選集』である。彼はいう。「これには前の三枚のCD『ショパン精選』、『リスト精選』、『アンコール集』の主要な曲目が収められ、この時期の足跡をメモワール的に残したものです」

国内発売されたこのCDアルバムには、彼のいうメモワール的なポートレートが数多く付録している。それも近年のものだけでなく、成長期の様々な行動記録や少年期のころの写真、少年宮でピアノを習い始めた当時の様子、さらには十八歳でショパンコンクールで優勝した時の喜びの顔、その後ドイツへ留学するまでの経緯などなど。

日本で発売された『ユンディ・リ精選集』（日本盤『ポートレート』—訳注）は、国内のCDとは収録曲が異なり、ショパンの『アンダンテ・スピアナートと華麗なる大ポロネーズ』、『セレナード』、『即興曲』、『エチュード』、シューマンの『謝肉祭』、『子供の情景』の一部、リストの『献呈』、『ラ・カンパネラ』、『愛の夢』、『リゴレット・パラフレーズ』、『サンフラワー』となっている。

ユンディ・リは二〇〇三年十二月三十一日、中国・広州の中山記念堂の招きで「二〇〇四　北京ニューイヤーコンサート」に参加した。これは彼にとって二度目で、会場を広州に移しての出演となった。コンサートでは『アンダンテ・スピアナートと華麗なる大ポロネーズ』を演奏し、その後は深圳、広州、北京、杭州の順で移動しコンサートを行った。各地のCDアルバムのサイン会にはファンが大勢押し寄せ、アイドル「旋風」の再来を思わせた。ある記者がいう。「二〇〇一年以前の彼はまるで高校生みたいに内気で恥ずかしがり屋で、親の付き添いが要るのではと心配したほどだったが、今回は表情も明るくメディア対応にも慣れたみたいで昔とは様変わりだった。さながら経験豊富なプロの音楽家の姿だった」

ユンディ・リは二〇〇四年一月十四日、十五日の二日間、上海—大阪友好都市締結三十周年を祝う合同演奏会「丘比の夜」コンサートに、日本人ピアニスト、上原彩子やヴァイオリニスト、川久保賜紀と共に出演した。会場は上海大劇場である。彼はプログラムの後半でショパンの『ピアノ協奏曲第1番』を上海交響楽団と共演した。コンサート後、ある音楽評論家がこういった。「彼はすでに大家の風格だ。弾き方が自然でオーケストラとの一体感がとてもよい。演奏テクニックも軽妙自在でユニークなものだ」。この成功は次のステップへの重要なイントロとなった。

「ユンディ・リ　二〇〇四世界巡回公演」が後を追うように始まる。彼にとっても今回の巡回公演は初めての長期的かつ大規模なコンサートツアーである。上海を皮切りにヨーロッパ、北米にまで延びるものだ。ヨーロッパ公演ではイタリア、オランダ、スペイン、ドイツ、スイス、四月に入って北米に移り、ボストン、サンフランシスコ、ニューヨーク、ワシントン、そしてバンクーバーとなっている。今回の巡演では予定のリサイタルは中断せず、日程を見ながらハノーファーに戻り、大学の授業にも出席する予定である。いずれにせよ今回は彼の現時点でのピアニストとしての本領が試されるもので、将来に向けた演奏活動、コンサートエリアの拡大、国際楽壇でのステータスなどが問われる特別なコンサートツアーとなるものだ。

アムステルダム・ロイヤル・コンセルトヘボウは世界の五大音楽ホールの一つといわれる。すでに百年の歴史があり、ホールの音響のよさは世界的にも知られている。指揮者ガッティによれば、アムステルダム・コンセルトヘボウはそこに本拠を置くオーケストラにとって最高の名器だという。コンセルトヘボウ、つまり音楽ホールは一八八八年四月十一日に正式に開幕し、その年、音楽ホールが命名したオーケストラ―アムステルダム・コンセルトヘボウ管弦楽団が創設される。このオーケストラの高い演奏能力はたちまちヨーロッパの一流オーケストラと呼ばれるまでになった。

ユンディ・リは二〇〇四年二月二十九日、アムステルダム・コンセルトヘボウでピアノリサイタルを行った。オランダにも彼のファンが多くいたが、このことは少しも不思議ではない。彼は十七歳の時、オランダのユトレヒトで行われたリスト国際ピアノコンクールに参加した。当時から彼の「リスト」はオランダで注目され、翌年のショパン国際ピアノコンクールでの優勝は、彼のオランダでの人気をいっそう高めた。彼のヨーロッパ公演では特別なファンがオランダまで聴きに来ているのだ。今回のリサイタルもその人気ぶりが会場を盛り上げるに違いない。演奏する曲目は相変わらずショパンの四曲のスケルツォとリストのソナタとはいえ、この五曲はまさに時を経て生まれ変わった作品といえよう。古代ギリシャの哲学者ヘラクレイトスはこういった。「誰も同じ川を決して二度渡ることはできない」。短い言葉であっても奥深い意味が込められた言葉は解釈も容易ではない。音楽も曲は同じでも演奏家の解釈が異なれば、聴く人の受け止め方が違ってくるのはよく体験することだ。ショパンとリストに精通した音楽ファンなら、ユンディ・リが音楽に宿した新たな生命を感じ取ったのではないかと思っても不思議はない。ファンにとってこれは一つのプロセスである。なぜ多くのファンが彼のリサイタルに興味を持つのか、その理由が見えてくる。音楽とは瞬時に生まれ消えていく。耳の中で濾過された音符の一つひとつは、最後にそこに鳴り響いた音楽である。音楽ホールに人々が音楽を聴きにいく理由は、その場での演奏—演奏者との間に醸成されたもの、その情感や体験の交流、偶然や一回性、それらは一期一会であり、ピアニストとファンの間で生まれては消える一瞬の「生命」なのだ。ユンディ・リはある時、外国メディアにこう応えている。「私はどの曲にも出だしの音符にとても興味を覚えます。音楽の魂を宿しているからです。ステージでは私は音楽に沈潜している。聴衆の前でも心の目は音楽を見つめています。幸いなことに私はコンサートで弾く時の感覚は毎回違うものです。弾く曲は同じでも弾く気持ちはいつも違います。もし毎回同じように弾くのであれば、ピアニストではなくコピー機のようなものになってしまいます」

ピアニストにとって音楽が音を介した芸術なら、「心」で表現したものを「耳」に訴える。一方、聴衆はといえば、ピアニストの芸術を「耳」を介して「心」の感性に映す。人々が音楽に心を奪われるのは観念や論理を超えて心の感性に直接訴えてくるからだ。音楽は日常からの逃避を一瞬可能にし、人生をより深めてくれる。音楽とは真実そのもの、これぞ音楽。そこで彼はこういう。「ごめんなさい。これぞ人生!」。まさにニーチェがいった通りだ。「音楽がなければ、人生は誤謬であろう」。音楽とはこれほど絶対的で、これほど人を死に至らしめるものだ。

ピアニストのステージでの最高の境地について二つの見方がある。一つは演奏上の視覚的要素を重視し、外見上で人を感動させる効果を追求するもの。たとえば体を効果的に作動させ内外の表情を誇張する。巨匠アルフレッド・コルトーはその代表格で、彼は演奏の際、体を大きく起伏させ、声を出してよく鼻歌を歌っていた。一説には前列の聴衆は再々この「心の内なる声」を聴いたという。もう一つは体を終始バランスよく保ち、ピアノを食事でもするかのように弾く。以前にルービンシュタインの最後のコンサート・ビデオを見たことがある。老いて皺だらけの指がしなやかに鍵盤の上を動き回っていた。法王のような純潔と気品を満面に湛え、襟を正してピアノに向かう姿が人々を感動させた。実際これらは個々のピアニストの特徴や習慣の違いに過ぎず、手の動作を誇張したり外見上の派手な動きも、一定程度なら通常の演奏表現として聴衆にも伝わるものだ。とはいえ視覚的効果を強調した表現は、聴覚の働きや心の反応に微妙に影響を与えかねないものとなる。

かつてユンディ・リが私につぶやいたことを思い出す。ピアニストの人生を歩き始めて間もないころ、彼は演奏中、小さな動作を無意識に繰り返すことがあった。今日、彼の演奏時の顔つきや手の動作、体の起伏などは内面に収斂され外見にはほとんど表れない。こうした変容のもとになったのは、本人には分からず他人から告げられたものだった。彼はこうもいう。「ショパンを弾くテンポが以前より遅めになった」。彼は作品のリズムを追究し、内面化、内省化することで音楽性と情感の表現をバランスさせたのだ。

［二］

三月二十八日、ユンディ・リはドイツのハンブルクでリサイタルを行い、センセーションを巻き起こす。ドイツに滞在中の中国人学者、関愚歓《クワン・ユイチエン》博士はコンサート後、次の一文を寄せた。本文は当夜の情景を如実に伝えている。

三月二十八日、夜七時。ホールの正面入口は人であふれていた。チケットのキャンセル待ちの人々だ。一人の日本人と分かる女性が紙片を掲げていた。「One ticket please!」

今夜来聴している著名人は多くはない。だが注意して見ると音大の教授や音楽評論家、音楽院の教師や学生たちも大勢いる。中には楽譜を手にした者もいた。

ショパンはユンディ・リの十八番であり、今夜の四曲のスケルツォも聴きどころだ。四曲にはいずれもショパン音楽の特色がふんだんに見られ、優しく温和しい旋律、激しく情熱的なリズム、美しく澄んだカンタービレ、またスラブ系民族音楽の豊かなハーモニーなどが楽しめる。

二十二歳のユンディ・リがゆっくりとステージ中央に向かう。聴衆は儀礼的な拍手で迎え、会場が静まり返る。演奏が始まると十本の指が鍵盤の上を飛ぶように走り回る。初めは弱々しく頼りなさそうだったが、音楽がＦＦＦに差しかかるとピアノが力強く透明な響きを発し、山河を震撼させるようだった。清潔、敏捷、明瞭、熟練、自然。これが私の聴いた彼の音楽の印象、また総括である。通常ならマナーをわきまえたドイツの聴衆は四曲をすべて弾き終えてから拍手するところを、まるでコントロールを失ったように曲が終わるたびに雷鳴のような拍手を送っている。ピアニストはその都度イスから体を起こし、腰を曲げて礼を返している。こうして前半が終わる。私は何度もピアノリサイタルを聴いて来たが、休憩前に演奏者がこれほどカーテンコールで出てくる光景は見たことがない。聴衆は演奏者よりさらに興奮していたようだ。

休憩時にハンブルク音楽院のピアノ教授アンディ・スティールに出会った。彼は私にこういった。まるで神業のようなスケルツォだ。すっかり聴き惚れてしまったよ。いかにも初めて聴いたようなことをいう。ユンディ・リのテンポは確かに他の演奏者に比べて速い。こんなテンポでは内面を表現することがかなり難しいのに、今夜の彼は内面的な情感を十分表現していた。よく考えた演奏でまったく大したものだ。テクニックや音の力、強弱や緩急という点からも何もいうことはない。

後半はリストのロ短調ソナタ。リューベック音大のピアノ教授が私にこういうのだ。この曲を弾く人は多くはない。一にテクニックが難しい。二に演奏時間がとても長い。ゆえに好んで弾く人はあまり出てこない。だがユンディ・リは何ともよく処理して、重さ軽さのバランスも的を得ていた。特に最後のところは強く叩きつけたりせず、軽めの音でゆっくり終わらせたのはよい。プレストの爆発の後で突然指の動きが止まると会場は一瞬息をのんだものだ。彼はPPをゆっくりデクレッシェントさせ傷ついた心の旋律を弾いた。まるで死の旅立ちに寄り添うような音楽だ。長いピアニッシモが終わり彼が指の動きを止めて十数秒経ったころだろうか、会場に熱烈な拍手と歓声が上がった。高潮とはこうして作り出すことも可能だったのだ。

ハンブルクの人たちは実に礼儀正しい。コンサートが終わればプログラムや内容がどうあれ上品に礼儀正しく拍手し幕を閉じるものだ。しかし当夜は教養ある聴衆がまるで気でも狂ったように歓声を上げ、口笛を鳴らし、床を踏みつける音までした。ステージのユンディ・リも会場を見渡しながら感激の表情で何曲かアンコールに応えて弾いていたが、聴衆はいつまでも拍手を止めようとしなかった。最後は彼もどうしてよいか分からない様子でドイツの少女から手渡された花束を掲げ、ようやく幕が下りた。

ユンディ・リは四月十日から二十五日にかけて北米の七つの都市を巡るコンサートツアーを展開した。ボストン、バンクーバー、サンフランシスコ、ワシントン、ニューヨーク、メリーランド大学などで、演奏曲目は、彼のレパートリーであるショパンの四曲のスケルツォとリストの『ピアノソナタロ短調』である。

ボストンでは在米「ボストン炎黄芸術会」の企画だった。彼にとっても初めてのリサイタルで、地元の音楽ファンに深い感動を呼び起こした。以下は、ボストン・グローブの四月十二日の報道と音楽評である。

ピアニスト、ユンディ・リが表現したスーパー・テクニック。

才能、風貌とも魅力いっぱいのステージで見るピアニスト、ユンディ・リ。やはり評判通りの新時代の後継者である。土曜日の夜、満員のジョラン・ホールには若者や子供たちの姿も多く見られた。彼らは一心にステージに目を凝らし、ピアノの音に耳を傾けていた。演奏が終わると拍手や喝采を送り、最後はアンコールの歓呼に応えて三曲が演奏された。

リはまだ二十一歳。彼のよさは、大家や巨匠の跡を追うのではなく、彼自身の音楽を表現したことだ。土曜の夜はショパンのスケルツォ四曲とリストのソナタを演奏した。これらの作品はどのピアニストもコンサートの主要なレパートリーにしている曲だ。

前半の四曲のスケルツォは当初彼が表現したかった音楽とはやや違っていたようだ。だがこれは彼に原因があるのではない。彼は状態がよくないピアノと戦っていた。休憩時に調律師が調整を行い、後半のリストのソナタでは状態も改善されたようだった。

リのスケルツォは随所に他のピアニストと異なる解釈が見られた。その優れた表現は十四年もの間の毎日七―八時間にも及ぶ刻苦勉励、豊かな想像力、そして天賦の才によるものだ。これらは努力して得られるとは限らない。だがこの夜の演奏に不足していたもの、それは推進力、整合性、自然さだ。ロシアの天才リヒテルは恩師からある時こういわれた。「何であれ、マクロ視点を忘れないこと」。リのスケルツォは感動的だったが、総体的に熱かったり冷めたりしていた。

リストのソナタはより整った演奏だった。音量を保ちつつゆったりと落ち着いていた。曲の流れにしなやかさがあり、詩的で優雅なニュアンスが感じ取れた。奥深さには多少欠けたが、あのストレートでわざとらしさのない解釈は称賛されてよい。リのテクニック上の処理がすばらしく、たいしたものである。

アンコールで弾いた『ラ・カンパネラ』。リはCD録音の中では適切なテンポだったが、コンサートでは多くのピアニストがやるように余りに速すぎた。テクニックでいえば『リゴレット・パラフレーズ』は完璧に近いものだ。中国の曲『サンフラワー』は耳にとても快く響いた。会場から手拍子が起こるほどだった。すでに民族のヒーローとなったユンディ・リ。今後は世界の音楽ファンから推戴されるヒーローになることが絶対条件となる。

四月十八日の夜、ユンディ・リはバンクーバー演奏協会の招待でピアノリサイタルを行った。当夜の会場はバンクーバーのオルフェイム・シアターである。バンクーバー演奏協会は地元の著名なクラシックコンサート主催団体で、これまでもパールマン、ヨーヨー・マ、バトリーなど著名なソリストを迎えコンサートを開催している。当夜のリサイタルは中国総領事館文化組が二年前に企画して実現したもので、バンクーバー匯豊《ホイフォン》銀行が協賛している。ユンディ・リには初めてのバンクーバー公演だったが、当地のメディアや音楽ファンの熱い声援でチケットは一ヵ月前に完売していた。ファンからの要望で主催者はステージにも座席を設けた。これは前例がないという。当夜、彼が演奏したのは三曲のスケルツォとリストのソナタ、二曲の中国作品で、会場の三百人の聴衆から熱烈な喝采を浴びた。長く続くカーテンコールに応えて三曲を弾き、中国から来た青年ピアニストのパフォーマンスを強く印象付けた。

駐米中国大使館は四月二十一日、ワシントンのジョン・F・ケネディ・センターで、ユンディ・リのピアノリサイタルを主催した。彼にとっては二度目のステージである。楊潔篪《ヤン・チエチ》大使夫妻はじめアメリカ側からヘイグ元国務長官、ブレジンスキー元大統領補佐官、各界の名士、華僑代表など二千余名がコンサートを楽しんだ。リサイタルは空前の盛況で、出席者の顔触れや階層の高さなど、大使館主催の文化活動でも数少ない例となった。ユンディ・リは黒の燕尾服にカールした髪をなびかせステージに現れた。二時間のリサイタルで彼が用意した曲目はショパンのセレナード、スケルツォ、リストのソナタ、中国作品の『サンフラワー』など、またアンコールにはリストの『ラ・カンパネラ』、『リゴレット・パラフレーズ』だった。コンサートは独自の解釈と卓越したテクニックで、会場の人々の気分を大いに盛り上げた。コンサートが終わると百七十名余の来賓はケネディ・センターで、引き続き楊大使夫妻主催の招待会に参加した。大使は挨拶の中でユンディ・リのコンサートを通して中米両国の文化芸術面での交流を強化し、相互の友好と理解をいっそう深めたいと述べた。翌日のワシントンポストに、著名な評論家ジェルファンドの音楽評が載った。

ユンディ・リを私はどう形容したらよいのか？　彼にはすばらしい音楽を聴かせてくれたことをただ感謝するのみだ。また惜しみなく天賦の才を賜り、共に楽しめる美しい調べを授けてくださった神に感謝したい。いつも誰かが彼のCDアルバムの宣伝手法を批評したり、彼を軽いアイドル扱いする様子を見かけるが、これらは彼の人格や音楽とは無関係のことで、こうした誤解はまったく愚かなことである。

ユンディ・リが演奏するショパンは最近の百年の中でも最も優れた演奏の一つだ。ショパンの『ピアノ協奏曲第1番』では、あの旋律を彼のように歌わせるピアニストはどこにもいない。色鮮やかな虹を見るようだ。二小節のカデンツァをこれほど興奮させるのはポリーニかツィメルマンくらいである。第二楽章はより内向的な印象だが、ショパンが自ら弟子に語ったように「この楽章はある不幸な人物が、自分の不幸を忘れようと楽しい過去をしきりに振り返りながら、笑みを浮かべる様子を描いた」もので、これこそ彼がピアノで表現したものだ。表向きは楽しそうでも内心は憂いや悲しみに沈んでいる。また彼の第三楽章はアルゲリッチが弾いたのと同じだ。ルービンシュタインも彼よりずっとよいとはいえない。

ユンディ・リの音楽性は尋常とは思えないほどすばらしい。彼の音楽には情感があふれている。思いも寄らない色彩が旋律の中から浮かび上がる。彼のしなやかなテンポは聴衆に尽きない音楽の世界を想像させる。彼はツィメルマンのように感情をよくコントロールし、それをどこで解き放つかもよく心得ている。彼が感情を解き放つ時、聴衆も彼の思い通りに解き放たれる。彼の指先はポリーニのようにてきぱきと明確であるが違っている点が一つある。情熱がこもっていることだ。彼は連続音さえ歌うように表現することができる。一音一音に情感があふれており、それぞれのフレーズはまさにユニークなものである。このような成熟した演奏表現は間違いなく人々を感嘆させる。

それだけでなく彼のテクニックも最高にすばらしい。しかし彼は内面的な表現をより重視するタイプだ。時にはミスタッチをすることがある。だがホロヴィッツの説が正しければ「正確以上に完璧なものは、もはや完璧なものではない」のかもしれない。ミケランジェリを除けばどのピアニストにもミスタッチは付きものだ。だがミケランジェリもホロヴィッツほど偉大ではない。

ユンディ・リが今日、世界各地でショパンのスケルツォやリストのソナタを演奏しているのは承知している。行く先々で聴衆は彼の妙なる音楽の世界に誘われる。私たちはショパンを弾いた彼の最初のCDアルバムで、その演奏が世界的レベルにあることを知った。ただ彼のセレナードはまだルービンシュタイン、またはアラウの域には達していない。これには長い時間と成熟が必要なのだろうか。この若者には大きな未来が待っている。シューマンがショパンを称えたように、さあ耳を澄まそう！　天才はもう誕生しているのだ。

四月二十四日、ユンディ・リはニューヨークで初めてコンサートを行うことになった。会場は著名なメトロポリタン美術館（Metropolitan Museum of Art）。ニューヨークでの最初のステージである。ニューヨーク。国際経済の中心地として広く名が知られるだけでなく、世界屈指の文化センターである。ここには博物館、図書館や映画館、劇場、音楽ホールなどが立ち並び、世界の芸術家たちが次々とこの地に集まってくる。また十九世紀のパリの味わいもあり、しかもパリより遥かに寛大である。かつてニューヨークは最もアメリカらしくない都市だといった人がいる。世界最大の移民都市として、それぞれの国や民族の科学や文化、宗教、信仰、風俗習慣、また生活様式などが交じりあう。文化はこの都市の発展のエネルギーとなるものだ。ニューヨークがオリンピック開催地の名乗りを上げた時、そのスローガンは「ニューヨーク、すべての人々の故郷」だった。

ニューヨークはまた音楽家たちの憧れの地でもある。この地で名声を獲得すれば世界から認められたことを意味する。だがその前提となるもの、それは音楽家の芸術が当地の学者や専門家、評論家の慧眼をクリアしなければならない。当地の音楽評論家は世界で最も権威があり、最も辛辣なスポークスマンといわれる。彼らが首を横に振ればいつでも荷物をまとめて出ていくしかない。出ていくのはニューヨークだけでは収まらず、その芸術世界と別れを告げることになる。そうなれば少なくともある期間、活動の場も失われよう。当地の論評にはそれほど権威がある。書き手が一言「演奏には何の特色もない」と書けば、演奏契約はたちまち破棄されてしまう。これは非情だろうか？　どうしようもないことだ。幸運の背後には常に不吉な影が見え隠れする。一夜で世界に名をなすこともあれば、一日で消えゆく運命もある。ニューヨーク公演のたびに芸術家は胸を膨らます一方で、不安も深く抱え込む。彼らの最大のプレッシャーは出演当日ではなく翌日の新聞論評に目を通す時だ。ニューヨークの専門家による芸術上の「判決言い渡し」である。

こうしたプレッシャーは当然ユンディ・リにもあるものだ。彼はヨーロッパではそれなりの影響力があるとはいえ、ニューヨークの音楽評論家は常に公演内容に基づいて論評を行い、名声や影響力から評価や判定を下すことはない。苦労して築き上げた事業もわずかな油断から根底を失いかねない。ユンディ・リのマネジメントやCD製作会社は共に同様のプレッシャーを負っていることに変わりはない。公演の翌二十八日の早朝、マネジメント社のスタッフは全員で新聞の配達を待つことになる。誰もそれを手にする勇気はなさそうだ。

ニューヨーク・タイムズの厳しい論評で知られる音楽評論家アラ・コジンは次のように書いた。

土曜の夜、リの初めてのメトロポリタン・オペラハウスでの公演は、よく考え抜いた解釈で細部まで芸術的な趣があり、興奮を覚える輝かしい演奏だった。

リは前半に四曲のスケルツォを用意した。ロ短調（作品二十）の最初の数小節から意表をつく個性的なタッチが表れた。この部分は他のピアニストなら常にペダルを踏み続け、ショパンらしく徐々にクレッシェントして朧げに霞むような効果を作り出すが、リは彼自身の音色をしっかりと保ち、すっきりと「乾いた」味わいの表現で、これが聴衆の耳をとらえた。初めは少し驚かされたが、こうした表現は明晰さと質感を確かなものにする。鑑賞に耐えられないとは、到底いえたものではない。

彼のこうした明晰さは、コンサートを象徴するように他の曲の中にもはっきり表れていた。四曲のスケルツォと後半のリストのソナタのようなよく知られている曲は、聴く者にそれほど神秘的イメージはないとの誤解があるのだろう。リストのソナタ、これは前のＣＤアルバムの中で最も重きを置いた曲である。そこで表現されていたのは連綿たる抽象的幻想だったが、独自の解釈による新しいＣＤアルバム『ファウスト』の生き生きとした演奏には及ばない。

同じように驚かされたのは、彼の解釈の自由度と規律性のバランスのよさで、テンポも実にしなやかなものだった。多くの場合、軽快さの中に穏やかなカンタービレが求められる箇所では、途端にしみじみとしたものになってしまいそうだが、軽妙で生き生きとした『スケルツォ第４番』ではこの流れがプラスに働いて、飛び跳ねるような軽快さや機敏さ、はっとするような緊張感、沈んだ心の感傷性などがほどよくバランスされていた。彼は小節の中の休止符さえ演劇のエレメントのごとくその静けさを生かし、わずかな停頓さえもない。

シャンパンで乾杯だ！　いいかな？

続いて四月二十五日には、最後となったメリーランド州メリーランド大学芸術センターでのピアノリサイタルを終え、北米主要都市を巡演したユンディ・リのコンサートツアーのスケジュールはすべて無事に幕を閉じた。

［三］

マカオの祖国復帰五周年を祝う式典が、ユンディ・リを招待するきっかけを作った。四月二十九日、三十日の二日間、彼はマカオ文化センター総合劇場から「ショパン、リストの夜」ピアノコンサートに招かれた。彼がマカオ特別行政区を訪れるのは初めてである。この企画はもともと三十日の予定だったが、チケットがすぐに完売したため急遽一日前の二十九日を追加したものだ。チケット窓口が二十四日朝九時に開くと一時間も経ずに主催者の完売宣言となり、マカオ文化公演の記録となった。

コンサート初日、ユンディ・リはマカオのメディアの特別取材を受けた。そこで彼は、ショパンの作品だけでなく他の作曲家の作品とも向き合い、音楽の真髄を学びたい、と話した。過去の実績を尋ねられると、音楽芸術の追究には終わりがなく、その追究こそどんな実績や成果よりも重要だ、と強調した。さらに、成功することは大事なこと、しかし早すぎる成功は必ず危険も伴う。用心と冷静さを忘れず倍の慎重さと努力で音楽に邁進する、と自らを語り、さらにこうも話した。アイドルになることの最大の危険は自分を見失うこと、自分が誰だか分からなくなってしまうことだ。ユンディ・リはピアノを習っている人たちにも励ましの言葉を贈り、好きになることが最大の効果を生み、それがすべての学科の手本ともなる、と話した。最後に、自分の成功は環境や境遇に恵まれたこと、世界にはさらに多くの隠れたピアニストがいる、と話を締め括った。

リサイタル当夜はマカオの行政法務司司長、陳麗敏《チェン・リミン》が姿を見せ、政府職員や地元名士、音楽ファンなどが会場を埋め尽くした。ユンディ・リがステージに姿を見せると会場は熱烈な拍手で迎えた。彼は先ずショパンの『セレナード　変ロ短調』を弾き、次いで『スケルツォ　ロ短調』、『スケルツォ変ロ短調』そして『アンダンテ・スピアナートと華麗なる大ポロネーズ』を弾いた。目の覚めるようなテクニックがマカオの聴衆を圧倒した。コンサート終了後、ＳＪＭホールディングスの何鴻燊《フゥ・ホンシェン》博士と民署管委会主席の劉仕堯《リウ・シャオ》がそれぞれ記念品を彼に手渡し記念写真に収まった。今回のコンサートはマカオの聴衆にとっては天から降ってきたような催しだった。「将来またマカオで演奏する機会があれば、私にできる最高の音楽を用意したい」。彼はそういって別れを告げた。

続いてユンディ・リを待っていたのはヨーロッパ各地へのコンサートツアーだった。順を追って十四日はドイツのプフォルツハイム、十八日にパリ、二十一日はポーランドのランカット、二十二日はビエルスコ、二十五日にはワルシャワ、最終日となる三十一日はドイツのバーデンバーデンである。二十五日、ユンディ・リはワルシャワにいた。会場は国立フィルハーモニーホール。その年、彼はこのステージから国際楽壇へ輝かしいデビューを果たしたのだった。あの二〇〇〇年のショパンコンクールの栄冠を得たステージ。今回のリサイタルはその時以来の再訪となった。フィルハーモニーホールは彼の「帰還」を祝い、コンクールで弾いたピアノを特に用意して彼を感激させた。演奏前に取材に現れた記者に彼はこういった。「私はワルシャワには特別な思いがあります。この地は私がピアニストの夢をスタートさせた都です」。同じ場所、同じピアノ、同じ熱狂的な聴衆。ユンディ・リはひとしきり遠い思い出を胸にピアノの前に座った。演奏が始まると聴衆はすぐにピアニストの変容を感じ取った。コンクールでの演奏が「ショパンモデル」のショパンなら、今彼が演奏しているのは「ユンディ・リ」のショパンだった。リストのソナタの演奏はショパンコンクール優勝者の成熟ぶりを示すものだった。テクニックはしかし音楽を表現する道具に過ぎない。この複雑深遠な作品の解釈では、彼の指先はどんな枝葉も逃さず、どの終止符にも深い息遣いを感じた。演奏を始めてすぐに聴衆の胸に響いたのは熱愛する音楽に溺れるピアニストの姿だった。当夜ユンディ・リはワルシャワの聴衆との再会を果たし、彼らの熱狂と称賛にしばし当時の記憶を重ねた。五月三十一日、ユンディ・リはドイツ南部の都市バーデンバーデンに移動し、当地の音楽祭でのピアノリサイタルを行った。演奏曲目はショパンの四曲のスケルツォ、『セレナード　変ホ長調』、リストの『ピアノソナタ　ロ短調』、さらに『リゴレット・パラフレーズ』、最後は『サンフラワー』である。リサイタルは実況録画され、彼には初めてとなる公演のDVDとして二〇〇五年秋に世界発売される。DVDにはボーナスとしてショパンコンクールの決勝で弾いたショパンの『ピアノ協奏曲第1番』の第三楽章のビデオ録画、『ワルツ第5番』、シューマンの『トロイメライ』、リストの『ラ・カンパネラ』などが付録される。DVDアルバムの解説は『ピアノニュース』編集長カーステン・デューラーが執筆した。その解説内容は、彼が今回のピアノリサイタルまで観察してきたユンディ・リの成長記録ともいえるものだ。以下はその内容である。

初めてユンディ・リを聴いたのは、彼が満十九歳になったばかりのころである。彼は二〇〇〇年の第十四回ワルシャワ・ショパン国際ピアノコンクールで優勝の栄冠を手にし世界の音楽の桧舞台に登場した。コンクール最年少の優勝者となり、中国人ピアニストとしても最初の第一位に輝き、ハラシェヴィッチ、ポリーニ、アルゲリッチなどの優勝者の列にその名を記した。当時はまだ十八歳で、コブリンなど実力派ライバルたちを退けて得たものだった。二〇〇五年のヴァン・クライバーン国際ピアノコンクールでも第一位を獲得している。

彼は二〇〇一年八月十三日にドイツのルール・ピアノフェスティバルで最初のピアノリサイタルを行った。演奏曲目がすべてショパンだったことや私が初めて会場で聴いたコンサートだったこともあり、特に印象が深い。当時の私の何よりの関心事は、わずか十九歳の青年がこのユニークな音楽語法をどのようにして身につけたのか、また今後の彼の成長と発展を十分見守っていきたいと思ったことだ。

一年半後、まったく偶然に私は再びユンディ・リを聴くチャンスを得た。クーロンのコンサートで、病気でキャンセルしたプレトニョフに代わってショパンの四曲のスケルツォとリストの『ピアノソナタ　ロ短調』を弾いた。情熱に満ちた演奏だった。一年半の時の経過は彼の名声をさらに高めていた。中国で製作されたビデオ映像では若年層のアイドルにされたり、スポーツ用品ブランドのナイキのビデオ広告では彼を世界の有名人にしていた。事実ユンディ・リはそうした実力ある青年で、健康状態もよいようだった。少なくとも外見ではそう見えた。彼は頻繁に世界各地へのコンサートツアーを行っていたが過度なスケジュールで疲労を溜めないことも大事なことだ。しかしそれも余計な心配事にさえ思えた。九ヵ月後の再会の時、彼はこの再会をとても喜んでくれた。成熟さが明らかに増していた。何かの折りに彼は、ファンがレパートリーを広げることを願う思いを、率直に私に語っていた。二〇〇三年十月に彼は二枚目のCDアルバムを出した。収録曲はすべてリストだった。この二〇〇〇年の優勝者はすでに十分成長していた。彼が弾く『リゴレット・パラフレーズ』は充実し聴く者を感動させる。彼のロ短調のソナタには激しい情熱と心中の深い思いが音楽の中に満ちあふれている。ユンディ・リは最初のショパンアルバムを出す以前から絶えず成長を続けていたのだ。

この時、つまり二〇〇四年五月三十一日、彼はリサイタルの会場、座席数二千五百の広く優雅なバーデンバーデン祝祭劇場にいた。彼はこの会場で二〇〇三年に弾いたショパンの四曲のスケルツォとリストの『ピアノソナタ　ロ短調』を再びこの日に演奏した。彼は都会の若者と同様、新しい物や考え方にたちまち興味や好奇心を示す。だが彼は一旦ピアノの前に座ると、こうした若者の習性はすべて消え失せ、厳粛で老成したピアニストに変容する。聴衆がイメージした音楽家の衣を着て聴く者たちを陶酔の境地へと誘う。ではどのようにして聴衆をこの境地に招き入れるのか？　彼は演奏中、別段何かを強調したり誇張した仕種をすることはない。終始、音楽をコントロールしている。これは録音スタジオでもコンサート会場でも変わりない。まさにその状況下で想像力に触発されたインスピレーションが演奏を通して体現され聴衆に伝えられる。「ショパンを弾いている時、私はどこかで人々の魂に触れたかのような思いを体験することがあります。ショパンの曲は簡単そうに見えて実際には弾く者にしか分からない難しさがあり、その魂のようなものを聴衆にどうしたら届けられるのか、まさにそのことなのです」。ショパンの作品では易しい分かりやすい小品にもこのように興味を示す。旋律を歌わせながらそこに静かな時を発見するという。ここにも彼のショパンの理解の深さが見られる。指先からほとばしるスケルツォが心を高揚させる。このピアニストの喜びの感情は表情にも表れ、彼自身この曲の演奏を楽しむ様子が伝わってくる。情熱的な第1番、英雄的な第2番、物思いに沈んだ第3番、生き生きとした第4番。演奏はどれも美しく軽妙さにあふれたものだ。
次はリストの大作『ピアノソナタ　ロ短調』である。この作品は人間の感情を表現した作品の中でも最も難しい曲の一つだ。曲はあらゆる感情の世界を描写し、美しさと醜さの間で揺れ動く精神を浮き彫りにする。多くのピアニストが曲に込められた感情の内面を掘り起こそうとするがなぜか成功しない。だがユンディ・リは直接的に作品に迫り、精神の矛盾と渇望を鮮やかに描き出し、新たな世界を切り拓く。演奏は全曲を通して強い個性に彩られ、まさに彼独自の表現となっている。これもファンの期待を背にした若いピアニストの成長と発展の過程を如実に表したものだ。

ユンディ・リは七月九日と十一日の二日間、サンフランシスコで地元のオーケストラ、サンフランシスコ交響楽団とグリーグの『ピアノ協奏曲　イ短調』を共演した。指揮したのは著名な指揮者クルト・ザンデルリングの息子スティーブン・ザンデルリングである。アメリカ五大オーケストラの一つと称されるサンフランシスコ交響楽団は一九一一年に創設された。世界各地の音楽ファンから「世界で最も趣があり、最も興奮させるオーケストラの一つ」とされる百四名の楽団員を擁するプロの演奏家集団である。欠員が出ると毎回二百人の応募者による入団試験を行い、合格者がないと空席のままとなる。本質への要求の厳しさがこの交響楽団をアメリカ有数のオーケストラの一つと呼ばせるものにしている。スティーブン・ザンデルリングの父親譲りのきめ細かさと、ユンディ・リの色彩豊かな変化に富んだピアノとの見事な共演となった。サンフランシスコ交響楽団の音色も美しく、聴衆は音で描いた優美な絵の世界を楽しんだ。コンサートは大成功に終わった。ユンディ・リは引き続き、世界各地へのコンサートツアーを入れていた。ヨーロッパを皮切りにアメリカ、アジア各地への公演で、七月三十日はカナダのモントリオール音楽祭でのピアノリサイタル、八月一日にはボストンに移動してリサイタルを行い、さらに八月七日にはドイツのヴィースバーデン音楽祭に参加、二十八―二十九日はマレーシアのクアラルンプールに飛んでマレーシア交響楽団との共演を行う。

八月中旬にはアメリカ・タングルウッドのメイン会場に近い、セイジ・オザワホール十周年記念コンサートに参加した。このコンサートでは初めてのソロ・ピアニストとしての参加である。このホールを説明するにはタングルウッド音楽祭について触れなければならない。音楽祭はかつてボストン交響楽団の音楽総監督兼主席指揮者だった小澤が交響楽団と共にこの音楽祭に参加した歴史があった。音楽祭はボストン交響楽団の本拠でもある。

この著名な音楽祭メイン会場も当初は屋根を被せただけの簡素な構造で音響効果もよくなかった。一九九四年にソニーの社長、大賀典雄が多額の寄付をし、会場だったホール近くに新たな音楽ホールを建設した。大賀は長くオーケストラの主席指揮者を務めた小澤征爾に因んで新たな音楽ホールに小澤の名を命名した。新たなホールは大きな草原の中に純木造で建設された。ホールの特徴の一つにその構造がある。ホールの最後部座席の背後は開放型の壁面になっており、演奏時には壁面がすべて取り払われて、屋外の芝生広場の人々もホール内の演奏がそこから鑑賞できた。この構造は音楽祭の入場チケットが買えなかった人々への福音となった。

二〇〇四年、折しもセイジ・オザワホール落成十周年と重なる第六十四回タングルウッド音楽祭がこのホールで開催された。小澤は六年前から音楽祭に姿を見せていなかった。そのため今回の参加には特別な意味が込められ、小澤夫人も娘を伴って日本から参加した。驚かされるのは音楽祭の入場チケット代で、一枚五百米ドルという高額なものだ。ホール屋外の芝生広場に聴衆があふれるのにはこうした事情もあった。入場者の多くはアメリカ東部在住の富裕層だったり、名を聞いて日本からツアーで参加する音楽ファンなどだった。余談だが『ボストン・グローブ』主席音楽評論家がアロハシャツ姿で会場の人となり、正装した人々との間で際立ったりした。

著名な指揮者、小澤征爾はプログラムの最後に登場し、タングルウッド学生オーケストラを指揮した。またボストン交響楽団のメンバーたちもアンサンブルを聴かせた。ユンディ・リはソリストとして出演し、ショパンの『スケルツォ第2番』とリストの『ラ・カンパネラ』を弾いた。カーテンコールが終わると小澤がすぐに近づいて演奏を称え、成功を祝う言葉をかけた。小澤はコンサートの幕が下りるといつものように和服に着替え、夫人やブローカーのロナルド・ウィルフォード（アメリカン・アートマネジメント社CAMI総裁）と寛いでいたが、ユンディ・リもそれに加わり、ひとしきり語り合った。小澤は彼を褒めそやし、夫人にもこういった。「信じられるかい？　彼はまだ二十二歳だよ！」。小澤はユンディ・リと共演する今後の予定をウィルフォードと詰め、その場で手配した。

最後に一つ重要なエピソードを書き漏らすわけにはいかない。音楽祭が半ばにさしかかった時、天候が急変し激しい雷雨が襲った。ステージの演奏を芝生広場で鑑賞する人々は激しい降雨の中を、最後までそこを離れず音楽に浸っていた。まさに感動的なシーンだった。翌日の音楽評の見出しは「音楽が雷雨との戦いに勝利した」であった。

第十三章　永遠なるショパン

［一］

ユンディ・リは二〇〇四年十月、ドイツのベルリンフィルハーモニーに初めて登場する。

ベルリンフィルハーモニーは世界で最も優れた音響効果を持つ音楽ホールと称えられる。一八二一年に建設された後、一九六三年に著名な建築デザイナーのハンス・シャウロンにより全面的な改造が行われた。座席数は千五百七十五席で、観客席がステージ空間を取り囲み比類のない音響効果が作り出される。ここを本拠とするベルリン・フィルハーモニー管弦楽団のコンサートは一年のうち約三分の一で、それ以外はホールを他への貸し出しに供している。これはオーケストラの重要な財源ともなるものだ。そうした事情も手伝ってかベルリン・フィルハーモニーホールに来演する演奏団体やソリストへの気遣い、適切な対応ぶりはよく知られるところだ。

十月二十日夜、ユンディ・リの姿は、ベルリンフィルハーモニーのステージにあった。駐ドイツ中国大使が臨席して開催されたピアノリサイタルである。チケットの人気ぶりから主催者が座席を増やすなど、ホールは超満員となった。当夜のプログラムはユンディ・リ自らの選曲によるもので、前半はすべてショパンである。セレナードを二曲、スケルツォの2番と4番、そして華麗なる大ポロネーズ。後半はリストのソナタ、アンコールは『ラ・カンパネラ』、『サンフラワー』である。

コンサートは大成功だった。筆者の記憶では、当地メディアの記事にも賛辞が多く見えたが、資料整理のミスから音楽評が行方知れずになり、執筆した記者から入手するのには戸惑いがあった。当時の評をメモした筆者の手書き資料にも、称賛する言葉以外に演奏や解釈を専門家の視点から触れた字句も見えた。専門の記者が新聞記事などの論評の中で、美辞麗句を並べて自らを愚弄するなどあるはずがない。私が知る限り、諸外国の音楽評論家や記者たちはほとんどが音楽を専門的に身につけた人たちである。大学の教員だったり、自身が演奏家だったりする。特にベルリンやウィーン、ニューヨーク、ワシントンなどの都市には国際的にも著名な専門家や評論家も数多くいる。論点が不明瞭でどっちつかずの評は音楽家にも不幸をもたらしかねない。文章上の表現は特に重要で、論評が的を得たものであり、読者にも分かりやすく、内容に適した賛辞を送ることも大切だろう。反対に過度に辛辣な指摘や表現は人を傷つけてしまうことも。かつて私はそうした音楽評に出合ったことがある。評者は当夜の演奏がよほど不満だったらしく、そこでこう書いた。「私は『嫌い』という語句は使わない。嫌いとは理性的な評価に逆らう表現だからだ。つまり総じていえば、昨夜聴いたのは単に音の流れに過ぎないものだ」

ステージを前にした心理状態がどのようなものかを、私はいつかユンディ・リに尋ねてみたいと思っていた。特に注目度が高いコンサートでは自分の気持ちや感情をどうコントロールしているのか。たまたま時間の合い間の雑談の中で軽くそのことについて触れると彼はこういった。「緊張するのは仕方がないですね。経験豊富な演奏家でもそうですから。ホロヴィッツの話はその典型でしょうね。ずっとステージを恐れていて。最後の公開演奏会の時は、聴衆には少し遅れて会うからっていったとか。つまり開演時間を遅らせるということです。最後はマネージャーに伴われてステージに上がるのですが。これはその辺りの事情をよく表すものです。いわば自己管理のプロセスの問題、よくいわれるコンサートキャリアです。どう緊張感を克服するか、いかに演奏時の心理状態を掌握し管理するかです」

「自己管理のプロセスって、分かりにくい専門用語ね。どういうことかしら？」

「とても説明しにくい言葉ですが、キャリアの積み重ねの中で行われるものです。私の体験で話せば、私もピアニストの生活を始めたころは確かにとても緊張しました。いろいろなことが意識に絡んできて。私を聴きにくる聴衆に対する責任と義務。責任とは大勢の人たち、友人や家族がチケットを買って会場に来る。そこで聴く人たちの楽しみや期待に責任を負い、終われば満足して帰ってもらわなければならない。義務ということでは、ピアニストは自分の音楽体験、つまり私の演奏を聴いてもらう。ついでにいえばこの義務のプロセスで、聴く人に迎合した演奏をしてはいけないことです。人々は自分の理解や愛好があって音楽を聴きにくるわけで、聴き方、受け止め方は一人ひとり違います。ですから私も自分の音楽を演奏すべきなのです。普段から百回も千回も練習し準備してよい結果を得る確率を高くしておくことです。普段の練習の中でキャリア、つまり演奏環境の想像体験を重ねてその情報をしっかり大脳に刻みこませる。そうすれば大脳はその情報に敏感に反応や規律を示すようになる。コンサート現場での演奏を前に練習環境の中で随時、大脳を反応させられるようになれば成功です」。

彼は一息つき、遠くの窓の方に視線を送った。そして話を続ける。「もう一つ重要なことは演奏の結果を考えないことです。聴いた人が何と思うか、評論家がこの解釈をどう評価するかなど、これは気持ちを緊張させたり戸惑わせたりするだけでミスタッチの原因になるだけです。とはいえミスタッチは誰にでも起こること、ミスしてもすぐにそれを忘れること。ピアニストが極力避けたいのは、演奏中に起こる想定外な問題です、ミスタッチも含めて。でもミスしてもすぐによしと認めてしまうことです。それで心理的にも楽になります」。彼の表情が変わる。その場面を回想していたかのようだ。「さらにいえば、演奏プロセスにとって理想的な状態とは、ピアニストの演奏体験すべてを曲に投入し、その作曲家の境地に沈潜すること。これはピアニストだけでなくすべての演奏家にとって最も望ましい状態ではないかと思う。ついでに私のことをいえばコンサート前はゆったりリラックスしています。これはとても重要なことで、この時はもう周りに私に気を遣わせる者はいません。私一人の世界です。たとえそこに作曲家がやってきてドアをノックしても、悪いけど後にしてくれというでしょうね、私も」。私は思わず笑いが込み上げた。彼らしいユーモアだった。続けてこうもいう。「実際、大事なことは『好き』であることです。いつも私はこのことを話しています。私は音楽を楽しみ、創作の精神や境地を味わっています。これは私に無限の喜びや満足感を与えてくれるものです。それを思えば緊張感とかプレッシャーは些細なことです。ステージがある限り、私は音楽に身を投じて頭の中身をただ音楽だけにします。思うに音楽するとはリラックスした状態で演奏することで、曲をリラックスに弾くことではありません。音楽には言葉や文字に表せない特別なものがあります。私はピアノを弾くことで人と交わるプロの音楽家になりました。それが私自身の特徴や気持ちを一番よく相手に伝えられる。それって心の底から発する生の喜びの声です」

［二］

二〇〇四年が終わりに近づいたころ、ユンディ・リはクラシックレコード界に再び重い爆弾を投下した。彼の三枚目のCDアルバム『ショパン　スケルツォ・即興曲』を世界同時発売したのだ。その中の四曲のスケルツォは彼がこの一年、各地の巡演で最も多く演奏したもので、ショパンの三曲の即興曲『ポロネーズ　イ長調』も併せて収録している。またこの選集には付録のボーナスがあった。ドイツ公演の一部やユンディ・リへの訪問インタビュー、MVやMV製作のこぼれ話など、内容豊富なスーパープライスDVDである。

ショパンの四曲のスケルツォと四曲のバラードはロマン派の作品の中で度々単独でも演奏される、壮大な楽想で構成された大規模な曲である。ユンディ・リの確かな楽曲分析により練達したテクニカル処理がなされており、洒脱で創意に満ちたすばらしい演奏である。またピアノの音色にも最新の録音技術による眩いばかりの輝きと美しさがあり、そのダイナミズムは音楽の劇的効果を際立たせている。ユンディ・リはいう。「このDVDは六月にベルリンで収録したもの。フィルハーモニーホールの最高のスタインウェイでコンサートを再現し収録したもので、演奏には自信を持っています」。このCD精選盤には、発売と同時に新聞・雑誌などの論評、音楽ファンからの声が多数寄せられた。ロンドンのフィナンシャルタイムズ、ワシントンポスト、ニューヨークタイムズなど国際メディアからも注目され賛辞が寄せられた。ニューヨークタイムズのクラシック音楽評主筆アンソニー・トマシーニの論評。

ユンディ・リのスケルツォの解釈は大家の筆を見るようである。スケルツォ第1番　ロ短調は冒頭から強靱な音楽で始まる。終始彼は非凡な推進力を保ち、憂い悲しげな第2テーマが現われるまで品位にあふれた音楽を聴かせる。ショパンらしい自在なテンポ、しなやかな表現の細部には冷静さも見せてほどよいバランスを保っていた。

人を酔わせる演奏だったスケルツォ第2番　変ロ短調は男性的でパワフルな解釈の下、極めて斬新なものだった。アップテンポの箇所でモスリンの質感を漂わせたスケルツォ第4番の解釈は、リが一九五九年に録音したルービンシュタインの演奏—ルービンシュタインが悠然とバラの花の香りを嗅いでいる光景—をイメージしたもので、リの成熟ぶりは優しく温かい即興曲の中に余すところなく表れている。リのテクニックは輝くばかりで、その演奏は簡潔ですばらしい。しかも研究心が旺盛な鋭い感覚を持った音楽家だ。

私は彼のＣＤやコンサートでは現代の作曲家の作品も聴いてみたい。あらためて彼の芸術の深さを称賛しよう。だが彼はすでに成功したピアニスト。彼が多くの時間をドイツで研鑽に当てていることはよく知られるところだ。その向上心にはいっそう応援したい気持ちにさせられる。ところでリは見事な容姿を持った青年である。その上、ステージでの魅力的な所作は彼が音楽を表現する上でも資するものとなろう。

ワシントンポストの音楽評。

ユンディ・リが会場で聴かせた音楽は真正で健康的なショパン—雄渾で推進力があり、自然でストレート。コントラストも鮮やかなものだ。

クラシカルトゥデイで、その「舌鋒の鋭さはカラシナのように額を直撃」する音楽評論家デヴィッド・フーウィッツの論評。

これらの曲目の激しい弾き比べはルービンシュタイン、アルゲリッチの流れを汲むものだ。リはこの弾き比べにおじけづく必要はまったくない。スケルツォ第1番では彼はルービンシュタインの柔らかなタッチとしなやかなリズム感で弾いた。これは他の曲でも一貫している。これはスケルツォ第2番とのコントラストを強く特徴づけたものだ。スケルツォ第3番はまさに妥当な活力あるテンポとダイナミズムを利かせて明確な音楽に仕上げた。彼はこのダイナミズムをスケルツォ第4番まで続け、曲が持つ空間を壮大（特にコーダに近い部分）に表現するが、音楽はコントロールされたものである。彼の最初のCDのショパン精選にあるスケルツォ第4番は総じてこのDVDほど（あるいは彼のリスト精選ほど）成功していない。

ドイツ・グラモフォンは全体としてやや想像性に欠けたところがある。リの人気に乗って即興曲嬰ハ短調の演奏は簡潔で夢のような組合せだが、1番と3番はテンポの対比に重きを置いて曲の美しい輪郭と色彩感を強調しただけのものだ。とはいえ重要なのは、この優れた直観力を持つ世に知られた希有な芸術家の手で、出色なピアノソロの精選盤が製作されたことだろう。音響効果ということでは、

DGの録音はマイクがピアノにやや近過ぎて、音が大きく豊かな反面、高音部がいくらか尖った響きに聴こえる。音色に幅広い変化を持たせた演奏は、温かみが備わった音場によって得られるものだ。それにしてもこの音は聴く者を大いに興奮させる。推薦盤にすることはいとも簡単なことである。

ユンディ・リにとって、ショパンは「初恋」の相手である。「彼には信じられないほどの様式感、そして不思議な感性が宿っている」。彼はショパンをこう評する。「ショパンの作品には憂愁感がしみついている。死への渇望と取れなくもない。彼が心に大きな傷を負っていたからで、その感性とロマンの心はずっと私の憧れであり、幼いころから共有したかったものだ」。認めざるを得ないだろう。ユンディ・リの各地での演奏、そして続けて世に出たCDを聴けば、彼が成熟に向かって歩んでいることは明白だ。演奏に表れたあの「音楽の心」で彼は世の尊敬を集める。ヨーロッパのメディアからは「世界のクラシック音楽の潮流に乗り、一家を成したピアノの名人」と評され、「ドイツ・グラモフォンの歴史を塗り替える、見たこともない青年」と称えられる。決して表面的なものではなく、彼が少なくとも一歩を超えたことの証しだろう。

［三］

ユンディ・リは十二月十七日午後、新しいCDアルバム『ショパン　スケルツォ・即興曲』を手に、母校―深圳芸術学校主催の国内発売式に臨んだ。会場のホールでささやかなコンサートが催され、校長や教員、生徒たちが記念演奏を行った。彼はこれまでもCDの国内発売式を母校の深圳芸校で行っており、他の用件で一時帰国した折りも最初に訪ねる場所は母校となっていた。

彼は十二月二十一日、北京で行われた新アルバム新聞発表会の会場にも姿を見せた。環球レコード、天中レコードから経営幹部らが出席し、首都師範大学音楽学院の張国力教授も招待を受けて臨席した。発表会では、環球レコードとユンディ・リが再契約を交わし、契約期間をさらに五年間延長すると発表した。また首師大の張教授からは、大学を代表しユンディ・リを首師大音楽学院の客員教授に任命する証書が手渡された。彼は首師大の最年少の客員教授となった。数日にわたって各メディアによる彼へのインタビューが行われた。

記者：今回発表の新アルバム『ショパン　スケルツォ・即興曲』は『ショパン精選』、『リスト精選』に続く三枚目のCDですが、再びショパンを取り上げたのには何か理由がありますか？

ユンディ・リ：なぜまたショパンかということですが、より深く理解した作曲家という思いが私の中にあることも理由の一つです。音楽は自分でどう体験したかが重要で、体験した中身は一人ひとり違い、弾き方や聴き方も同じではありません。ショパンのスタイルは様々あり、その世界は広く深いものです。いくら掘り下げても尽きない宝の山です。音楽が分からなくても楽譜が読めなくても、ショパンの曲は一度聴いただけで好きになる音楽です。難しい注文をつける専門家たちもショパンの曲を生んだ時代やその背景を研究しています。以前に私がイメージしたショパンは優雅に歌ったりするものでしたが、歌の中に隠された心に気づくべきでした。私が今やるべきことはその心を理解し、表現することとです。私は一生を賭けてショパンの心や魂をなぞっていくつもりです。

記者：今回のCDアルバムは、一枚目の精選と比べて、何か進展はありましたか？

ユンディ・リ：まず収録されている曲目が違います。今回のCDはこの時期の私のショパンへの理解をいわば集大成したものです。進展ということでは、曲の理解とはテクニックを超えたところにあると気づいたことでしょうか。

記者：今回、首都師範大学音楽学院の客員教授に任命されました。多忙な中で学生とはどのよう接していくことになりますか？

ユンディ・リ：首師大音院には、この度、私を認めてくれたことに対してとても感謝しています。ただ私自身まだ学生の身ですし、学業の方もレベルアップさせなければなりません。しかしうれしく思っているのは、私も学生として彼らと交流する機会が生まれたことです。私が教授を務めることはまだどうなるか分かりません。しかし今後は帰国すれば一緒にコンサート活動やアルバムの発表などもできます。時間が許せば大学とも相談して積極的に交流を図りたい。私も彼らから学ぶことができます。教授に任ぜられたことは光栄なことですが、今はプロのピアニストの道を歩み始めたばかりの私です。皆さんから声を掛けてもらえるのは私の喜びでもあります。これからも前を向いてがんばっていきます。

『二〇〇四　米国音楽年鑑』の中でユンディ・リはこう紹介されている。「貴族のような典雅な品格があり、同輩をも追い抜く緻密な芸術的気質を持ったこの音楽家は、数年または数十年に一度、世間をあっといわせる天才である」

マネジメント社は二〇〇五年を迎え、ユンディ・リのコンサートツアーとしてヨーロッパ、アメリカ、アジアの大都市を巡演する約六十回に及ぶリサイタルを企画した。この程度の巡回公演であればピアニストにそれほど負担がかかるものではない。また「約」とあるのは、本人から公演取り止めの申し出が生じるケースを想定したものだ。「マネジメント社の支援に私は感謝しなければなりません。当面、公演やビジネス活動がないのでコンサートツアー以外は大学の授業や音楽や研究に専心できます。彼らは私の活動エリアをどう広げるか、その方向性も明確にしてくれています。もし社会活動家にでもなるなら趣味の音楽をやれる時間は知っておくだけで済みますが、ピアニストである以上、音楽に専念できる時間がどれほどあるかはしっかり見極めておかなければなりません」

明確になったことがある。その一つは公演活動が過剰になることで音楽感覚が鈍ってしまうのでは、との不安を彼が抱いていたことだ。もう一つはさらに重要なことで、音楽の研究には時間と環境が必要と考えていたことだ。楽譜の分析や書物の閲覧、また大家、巨匠が残した録音も聴きたかった。その目的—自分を必要なだけ「充電」させることだった。
ユンディ・リは研鑽を重ねることの大切さをいつも強調する。彼はかつて私にこういった。「演奏家は、確かな自己研鑽能力を身につけることが絶対条件です。特に私の年代は思考も活発な時期で、このゴールデン・エイジを活用しないのはまったくもったいない話です。プロのピアノ事業家にとって、ある種のものは自己研鑽でしか身につかないものがある。たとえば作曲家との対話の中で楽曲の理解をプロセスとして作り上げる。これは誰かに教わるものではなく生まれついた知覚や才覚を基に努力するしかなく、曲の理解や解釈に働くインスピレーションと同じ根を持つものです。しかもその成果は分厚く確かなもので、その上、達成感のおみやげまでついてくる」。彼はここでも率直である。自己研鑽のプロセスの中で彼はいっそう音楽好きになる自分を発見する。「この豊かさが詰まった音符を追究することは人生を最高に価値あるものに変えてくれます」

［四］

ユンディ・リは二〇〇五年二月、フィラデルフィアのキンメル芸術センター・ヴェリゾンホールで、著名な指揮者ヴォルフガング・サヴァリッシュ率いるフィラデルフィア管弦楽団と、グリーグのピアノ協奏曲を四回にわたって共演した。彼はこの「スーパーオーケストラ」とは二度目の共演となる。またかつてフィラデルフィア管弦楽団の芸術総監督でもあったサヴァリッシュは当代で最も影響力を持った指揮者の一人である。ヴォルフガング・サヴァリッシュは一九二三年にドイツのミュンヘンで生まれた。ピアノ演奏と作曲でも確かな実力の持ち主である。指揮者としての生涯は二十四歳の時のアウグスブルク・オペラハウスに始まる。その後、ベルリンフィルハーモニー管弦楽団やウィーン交響楽団、ミュンヘン・オペラハウスなどで音楽指導に当たった。彼はドイツの指揮の伝統を継承し、古典派、ロマン派の交響曲の重要な解釈者といわれる。

ノルウェーの民族音楽家エドヴァルド・ハーゲルップ・グリーグはノルウェー国民楽派の創始者である。一八四三年に生まれ一九〇七年に世を去った北欧の最も影響力のある作曲家の一人である。作品は祖国の土壌に根ざした民族性が特徴で、ノルウェーの民間で歌われる旋律や踊りのリズムが曲の中に息づいている。大規模な作品は多くないが一八六八年の二十五歳の時に作曲した唯一のピアノ協奏曲は、彼の最も愛好される作品で数多く演奏されるピアノ協奏曲の一つである。全曲がロマン的情緒にあふれ、北欧の大自然である青々とした森林に覆われた山々、世俗から離れたような清澄さ、そこに育まれた深い色調の「スカンディナビア風景」が色濃く反映している。作品の素材は斬新で生気にあふれた青春の活力を思わせる。グリーグ自身がピアノの名手でもあり、この楽器の性能を十分発揮させたものだ。ピアノのテクニックではリストに近いものがある。

グリーグのピアノ協奏曲。渾身のテクニックと北欧の旋律を瑞々しく歌ったユンディ・リの演奏は自信に満ちていた。フレーズの抑揚の変化や情感の交錯、変幻自在な色彩など、音楽は彼の手中で生気と活力にあふれたものだった。特に最終楽章のコーダでは切迫感あるアレグロを冴えたテクニックで表現した。サヴァリッシュの指揮はフィラデルフィア管弦楽団の精緻なアンサンブルによって一幅の多彩な美しい音の絵を楽しむようだった。聴衆を興奮させたこの演奏で、特筆されるべきは指揮者サヴァリッシュ八十二歳の指揮ぶりである。今回は彼がオーケストラを離れてから初めての客演指揮である。指揮者にとってもまたオーケストラにとっても感動の再会となった。

ユンディ・リもこの巨匠との共演には、特別な味わい深さを感じていた。以前に共演した時とは指揮のスタイルが大きく変わっていた。最初のリハーサルで彼はサヴァリッシュの動作がいかにも微小なことに気づいた。それでも音楽が最高潮に達した時などは、それなりにタクトの振りは大きくなっていたが、彼は見ていて巨匠が過剰な感情移入を避け、意図的にそうしたものと思ったが、やがてそれは錯覚だと知った。実際サヴァリッシュは細部こそ見た通りだったが、独特のタクトによって巨大な集中力と豊かな音楽性をオーケストラから見事に引き出した。巨匠のタクトの下、ユンディ・リの演奏はいっそう際立ったものとなり、リハーサルとはいえ指揮者と独奏者の天衣無縫の共演となった。

ユンディ・リは本来このタイプのピアニストなのだろう。彼はこうした指揮者やオーケストラに出会うと、にわかに音楽性が触発され自覚がないまま高揚するのだ。

聴衆は、ユンディ・リとサヴァリッシュ、フィラデルフィア管弦楽団の練達した演奏に興奮し、音楽が描き出す北欧の光景や、共演者との息の合ったコンビぶりに感動していた。演奏が終了すると同時にすべての聴衆が起立した。そして老巨匠の渾身のタクトとピアニストの神の領域に近い演奏に熱烈な拍手と喝采を送った。その後、会場を移してのコンサートでも爆発的な熱狂ぶりだった。その夜の演奏が滅多に聴けない貴重なチャンスだったことを聴衆の多くが気づいていた。コンサートの成功は当地のセンセーショナルな「事件」だっただけでなく、フィラデルフィア管弦楽団にも「歴史的にも数少ない感動的な演奏」との賛辞が送られた。

四月に入るとユンディ・リはアメリカ各地への巡演の旅に出た。ポートランドを皮切りにシアトル、ボルティモア、シンシナティ、コロンバス、カンザスなど、十一の都市を巡回するものである。そこで彼が実感したことは、この地での演奏活動が予想以上に広がり、アメリカ公演がやがて彼のメインステージとなることを予想させるものだった。しかも今回はいずれも各都市の主催団体の招きによるもので、この状況は一年前の一連のリサイタル開催で各地の華僑文化団体と連携を模索したころとは一変していた。

その中でも、今回のボルティモアでのリサイタルは、彼の初めての公演にもかかわらず、なぜかチケットは瞬く間に完売した。コンサートの後、ボルティモア・サンには次の音楽評が載った。

前回がいつだったか、我々のホールがこれほど満席になり、ステージ周辺まで臨時座席が設けられるなど、もう記憶も浮かばないほどだ。この人気の源泉は中国から来た若いピアニスト、ユンディ・リである。彼が当地での最初のリサイタルでこれだけ注目を浴びるのはいささか不可思議な感じもする。

初めてのリサイタルの演奏曲目に、リはモーツァルトのK３３０を選んだ。そして毒消しのような突飛な音色でこの曲を演奏した。彼はショパンを演奏する時の速いテンポとは違う一面を見せていた。スケルツォの2番ではリズムと色彩感を示す興味深いタッチを用い、音楽に豊かな生命力を与えていた。『華麗なる大ポロネーズ』も大家風の緻密で知的な演奏だった。当夜のリの最良の演奏は『ピアノソナタ　ロ短調』だった。この曲では再び目も眩むようなテクニックが展開した。彼の演奏は楽譜に忠実なこと、また無限の想像力の上に確かな表現力が結びついたものだ。冒頭部分とコーダにもう少し雰囲気と詩情があれば尚よかったが、この演奏は聴く者を圧倒していたに違いない。

ユンディ・リは四月二日、初めてニューヨークのカーネギーホールで協奏曲を演目とするコンサートを行った。カーネギーホールへは二度目の登場である。共演するオーケストラはアメリカ・ユース交響楽団で、楽団創立四十周年の祝賀演奏会に招かれたものだ。著名な指揮者ズービン・メータの父親メーリ・メータが創設したアメリカ・ユース交響楽団は世界で最も優れたユース交響楽団の一つといわれる。オーケストラの由来は、全米の音楽の才能豊かな青少年により組織され、年令も十六歳から二十五歳の中から選抜される。オーケストラ創設の主旨では、前途ある音楽家育成のため厳格なトレーニングを行い、併せて世界の著名なソリストとの共演機会を提供し、それらを通してオーケストラメンバーの隠れた音楽的才能を触発する、というものだ。

今回のユンディ・リとの共演はカーネギーホールがこのオーケストラを公式にスターンホールに招いた三回目のコンサートだった。ユンディ・リは三月末にもロサンゼルス・ミュージックセンターでこのオーケストラと共演している。

演奏当日の朝、ユンディ・リはリハーサルのためホールに来場していた。オーケストラがショパンのピアノ協奏曲の第三楽章に入ろうとした時、ステージの下で男が急に大声を上げた。指揮者のジェームズ・レヴァインがまさに着席しかけた時だった。レヴァインがユンディ・リのリハーサルに駆けつけたのだ。ホールにいた誰もが驚きを隠さなかった。レヴァインは顔色一つ変えずステージ前で演奏に耳を傾ける。見ればオーケストラの誰もがステージ上で異常に興奮している。当然とはいえ、この大家は彼らにとってひれ伏し崇拝するほどの偶像なのだった。彼の出現はオーケストラに強心剤を注射したような作用をもたらし、ステージのメンバーすべてが気合い十分の表情で演奏していた。中にはじっとレヴァインに視線を送っている者もいる。注目していないと大家が出ていってしまう様子だった。レヴァインは休憩時に一人の楽員（ピアニストのアシュケナージの甥）を呼んで言葉を交わした。その大意は、オーケストラの音量が過大でピアノのソロが隠れてしまうこと。さらに楽器の音出しにも触れていた。楽員は臆さず指揮者の傍らに走り寄り、大家の言葉を伝えた。リハーサルが終わるとレヴァインはピアノの前のユンディ・リに近付き小声でいった。「大丈夫だ。次はもっとうまくいく！」。四ヵ月後に二人が共演するスイス公演のことだった。

コンサート当日、カーネギーホールは二千人の聴衆であふれていた。このホールでのコンサートはいつも注目される。当夜の聴衆も満足感への期待に満ちていた。演奏曲目はショパンの『ピアノ協奏曲第1番』、チャイコフスキーの『交響曲第5番』、そしてユース交響楽団の専属作曲家ライラ・オルバークの創作『海神の夢とささやき』である。

「ショパン」はユンディ・リ自らの声であり、その声音でこれまで数えきれないほど語ってきた。彼の指先から発する声はいつも新しいロマンなのだ。彼の音楽のロジックは天与の応答であり、その声音を聴くと遥か十九世紀の境地に誘われたようだった。演奏が終わると爆発したような拍手と歓声がホールに響きわたった。ピアニストは何度もカーテンコールに応じ満足気な表情をしていた。アンコールの『サンフラワー』には詰め掛けた華僑たちの思いが伝わった。異国で聴く故郷の響きだった。最早これ以上の感動はなかったに違いない。

一つのエピソードに触れておきたい。国際的にもよく知られた作曲家タン・ドゥン（譚盾《タン・トゥン》）が聴きにきていた。彼はコンサート後、奥まった休憩室にピアニストを訪ねた。そしてユンディ・リを見ると興奮していった。「すばらしい。まったくすばらしい！」。音楽家は感性の人である。どんなあいさつや社交辞令も要らない。感性の交流は永遠に純真で心のこもったものだ。ニューヨークタイムズの音楽評論家トリガーはもともと指揮者だった。今回の演奏を次のように評した。

オーケストラに向かってすばらしかったといわずとも、当夜はよい励ましになったことだろう。だが肝腎の注目点は自然で流れるようなユンディ・リのピアノだった。彼は詩情豊かな、それでいて鋭いタッチ（それも必要時に強大な音を発する）のピアニストである。しかも明瞭な質感と正確なフレーズの持ち主と見た。この特徴はドイツ・グラモフォンが収録した彼のCDの中にも見られる。ショパンには最も望ましいものだろう。

ユンディ・リは四月五日、注目のワシントンのストラスモアホールでリサイタルを行った。ホールは二月に落成したばかりで、ワシントンでは最大の音楽専用ホールである。彼の人気は絶大であった。ワシントンポストの音楽コラムニストのステファン・ブルックスの論評。

ともかく土曜日の夜、リは予想以上の評価を得ていた。まさに世に認められるだけの才覚、味わい、芸術性があった。コンサートはモーツァルトのピアノソナタ　ハ長調から始まった。右手が澄んだ明瞭な音色を奏ですっきりとした解釈である。感性が創りだした演奏で鋭く尖った音楽ではない。シューマンの謝肉祭はさらに印象深いもので、ロマン派の作品の解釈としては新たな視点を持つものだ。

最後に弾いた曲―悪魔のように激烈なリストのロ短調のソナタは、今日、リが世界第一級ピアニストと呼ばれているのを間違いなく証明した演奏だ。この巨大な獣のような曲に挑む彼の卓越した解釈は緻密で厳しく力強いもので、無限の憤怒の中にも微かな静けさを漂わせる―どのような視点で語ろうとも傑出した演奏であることに変わりはない。

四月二十八日、ユンディ・リはリンカーン芸術センターのステージにいた。マンハッタンのリンカーン芸術センター、アリス・タリーホールは文字通りニューヨークの芸術殿堂の一つに数えられ、通称リンカーンセンターとも呼ばれる建築群が立ち並ぶ。この巨大総合芸術施設にはニューヨーク州立劇場、メトロポリタンオペラハウス、エヴリーフィッシャーホール、ウォルター・リード劇場、ジュリアード音楽院などがあり、いずれもアメリカのロックフェラー三世の主宰の下、一九五九年五月、当時の大統領アイゼンハワーの時代に建設されたものだ。

リンカーン芸術センターのそれぞれのステージでは、常に世界一流の洗練された演目が上演されている。オペラとバレエでは質、量ともニューヨークに比肩する都市はなく、一年四シーズンを休みなく演じられる。リンカーン芸術センターは全米の音楽ファンの憧れの地でもある。クラシック音楽の演奏家にとってはロサンゼルスやクリーブランドで歓迎されても、リンカーンセンターで称賛されなければ成功とは見做されない。ニューヨークには鑑賞眼の高い聴衆が数多くいるからにほかならない。

リサイタルはリンカーンセンター、アリス・タリーホールで行われた。ここはニューヨーク・フィルハーモニックやジャズ・アット・リンカーンセーターの本拠地である。チケットは半月前に売り切れた。演奏当日の午後、ホールの入口近くで人々が「just one ticket」の札を掲げている。ここでも彼は予想外の熱狂ぶりだった。当夜、会場にジェームズ・レヴァインの姿があった。七時三十分、ステージ裏でピアノをさらうユンディ・リに一本の電話が入った。

「感じはどうかな?」電話の声の主はジェームズ・レヴァインだった。

「とても緊張してます！」

「分かる。これからいう話を聞けよ。まず深呼吸、そしてゆっくり吐き出す。それでよくなるはずだ。大丈夫。間違いなくうまくいくさ！」。レヴァインの電話はユンディ・リに鎮静剤の作用を果たした。

こんな時に他の誰が励ましの電話などくれようか？

コンサートは夜八時に開始された。演奏曲目は、ショパンの『アンダンテ・スピアナートと華麗なる大ポロネーズ』、シューマンの『謝肉祭』、モーツァルトの『ピアノソナタ　ハ長調』そしてプログラムに予定されたリストの『スペイン狂詩曲』は、ショパンの『スケルツォ　変ロ短調』に変更された。ショパンの二曲は美しく完璧だった。右手が正確にコントロールされていた。繰り返し反復して表れる旋律を優しく軽妙に歌い上げ、テクニックの限りを尽くした演奏だった。ボストンから聴きにきた音楽家は、ユンディ・リの演奏はすでに成熟の域に達し、単にテクニックだけでなく巨匠的な風格をにじませている、と語った。

コンサートが終わると人々がホール前に行列を作って彼のサインを待った。そしてその後は決まって記念写真に収まった。彼は終始笑顔を絶やさずファンの賛辞にもいちいち礼を返していた。中にはサイン後のその「親和力」を称える声が聞かれるほど身軽にファンの間を動き回り、「人気タレント」さながらだった。翌日のニューヨークタイムズはアンネ、ミジェットの音楽評を掲載した。

青春と情熱　ショパンと酒神バッカス。

ピアノの天才の星座の中で、中国からやってきた輝かしい二つの星々。共に齢二十を少し出たばかりでドイツ・グラモフォンを後ろ盾にしている。よくいわれるのはラン・ランが熱狂的なバッカスなら、ユンディ・リは落ち着いた物腰のアポロンである。

とはいえ、木曜の夜、アリス・タリーホールで聴いたユンディ・リにもより健康的なバッカスの特徴が見えた。シューマンの謝肉祭は冒頭から狂ったように始まり、酒神バッカスが現れたかに見えたが、リの音楽に付き添っていたのは激怒ではなく青春の活力であり、興奮して分別を忘れた幾つかの音符の悪ふざけだった。

リは外見もそして演奏も共に若さにあふれている。カールした髪にタキシードの姿はとてもハンサムである。彼はピアノの前に座ると、大勢の情熱的な聴衆に向かって中国語で軽く謝意を表した。そして不思議な才覚と成熟に向かう歩みの中で悠然と弾きはじめる。手や指からではなく、音楽を理解することで育まれた、そのゆったりと落ち着いた気質。彼のしなやかなテンポは内声部の不協和音のかけらまで掘り起こす。硬直して騒々しいスタインウェイを咎めることはできるが、そのピアノがモーツァルトのソナタに当時の明るく澄んだ味わいを添えたものだ。リの演奏には時折やや虚ろな表情が突然表れて不思議な感覚にさせる。特に謝肉祭では細やかさに過剰なロマンが混って磨き上げたような音楽となった。ショパンは依然としてリの仕事の中心である。彼は二〇〇〇年のショパンコンクールで勝って以来、ショパンは彼とドイツ・グラモフォンのニューアルバムの焦点でもあり、当夜の曲目もショパンが半分を占めた。『スケルツォ第2番』とゆったり目の『アンダンテ・スピアナートと華麗なる大ポロネーズ』は自信にも満ちた力強い大家の演奏だった。リラックスして弾いたアンコール曲『サンフラワー』。最後はほっとしたように腰を曲げてあいさつしていた。聴衆は再び称賛の拍手を送りながら、今後ますますよいピアニストになると誰もがそう思っただろう。

第十四章　指先からあふれるロマン

［二］

ユンディ・リのピアニストとしての生涯に大きな影響力を持った人物、その名は小澤征爾である。「ニュー・カラヤン」と呼ばれた彼も、中国人によく知られた国際的な指揮者の一人だ。小澤征爾は一九三五年九月一日、中国の沈陽で生まれた。六歳の時、両親と共に日本の東京に戻り、七歳からピアノを習い始めた。師は著名なピアニスト、豊増昇である。十六歳で東京の桐朋学園音楽科に入学し作曲を学び、また名指揮者の斎藤秀雄のもとで九年間、指揮法を学んだ。

小澤征爾は一九五九年に行われた第九回ブザンソン国際指揮者コンクールで優勝した後、アメリカ・タングルウッドに赴き、指揮の大家シャルル・ミュンシュに師事した。また巨匠カラヤンのもとで指揮を学んでいた時、レナード・バーンスタインにも認められ、ニューヨークフィルハーモニックの副指揮者を務めた。一九六〇年には初めてフランス国立放送管弦楽団を指揮した。一九七〇年にタングルウッド音楽祭芸術総監督となり、サンフランシスコ交響楽団の常任指揮者に就任した。一九七三年にはボストン交響楽団の音楽総監督に就任して二〇〇二年まで指揮をとり、新日本フィルハーモニー交響楽団の首席指揮者も兼任した。二〇〇二年、ウィーン国立オペラハウスの音楽総監督を継ぎ、ウィーンフィルハーモニー管弦楽団の客演指揮者ともなった。これまで共演したオーケストラは、ウィーンフィル、ベルリンフィル、ロンドンフィル、フランス国立フィル、ニューヨークメトロポリタンオペラハウス管弦楽団など、国際的にもトップクラスのオーケストラばかりである。彼が録音したレコードは五十人を上回る作曲家の百四十曲余りの作品がある。二〇〇一年に当時のフランス大統領シラクから栄誉勲章を授与された。他にも彼はアメリカ・ハーバード大学、マサチューセッツ州立大学、ニューイングランド音楽院、日本芸術院から名誉学位とメダルが授与された。小澤征爾の指揮は、音楽を情熱的に力強く盛り上げるもので、強弱やテンポも自在にコントロールされたものだ。彼は目の表情と両腕の「会話力」で、着想や意図をオーケストラに伝えるのを得意とする。

彼は一九七六年から今日まで中国を度々訪れ、演奏や講演を行っている。中国音楽への造詣も深く、わが国の音楽家や演奏団体との交流では、琵琶協奏曲『草原の姉妹』や弦楽合奏曲『二泉映月』、組曲『白毛女』などを指揮した。ユンディ・リと小澤征爾の出会いや縁《えにし》を語るには二〇〇二年ごろまで遡ることになる。小澤がウィーン国立オペラハウスの音楽総監督を継いだ年の五月のある日の午後、リハーサルを終えて楽屋に戻ると、彼の名を慕って訪ねてきたユンディ・リの姿を見た。ややあった後ユンディ・リは部屋の隅にあったピアノでリストのソナタを弾いた。指揮者はイスに座って耳を傾けていたが、最後の和音が消えるとやがて顔を上げた。彼は小澤の目に涙が滲んでいたのを見た。「うまく弾けたね。これからは一緒にやろう！」。小澤は興奮した面持ちでそういった。間もなく小澤はユンディ・リを伴い、セイジ・オザワホール十周年記念を記念したタングルウッド音楽祭に参加することになる。さらにマネジメント社を通して正式にユンディ・リを二〇〇五年七月の日本の横浜でのコンサートに招待した。これは二人にとって初めての共演となるものだ。

コンサート前のメディア向けの記者会見で小澤は若いピアニストの才能を絶賛し、このコンサートが今後の共演のスタートとなると語った。またユンディ・リとの共演をＣＤに収録する企画があることも明かした。二十三歳のユンディ・リは羞かしげな表情で小澤に今回の共演プログラムへの感謝の言葉を述べた。ユンディ・リはその夜、小澤が指揮する新日本フィルハーモニー交響楽団とグリーグの『ピアノ協奏曲イ短調』を演奏した。小澤は指揮棒を持たない指揮者である。手や指の動作でオーケストラをリードすることで、「全身で音楽」するともいわれる指揮者だ。指揮棒は拍子やテンポをオーケストラに指示し、指揮者の意図を明確に伝えるためのものだ。しかし小澤は指揮棒を使わず、音楽が持つドラマ性を自在に表現する、公認のコンサート指揮者の一人だった。

音楽とはひたすら音の芸術である。奇妙なのは、無秩序に連なるように見える音符がロジックに則って楽音に変わると、隠れた結びつきによって精緻な音群となり旋律となる。音楽の化学現象は奥深く神秘的なものだ。平常の心理状態から突然駆り立てるように心に情感のマグマを発生させる。やがてマグマも濾過され蒸散して優美で穏やかな陽炎《かげろう》に姿を変え、再び心の深奥に立ち還る。理性や思考、意志、また目に映る実体まで溶解させてしまう。この夜、ユンディ・リの演奏を聴いた聴衆は、その非日常的な化学現象を体験し陶酔した。音楽が心の深奥で感動のマグマを生んだ。

小澤はさすがに当代の大家である。彼の指揮は洒脱で洗練され、ユンディ・リの情感を滾らせてオーケストラを沸騰させ、一体感を見事に演出した。節度あるテンポ、色彩、リズムが緻密に構成され、美しい北欧の光景を描き出した。演奏が終わると聴衆は立ち上がり、拍手と歓声が湧き上がった。小澤はステージでユンディ・リと何度も握手を交わし、手を客席に差し伸べ拍手を真似てピアニストを称えた。若いピアニストへの老練の指揮者の励ましと愛おしみが会場に伝わって、さらに熱烈な拍手となった。ユンディ・リは三回のカーテンコールに応え、ピアノ用に編曲された中国民謡の『彩雲追月』と『サンフラワー』を弾いた。「二人は本当にすばらしかった」。ある日本の音楽ファンが興奮していう。「今夜のコンサートは私の人生で最高の思い出となる。これこそ本物の音楽、本物の芸術だ」

コンサートは幕を閉じたが、二人の共演は終わらなかった。小澤は再びユンディ・リを日本に招請した。二〇〇六年十二月の六会場にわたる巡演である。

「わが国の音楽ファンも、この指揮者のことはよく知っています。あのフワッとした頭髪や親しげな表情から受ける印象なのですが、ピアニストの目に映った小澤征爾って、どんな人なのかしら?」。コンサートの裏話で盛り上がった折り、私は尋ねた。「穏やかで親しみやすい大家ですね。若い年代に負けない活力が全身にみなぎって。私は彼がとても好きです」。そして続ける。「あの横浜でのグリーグの協奏曲はとてもよかったと思います。演奏前、彼は私に『気持ちを込めて思い切り君の音楽をやりなさい』といってくれ、指揮も完全に合わせてくれました。若い私の解釈や音楽体験にとても配慮してくれ、思いの限り弾けました。これは言い換えれば彼が何かを犠牲にしたことになります。彼の支えはとても大きなもので、これからの共演がとても楽しみです」

二〇〇五年八月、ユンディ・リは再びヴェルビエ音楽祭に参加する。彼の長年の親友ジェームズ・レヴァインとの共演である。二人の願いがようやく現実となったものだ。演奏曲目はショパンの『ピアノ協奏曲第1番』。彼らの共演は音楽祭のプログラムを通して、最も人気を呼んだコンサートとなった。音楽祭でのこの共演は、会場に大勢のクラシック音楽ファンを集めただけでなく、著名な芸術家たちの姿もあった。強い個性の持ち主で名高いピアノの天才イーヴォ・ポゴレリチも、その中の一人だった。第十回ショパンコンクールで彼がファイナルに進めないことに憤慨して、アルゲリッチはその場で審査委員を辞したものだ。音楽祭の当夜、彼は友人と前列の席にいた。むき出しの頭に花柄の半ズボンと長靴下、手には大きな扇子という姿で周囲の目を奪うばかりである。しかし実は彼は一流の応援団だったのだ。聴き終えると友人に「この若者は才能豊かだ。とてもいい。うん、だが」。この後の言葉が彼らしい。「もし中指に嵌めた指輪を外していればもっとうまく弾けたよ！」

ユンディ・リはその時のレヴァインとのことを語り始めると昔を思い出すような表情になった。「共演では通じ合うものがあります。それがすべてです。これほど多く往き来をし互いをよく知っていればどんなことでも簡単です。レヴァインが不意に『うまく弾けそうかな？』と聞いてきても、私は『そのはずです』と返事をするだけで『分かった。もう余分なことは考えなくていい。音楽以外の悩みや束縛を忘れて思い通りに弾けばよい。夢や願望を音楽にするだけだ。私はどうにでも合わせられる』。彼はそういう人です。コンサートも大成功でした。今は共演機会をもっと増やそうと計画中です。コンサートや録音・録画などのプランで、私もとても楽しみです」

音楽祭での卓越した演奏やメディアによる賛辞、成功報道などもあり、その年の十一月、ユンディ・リはヴェルビエ音楽祭管弦楽団の招待でパリ、ローマ、ハンブルクに巡演することとなった。そこでは再びショパンの『ピアノ協奏曲第1番』を演奏した。ローマでのコンサートではオーストリアのピアニスト、アルフレート・ブレンデルが会場に姿を見せた。ブレンデルはドイツ・オーストリアの作曲家の作品を得意とするピアニストである。曲の解釈や表現が知的で深みがあり、正統派の巨匠、また「学者型」ピアニストといわれる。彼は演奏を終えたばかりのユンディ・リを楽屋に訪ね、好演を称えて励ましの言葉を送り、打ち解けて語り合った。

［一二］

ユンディ・リのアジアでの影響力を示す一つのエポックがある。二〇〇五年九月二十七日、彼は世界の金融界の権威ウォールストリート・ジャーナルのコラム「注目の人物」として、財政金融紙の一面を飾る最初の中国人芸術家となった。彼の成功物語やその背景を記事にするため、同紙記者のローラ・サンティニはニューヨークから空路深圳を訪れ、ユンディ・リへの単独インタビューを行ったのだ。

ユンディ・リは九月中旬から十月にかけて日本での十二会場にわたる巡回公演に招待された。十月七日はユンディ・リの誕生日である。スーパー・カーとなると夢中になる彼だったが、巡演に出発する前日、自分へのご褒美として三百万人民元もの高価な深紅色のコンセプト・カー、フェラーリの最新モデルF430を購入した。香港のカーマニアの間では、当時この最新モデルは注文しても二〇〇七年まで納車を待たされるといわれた。

彼は私にこういう。「私は車の運転が大好きです。特に夜スポーツ・カーを走らせると、あのスピード感がたまらない。これってある種の自己表現ではないかと思う。この感覚は特別なものです。実際、私は音楽にもこの種の感覚を求めるところがあって、コンサートでは聴きに来てくれた聴衆にもいつも通り聴いてもらおうとは全然思わない。聴衆には常に特別に感じてもらえる演奏がしたい。スピードが私を興奮させるのと同じ感覚です。とはいえ車の運転はいわば余暇の特殊な気晴らしです。ストレス解消法のようなものです。でもこれはなぜか私の心をとても豊かにしてくれます」

日本でのコンサートは、東京の著名なサントリーホールを皮切りに、札幌、名古屋、大阪、長崎、横浜の順で行われる。十月七日、この日の会場は横浜で、日本での巡演の最後のコンサートとなるものである。当日、主催方はコンサート後のステージで聴衆も参加するユンディ・リの誕生祝いを用意した。本人にもこのことは事前に伝えなかった。会場入口には、今日はユンディ・リの誕生日です。演奏終了後も誕生祝いが終わるまでは座席にいてください。またご本人への秘匿にもご協力ください、との来場者への案内が張り出された。当夜、誕生祝いに三段造りの誕生日ケーキが準備された。ところがコンサート終了間際に届けられる手筈が七時半に運ばれて来てしまう。驚いた会場スタッフは楽屋の隅に古い屏風を見つけ、大急ぎでそれを屏風の陰に隠した。スタッフ全員が心してこれを守った。

コンサートは夜八時に始まった。ユンディ・リはステージで一人ひたすらピアノ演奏に没入する。会場の二千人余りの聴衆は、音楽の陶酔とは別に期待と興奮を胸に秘めてピアニストを見守り、コンサートを楽しんだ。ユンディ・リは演奏後に何が待っているかを知らず、二時間にわたる演奏を終えた。熱烈な拍手と歓声の中、彼がカーテンコールに応えていると、突然、会場内の照明が消えて真っ暗闇となった。ろうそくを灯した小さな運搬車がゆっくりとステージに近づく。その時、誕生日ソングが会場に沸き起こり、瞬く間に大合唱となった。カメラのフラッシュが焚かれる……。

ユンディ・リはあっけにとられていた。初めは何が起こったのか分からなかった。会場のファンの大合唱がやがて彼を大きな感動で包みこむ。彼は聴衆の一人ひとりに投げキスを繰り返した。彼らは歌い続ける。「Happy birthday Yundi We love you」。会場全体が大きな興奮に包まれた。やがてステージの彼がそっとろうそくの炎を吹き消すと再びホールに照明がよみがえった。聴衆がステージに向かって花束や贈り物を投げ込んだ。

「本当に何も気づかなかったのね？」。私は好奇心にかられて尋ねた。ユンディ・リの表情が照れ笑いに変わった。「ええ、まったく知りませんでした。ケーキが隠れていた屏風にも気づかず、気持ちはピアノを弾くことだけでしたから。でも後で思い返すと周りが少しいつもと違って、どうしたのかなと思わせることもありました。演奏直後は気持ちが高ぶっていて少しお酒に酔ったような状態なので、ホールの照明が消えた時は何があったのか分からなかったのですが、その後バースデーソングが聞こえてきてケーキまで運ばれてくるのを見ると、頭の中が真っ白になりました。ただびっくりしていました。彼らはすごいと思いましたね。コンサートでは誰一人、それも会場の千人を超す人たちが、私に誕生日おめでとう、などの声をかけて来なかった。一人でもいれば察しがついたかもしれませんがまったくなくて、あの大勢の人たちが最後まで気づかれないようにするなんて本当に驚きです。彼らは私を心から楽しませてくれました。私もやったこともない投げキスを繰り返したりして。私のこれまでの人生の特別な誕生日となりました」。誕生祝いが終わって夜十一時近くになっても、まだ五百人余りの音楽ファンが会場に列を作り、ピアニストのサインを待っていた。その日、ユンディ・リが聴衆から受け取った誕生記念のプレゼントは三百個余りになった。ファンたちの気持ちが伝わってきた。彼は贈り物を眺めながら、いくつかの品物は開かずにそのままにした。デザインや包装が凝っていて見るからにファンが心を込めて作った品物かに思えた。

ユンディ・リは二〇〇五年十月、リッカルド・シャイーとの以前からの約束により、シュターツカペレ・ドレスデン（ドレスデン国立オペラハウス管弦楽団）とドイツの十都市への巡演を行い、リストの『ピアノ協奏曲第1番』を演奏した。ミュンヘンのコンサートでは「ヴァイオリンの女神」といわれたドイツのヴァイオリニスト、アンネ・ゾフィー・ムターの姿が会場にあった。ムターはヘンリク・シェリングに師事した後、十三歳の時にカラヤンに認められ、手厚く育てられた。コンサート後、ムターは自ら楽屋までやって来てユンディ・リを親しげに労った。二人は音楽について様々に語り合い記念写真に収まった。

十月二十日の夜、優雅で飾り気のないハンブルク・ムジークハレは再びユンディ・リのコンサートの夜を迎えた。チケット窓口に人々が並ぶ光景は見慣れて不思議とも思わなかったが、開演一時間前に再びファンのキャンセル待ちの列ができた。「芸術には国境がない」との言葉は知っていても、こうした光景に出会わなければ、その意味を実感することは難しいだろう。

シャイー指揮による序曲の演奏の後、ユンディ・リがステージ奥から登場し、ファンが待ち望んだ時が来た。美しく響くピアノの音が鍵盤テクニックから生まれることさえ忘れさせた。音楽こそ奥深い宇宙であり、その基になる音符は天体に輝く星々だった。その宇宙を輝かせるエネルギーは、今このステージにいるピアニストや指揮者から発せられたものなのだ。演奏が終わると人々は歓呼の声をあげ、拍手が長く続いた。足で床を踏み鳴らす者もいた。アンコール曲『サンフラワー』の興奮の中、コンサートは幕を下ろした。当地の記者との会見の中で彼は次のような話をした。偶像とは、励まし影響を与え前進させてくれる人のことです。私の子供のころにもたくさん偶像がいました。けれども私が音楽と切っても切れない縁で結ばれた時、聴衆こそが私に力を授け励まし影響を与えてくれる偶像だと気付いたのです。音楽ファンが私を理解し自信を与えてくれました。聴衆は私にとって大切な偶像なのです。

二〇〇五年の年末になり、ユンディ・リは四枚目のCDアルバム『楽興ウィーン』を世に出した。CDアルバムはウィーン楽友協会「黄金のホール」で収録されたものだった。

黄金のホールの賃貸料はとても高価といわれる。借り手がドイツ・グラモフォンということもあるが、DGにとってはユンディ・リのような人気ピアニストだから、ということもあろう。CDが収録されたのは二〇〇五年の夏だった。公開演奏での収録ではなかったが、彼は一期一会の思いから編集上のカットや修正をまったく行わなかった。収録時にピアニストのポリーニが夫人を伴って訪ねて来たが、結局会わず仕舞いになった。スタッフ全員が収録に没頭していたことや彼の演奏予定が詰まっており、製作会社も彼を煩わせたくないとの思いだった。ポリーニはそれでも、よろしくとスタッフに伝言を託し、ホールを後にした。彼も一週間前に黄金のホールでウィーンフィルとモーツァルトの二曲のピアノ協奏曲を収録したばかりだった。

外部ではユンディ・リがこのCDを収録する際に、プロデューサーとの間で齟齬があったことを伝えていた。ピアニストが録音の状態に満足せず、収録を終えた後、彼は再び黄金のホールで録り直しの演奏を行ったという。この伝聞について私は本人から直接その話が聞けた。

「『楽興ウィーン』の収録では、高額な賃貸料の黄金のホールで二回も録音用の演奏を行ったと伝わっています。うわさではドイツ・グラモフォンが了承した録音の原版に、あなたがご自分の意志を通して再録音させたと、そのように伝わっていますが……？」

「ええ、つまりこういうことです。ずっとこれまで私を担当したプロデューサーが休暇中だったため、録音に際して製作会社は別のプロデューサーを送り込んできました。けれどもその彼とは気持ちが合わず、音楽理念や考え方にいろいろ違いがあって。もちろん彼も優秀なプロデューサーでしょうが、私が理想とする録音効果を引き出すのは、彼では最初から難しいと思いました。結局、信頼関係が得られなければよい仕事もできず、その後、私はプロデューサーを代えてほしいと伝えて、録音のやり直しを求めました。しばらくして製作会社は私の希望を容れて、録音もやり直しました。それが今回の『楽興ウィーン』です。最終的に私の理想通りのCDになりました。今回のことは製作会社が私を試す、あるきっかけともなったような気がします」。「要求の厳しさが製作会社に伝わったわけね」。

「私は再録を任された新たなプロデューサーの音楽理念とか専門性に気遣いました。お互い分かり合えるようになりたかったのと、そうなれば少なくとも私の目標は達成される。製作会社も徐々にですが、私の音楽に対する見方や考え方を理解してくれるようになって。このことはその後の録音活動に大いにプラスになったと私は思っています。いずれにせよ、世の音楽ファンによい音楽をどう提供するか、ということです。特に今回のこのCDでは、これまでなかったことがいろいろと起きました。二回目の再録前にドイツ・グラモフォンからプロデューサーやレコーディングエンジニアの考え方や専門分野についてあらためて説明があり、私も彼らと個別に会って話をして、それが最終的なスタッフ選考の基になりました」。「こんなことって、今の若い演奏家相手にはほとんどあり得ないことね。普通なら製作会社がすべて方針通り決めて……」。「通常であれば、私たち演奏家は会社が決めたスタッフと仕事をするものです。ごく当たり前のことです。録音のことで今回こんなことになったのには理由があるのです。もしこのCDの質がよくなければ世の人たちはプロデューサーつまり製作上の問題より、弾いたピアニストのテクニックを批評するのが目に見えてます。会社に要求したのは私の音楽に対する責任からです。CDの市場は今あまりよくありません。いつも私が思っていること、それは私のCD録音は今の時代の音楽ファンだけでなく、後の世の人たちも楽しめるものであってほしい。『缶詰音楽』という言葉は私には無関係といいたいところです。二〇〇五年末に発売予定の今回のCDは最高の録音チームのスタートとなるものです。チームスタッフとの信頼関係がしっかり保たれています。どうかたくさんの音楽ファンがこのCD録音を楽しんでほしい」

［三］

CD『楽興ウィーン』（日本盤『ユンディ・リ・イン・ウィーン』—訳注）は先ずヨーロッパで発売された。発売後の評価ではカナダのトロント放送局が二〇〇五年のクラシック音楽の優秀レコードに選出した。アメリカ・レコードガイド誌はこのリサイタル（『楽興ウィーン』の独奏を指す）は、ユンディ・リがスーパースターへの新たな仲間入りを証明するものだと称えた。

『楽興ウィーン』のバロックからロマン派に至る音楽は、リストの『スペイン狂詩曲』シューマンの『謝肉祭』スカルラッティの二曲のソナタ、モーツァルトのソナタなど、曲目から気づくのはユンディ・リがこれまでとは異なるタイプの作品を取り上げたことだ。そこでは新たな処理や手法が試みられており、彼の個性や語法、テクニックなどにも成熟が見られるとされる。また黄金のホールのすばらしい音響効果も、このCDの評価を上げた。収録曲目はスカルラッティの『ソナタ　ホ長調』、『ソナタ　ト長調』、モーツァルトの『ピアノソナタ　ハ長調』、シューマンの『謝肉祭』から九曲。リストの『スペイン狂詩曲』など。アメリカの音楽誌はこの新しいCDアルバムが発売されると次のように論評した。

巧みな鍵盤テクニック。

ユンディ・リの新しいCDのタイトルに誤解があってはならない。ウィーンでの独奏とはいえリサイタルでの演奏ではない。ドイツを本拠とするこの中国人ピアニストのお気に入りの場所、ウィーン楽友協会大ホールでの録音である。リサイタルでないとはいえ、演奏には即興性（ホール演奏特有の臨場感。リの特長でもある）があふれており、少なくともこのCDはライバルに向けたチャンスともいえるものだ。彼がショパンやリスト以外に何を弾いているかを確かめるのもよいだろう。

この中の三つの作品、モーツァルト、シューマン、リスト（あの『スペイン狂詩曲』）は四月九日のサンフランシスコでのリサイタルでも弾くことになる。どうなのかといえば、彼がこれまで考えてきたことが現実となったということだろうか。もし彼がバランスを意識したのなら、まだそれは考え通りにはなっていない。スカルラッティの『ソナタ　ホ長調』（この曲はおそらく彼が最も得意とするソナタだろう。ホロヴィッツへの感謝も）がCDの冒頭の一曲目である。彼は目を覚まさせるようなテクニックではなく慎重にじっくりと表現している。とはいえ五分間、様々な色彩と明瞭な粒立ちをベースに音楽がゆっくりと展開する。次の『ソナタ　ホ長調』には恐ろしさを感じるほどだ。緻密で不協和な音が強調され、メロディとハーモニーの変化が鮮やかに追随していく。

奇をてらわず彼自身の演奏語法を曲に焼き付けようとする。独創的で天賦の才を持つこの若者の音楽は、彼のライバルが表現するものとは別のものだ。熱く盛んな表現に隠されとはいえ、モーツァルトのソナタの演奏はラジカルなものではない。だが彼の語法は音楽を「良好」から「卓越」したものにする。素朴な演奏と思わせながら、味わいのある独特の音楽を創り出した。

中間楽章ではカンタービレの美しいアンダンテが際立っている。彼は長調と短調の間の明暗を巧みに処理し、ひときわ目立つ旋律を特別な思いを込めて表現している。外声部を自由に色付けし節度あるリズムで、古典作品に現代の上衣を着せた演出が見える。

リが全神経を集中させて演奏したのがシューマンの『謝肉祭』である。作曲家のあの愛すべき小箱。四つの音の動機を緊密に組み合わせ、謝肉祭に集まった人々の様子をたった二分余りで描く。初期の作品とはいえ、音楽と哲理の種をすでにそこに宿していた。「フロレスタン」と「オイゼビウス」。この二人が彼のその後の作品に絶えず顔をのぞかせる「人物」となる。

秘訣ということでは、小曲が密接につながり個別に生命力を保っている。リは小さなスケッチを大きなキャンバスに見立てる効果に成功したようだ。彼のような若いピアニストを聴いていると、演奏の中に若さがにじみ出るものがあり、他では得られない味わいを感じる。リの聡明さと周到さは、ずるがしこく動き回る曲にいとも簡単に彼自身を焼き付けるものだ。

「ショパン」の心の底に秘めた感情と、標題作曲家シューマンへの深い敬意に満ちた結びつきは、聴く者に息をひそめさせずにはおかない。「パガニーニ」では狂おしい鍵盤タッチが混じり、和声のコードが力強く響く一方、テンポや進行が緻密に保たれ、卓越したテクニックが耳に快い。目も眩む高難度のテクニックの部分でも表現上の根幹は失われず、テクニックをひけらかすようなところはまったくない。

『スペイン狂詩曲』は、リスト本来の深さにはどうやらまだ達していないようだ。四月のサンフランシスコでの最初のリサイタルで、リは彼の特別な聴衆の前でこの曲を弾いた。テクニカルな要求が厳しい上、演奏にはピアニストの成熟さがいっそう求められる。作品自体も極めて音楽性豊かなものである。

この十五分間のフラメンコ（スペイン舞踊）を、激しく雅《みやび》やかに弾くことはできる。だが強い協同感を持ったピアニストなら、本来の奥深さ（二種類の舞踊が混合。厳かなポルトガル舞踊と軽妙なスペイン舞踊）を明確に弾き分けることは可能だろう。サロン音楽が中身のないものと思ってはならない。

すぐに気付くことだが、リは黄金のホールの響きが大のお気に入りなのだ。彼の指先のスーパーマンのようなテクニックは、敬愛するリストの作品を弾く上では当然のことだろう。明晰な質感または音の強弱は、聴衆がその印象を最も深く心に刻むものである。我々は来年の四月を待つだけとなった。彼の手の中でこの曲がどれほど「成長」しているかだ。

ユンディ・リは新しいCDをこう総括する。「幸運にも私はこれらの曲をウィーンの黄金のホールで録音できました。このホールの響きには驚くほど美しい色彩の変化を感じます。今回のCD収録曲では音楽ファンがこれまで聴いたことのない新しい曲目を取り上げました。私もこの年令になると情感豊かな音楽、情熱的な作品を弾きたくなります。たとえばシューマン、とてもドラマチックで情熱的です。他にもロシアやドイツ・オーストリア系の作品も好きです。今後も音楽ファンに向けて少しずつ弾いていくつもりです」。このCDを聴いてみよう。美しく情熱的な音楽との出会いを求めて、歴史ある黄金のホールに入場するのも悪くない。

ユンディ・リは十二月に入って、アメリカで最も影響力を持つＸＭ放送局主催のクラシック音楽大賞審査会で、「年間最優秀クラシック音楽新人賞」を受賞した。ＸＭ放送局は世界のクラシック音楽界でも揺るぎない地位を持つものだ。年一度のクラシック音楽大賞の審査は厳格なもので、各放送局がノミネートした音楽家に世界中の聴取者が投票を行って決定する。ユンディ・リの集票率は六十六％で二位以下を大きく引き離し、大賞を獲得した。また「年間最優秀クラシック音楽家賞」は世界的に知られた中国人チェリスト——ヨーヨー・マに決まった。

第十五章　若い大家

［一］

ユンディ・リは二〇〇六年一月二十六日、二十七日の二日間、デ・ワールト率いる香港管弦楽団とリストの『ピアノ協奏曲第1番』を共演した。

私は今、本書の書き始めのころのことを懐かしく思い出している。私がユンディ・リに初めて取材したのがこのコンサートだった。その後、彼と共に「困難な旅路」を歩む私に当時の記憶が甦ると、心中には特別な思いが駆け巡る。この間、ユンディ・リがどのように成長したか、若いピアニストが厳しい坂道を一歩一歩攀じ登り、今日の高みにたどりつくまでを、私はつぶさに見守ってきた。すでに彼は成熟の域に到達していると評する専門家がいる。私もそのことを書いた。しかし最近ではプロの演奏家への見方や要求が厳しいものになり、完璧さを求める傾向が強く感じられる。

ユンディ・リにとっても思いは同じであろう。人々が彼の演奏上のミスを受け入れず、常に完璧さを求めていることを知っている。ロシアの著名な歌手エリナ・オブラツォワはこう語る。「一流の歌手がうまく歌うのは当然のこと。もしステージで手抜かりでも起きればすぐにただごとでなくなる……たとえ小さなミスでも『きみのレベルは以前とは話にならない』とかゴシップの餌食となって、その後はどことも契約を結べなくなる」

コンクール優勝以来この六年間、ユンディ・リはこうした音楽環境の中を歩んできた。エリナのいう通り、成功した演奏家であっても、人としての素養や勤勉さ、賢い頭脳とさらに強い心臓が求められている。

ユンディ・リにとって二〇〇六年は超多忙な一年となった。彼の「名声」にも大きな収穫があった。この年、彼はハノーファー音楽大学を卒業し、大学最高の栄誉である「演奏家」の称号を得た。現実は彼に味方し普段よく口にした通りの展望が開けたのだ。「学業は終わっても音楽の道はまだ始まったばかり。今後はこの足で世界を駆け巡る。聴衆との交流、そして音楽の研究は、私の一生の仕事です」

その年の二月二十八日、彼はロンドンでロンドン交響楽団と共演し、ショパンの『ピアノ協奏曲第1番』を演奏した。指揮したのは米国籍を持つ韓国出身の指揮者チョン・ミョンフン。二人にとって初めての共演となる。チョン・ミョンフンは一九五三年に韓国で生まれ、一九六八年にアメリカに移住した。その後、ロサンゼルス・フィルハーモニー管弦楽団の副指揮者、ザールブリュッケン放送交響楽団の音楽監督兼首席指揮者、フィレンツェ・オペラハウス首席客演指揮者、パリ・オペラ座音楽総監督、また日本の東京フィルハーモニー交響楽団ではスペシャル・アーティスティック・アドバイザーを務めた。指揮したオーケストラもベルリンフィル、ウィーンフィル、アムステルダム・コンセルトヘボウ管弦楽団、フィラデルフィア管弦楽団、シカゴ交響楽団、ボストン交響楽団、ニューヨークフィルなど数多くあり、また受賞歴ではイタリアのプレミオ・フランコ・アビアティ賞、フランス政府からレジオン・ドヌール勲章が授与された。彼はオリヴィエ・メシアンと親交があり、作曲家の死後もその作品の演奏や録音を積極的に行い、メシアンのニュー・オーソリティともいわれる。

ロンドン交響楽団はイギリスの著名なオーケストラである。設立されたのは一九〇四年で、ハンス・リヒターが初代の首席指揮者を務めた。二次戦後の一九五〇年に組織が再編され、一九六一年からピエール・モントゥーが首席指揮者となる。その後三年にわたる活動の成果により、一流オーケストラの仲間入りをした。一九六三年に日本、韓国、香港、インド、イラン、トルコ、イスラエルなど各地を巡演し、イギリスのオーケストラとして初の世界公演を行った。一九八〇年にイタリアの名指揮者クラウディオ・アバドを首席指揮者に迎えると、多くの指揮者が客演指揮を行うようになり、幅広く多様な作品を演奏、録音する「万能型」オーケストラへと変貌する。

当夜のコンサートは、前半がショパンの『ピアノ協奏曲第1番』、後半はムソルグスキーの『展覧会の絵』、マーラーの『交響曲第5番』というものだ。

マーラーの作品の演奏は、多くの指揮者が暴れ馬を飼い馴らすようだという。マーラーは「人とは何か」を生涯問い続けた懐疑派で、アインシュタインは彼の音楽を「狂喜と絶望の間をもがく人間の姿」といった。当夜、チョン・ミョンフンはエネルギーをすべてこの交響曲に投入した。リハーサルでもこの様子が見られ、ショパンはやや隅に追いやられた感があった。本番でも協奏曲とはいえ、曲全体のバランスを重視した演奏となった。そうした印象からか二人の初共演に期待した音楽ファンや評者を失望させたようだった。翌日のロンドンの新聞には「明らかにピアニストと指揮者の対話不足」との音楽評が載った。

それが「ワーテルロー」でなくても、残念な思いは残るものだ。コンサートの一回性を思えば、その残滓はいっそう重みを増すことになる。あるいは指揮者がそのことに気付いたのか、同じプログラムによる三月十八日、十九日の韓国・ソウル公演でチョン・ミョンフンは、ユンディ・リとのリハーサルに十分な時間を割き、息の合ったコンサートとなった。韓国メディアは「春の季節に起きた『音楽の砂嵐』」と評していた。

彼がコンサートの合間に一時帰国した折り、私はすぐに取材をした。「チョン・ミョンフンって、どんな感じの指揮者かしら？」。「誰もが認めるよい指揮者です。指揮者の中には名声が本来の実力や才能より勝っている指揮者もいますが、彼は正反対の好例ですね。ジェームズ・レヴァインもそうですが、チョン・ミョンフンもとても感性豊かな指揮者で、しかも一流のピアニストです。彼とはその点でもよく分かり合えます。ロンドンのコンサートでは息がどうだったか、との声がありましたが、ソウルでは故郷の人たちの前で丁寧に指揮をして、反響もとても大きなものでした」。「音楽評はどんなふうに？　コンサートの翌日の新聞評など見たりはしません？」。「しませんね。評を見たりすると音楽への集中に影響が出そうです。これまでもあまり見たことがないですね。成長をじゃまされずに済んでいます」。彼は笑いながら続けていう。「演奏家は直感とか解釈の基になるものを大切にします。これは大事なことで、ですから評がよいとか悪いとか、ことさら注意して見たりはしませんね」。「演奏している時ってどんなことを考えているかしら。特にご自分で注意していることとなんてあります？」。「作曲家の意図をどう表現するか、それだけです。イメージ化しているものもあります。大事なことは作品への理解ですね。それともう一つ、自分の演奏スタイルを持つことも重要です。演奏スタイルとは弾き手の側、ピアニストの解釈や心の動きが中心となりますが、どんなスタイルかは別にして、作品の理解とか解釈がその基になるものです」。「偉大なピアニストといわれる人たちは、直観性とか芸術的感覚をとても大切にする、といいます。演奏する中で起きるミスタッチ、たとえばこれまでも出たホロヴィッツやエドウィン・フィッシャーも含めて、ピアニストとしての本領というのは、音楽の解釈とかスタイル、芸術的感覚をいうのかしら、それとも先ず音符を正確に弾くことなのかしら？」。「ピアニストとしては音符を正確に弾くことは大事です。ミスタッチとはいわば正確さを求める中でのキズです。正確さは無論追求すべきですが、音楽とその基になる音符をある視点で眺めると、むしろ音楽的表現に重きを置くべきで、作品の意図や境地を求める真実性の下では—最悪の結果としての音符のミスは、私は許されると思います。大家クラスの演奏ではミスタッチはテクニックの問題とは考えませんし、解釈に影響を与えるものでもありません。また音楽の真実性を損なうものでもない、と考えられます」。「あるスポーツ選手がピアニストの演奏の様子を見て、体力を消耗するスポーツ競技とも似たところがある、といってます。また乗り越えるべき基本的なトレーニング、特に体力面での鍛錬が必要とも。本当はどうなのかしら？」。「ええ、考えてみれば基本的なことですね。基礎体力を身につけておく必要は当然あります。実際、演奏中は筋肉組織を極限まで使います。感情移入が激しくなるほど筋肉の緊張も増し激烈なものとなる。ただ外見には現れないので聴衆の日にそれが映ることはありませんね。もし体力に余裕があれば演奏面での解釈や表現が確かなものになり、聴衆にもそれが伝わるかもしれない。また曲によっては内容の展開にはある種の粘り強さが必要で、粘り強さを支えるのはまさに体力なのですが、無論、頭も働かせなくてはならない。結論的にいえば、ピアニストにとって十分な体力はよい演奏をするための必要条件でもありますね。二〇〇一年にあったちょっとした出来事。これは私の悪い思い出です。フランスのパリでのコンサートの時でした。ホールが小さく窓もなくて、何となく空気が滞って少し酸素不足を感じていたのですが、カーテンコールで突然めまいに襲われました。前列にいた人たちが回転して浮き上がってきて。これがあってから体力を蓄えておくことの大切さを思い知らされました。ここ数年、私が注意しているのは栄養バランスです。運動や食事、定期的な有酸素運動、ジョギングや水泳、肺活量を増やしたり呼吸を整えたり。また演奏中の効果的な調整方法など、これは経験を積めば両手の緊張をゆるめてくれるものです。いずれにせよ、演奏中も筋肉は程よくコントロールすることです。これもトレーニングをしっかり積んだ上での話ですが」。「曲の中には速いテンポで弾く曲がたくさんあります。ピアニストの指先は毎秒二十五回も動作が可能とかいわれますが、こんな速いテンポが弾けるようになるには何か秘訣でもあるのですか?」。「速いテンポで弾くことはピアニストなら誰もが身につけていることですが、速さだけでなく一つ一つの音をバランスよくはっきりと弾くことが大切です。ただこういう見方もあります。速いテンポの演奏で注意すべきは人々の聴覚的能力で、聴覚能力を超えるテクニックはそれ自体意味がないというのです。速いテンポの演奏が芸術の質を高めるかというとそういうことでもない。さらには別の見解もあります。弾き手にとって速さとは指先の動作ではなく直感の敏捷さにある、というものです。いいかえればピアノを弾く真の難しさとは、どれほど速いかではなく、どんな速さかということです。ピアノのメカニック上の動作もその要因の一つともなります」。「ご自分の演奏スタイルについては、すでに多くの人が語っています。多くのファンの支持もあります。ところであなたが目指す音楽、あるいは演奏の最高の境地とは、どのような世界なのかしら?」。「思うにおそらく、演奏上で心が求めるがままをすべて表現できた時。これが最高の境地の一つでしょうね。心が求めるがままということは、作品を多面的な視点で理解し、作曲家を様々な角度から眺め、自由な想像力を基に作品の内面性の分析・研究ができているということです。さらに精緻に多元的に音楽を解釈することでも最高の境地を味わうことができると思います。音楽や芸術に決まったモデルなんてありません。楽譜の原版を見比べて、どの版のテンポに処理や解釈の違いがあるとか、どちらの版が作曲家の精神や意図をより明確に表しているかなど、こうしたことは誰も分からないし証明もできない。何が重要かは、原版を演奏家がどのように合理的に演奏するか、それに尽きます」。「音楽の真髄とは何か、についての質問です。あなたにとってそれは何ですか?」。「旋律、メロディです!」

〔二〕

ユンディ・リは三月六日、ドイツの第六回「芸術家賞」を授与され、アジアの音楽家として最初の受賞者となった。この賞は北ドイツ州立銀行が主催するドイツではよく知られた音楽賞で、二〇〇一年に設立されて以降、音楽界に特別な貢献があった青年音楽家に贈られる。彼はその後、「中華全国青年連合会」の第十回評議委員にも選出された。

毎年春になると、アメリカではクラシック音楽のシーズンを迎える。二〇〇四年の最初の北米コンサートツアー以後、ユンディ・リは毎シーズンの音楽イベントに招待され、公演を行ってきた。しかも二〇〇九年まですでに公演のスケジュールが決まっていた。彼はわずか三年の時の経過の中で、アメリカ第一級の音楽ステージへの進出に成功したのだった。

アメリカ・ニューヨークのマンハッタン区七番街にあるカーネギーホールは、「音楽家の揺籃」として、すべての音楽家が憧れる芸術の殿堂である。一世紀余りにわたり、その時代を飾るトップクラスの音楽家や人気ポップアーティスト、舞踊家たちがこのホールでコンサートを開催し、音楽の殿堂として高い名声を確立していた。名立たる音楽家、アーティストたちの芸術家精神により洗礼を受けたカーネギーホールでの音楽活動は、芸術家の名声のシンボルともされた。ある古い小話は、カーネギーホールがいかに世界で嘱目されているかをよく伝えている。マンハッタンの週末、一人の旅行者がコンサートを聴きにこの地にやってきた。すでに空は暗く、夜のとばりが下りていた。道を行く若者や市民はおそらく社会の黒幕だろう。だが旅行者は行き先が見つからない。最後は恐れと不安から道行く男に恐々尋ねるしかなかった。「すみません、カーネギーホールにはどうすれば行けますか?」。男は実は音楽家だった。彼は旅行者を眺めて暫く考え、こう答えた。「練習、練習、ひたすら練習……」。そして闇の中に消えていった。

二〇〇六年四月三日、ユンディ・リはカーネギーホールでリサイタルを行った。芸術の殿堂でのステージは彼にとって三回目である。最初のリサイタルは栄誉と幸運をもたらしたが、今回は偶然から生まれたものだ。公演を予定したピアニスト、マレイ・ペライアが手を負傷したため、代役にユンディ・リが招かれたものだ。これも日ごろの「練習、練習、ひたすら練習」の成果といえようか。ニューヨーク・タイムズには、カーネギーコンサートのチケットは三日前に完売とあった。駐米中国総領事夫妻や領事館の関係者の姿もあった。幕間にユンディ・リを訪ね、祝辞を寄せた。オープニングはモーツァルトのハ長調のソナタである。軽快で生き生きとした中にどこか感傷的な気分が漂う。シューマンの『謝肉祭』は、作曲者の自伝的な性格を持つ曲で、二十の小曲で構成される。どの曲も曲想やスタイルが異なったものだ。フィナーレはリストのロ短調のソナタ。リサイタルのメインとなる曲だった。文字通り、錦に花を添える演奏で、二千名余りの聴衆から熱烈な拍手と歓声が送られた。ユンディ・リはスタイルの異なった曲をいずれも卓越した演奏で聴衆を圧倒した。いつもは鋭く耳をそばだてる評者たちからも、小さなキズを探すことさえ難しいすばらしいコンサートだったとの声が聞かれた。音楽評論家アレキサンダー・ヴァルディは次の論評を載せた。

絶えざる練習がもたらした完璧さ。

リにしてみれば、いつの日かカーネギーホールでリサイタルを行うことを夢見たとしても不思議はない。この二十三歳のピアニストは二〇〇〇年にショパン国際ピアノコンクールで優勝して以来、栄光を一身に背負い「ロマン派ピアニストの継承者」とも呼ばれる青年だ。早くも先週その運命が光臨し、初演となるカーネギーホールでのリサイタルを開いた。本来四月三日はマレイ・ペライアの出番だったが、巨匠が指を負傷し延期となった。ジョージア・ストレート（ジョージア・ウイークリー誌記者）は、先ずリに巨匠の代理出演をお願いできないかと、ニューヨークのホテルに電話で尋ねた。「こんな偶然の巡り合わせに興奮しています。もちろん光栄に思っています」。リは慌てることなく、そう答えた。バンクーバーの聴衆には痛快な思いこの上なしのはずだ。二曲はニューヨークで演奏した曲目だ。モーツァルトのハ長調のソナタ、シューマンの『謝肉祭』は四月七日の金曜日、オーフィアム劇場でも演奏する手筈となっている。だがニューヨークの聴衆はリストの『スペイン狂詩曲』には縁がなかった。幸運にもマンハッタンの聴衆はリストのソナタが聴け、我々はショパンの『華麗なる大ポロネーズ』が聴ける。もし我々にさらなる幸運が舞い込むことになれば、おそらく問題が起きよう。だがどうあろうと両岸の聴衆は完璧なプログラムを聴けることになった。当然すべてはよい巡り合わせによるものだ。

リはＣＤ『楽興ウィーン』で、この二百年の歴史ある古典を弾き、情感と活力に満ちた音楽を解釈した。これまで多くのピアニストが演奏してきたモーツァルトのこのソナタを、彼は特に注目すべき解釈で弾いた。リはこの舞曲の精髄を持つ音楽を見事に表現している。私は彼がもともと舞踏芸術に興味を感じていたのではないかと想像せずにはいられなかった。リは生まれてすぐにこのことに興味を持った。彼はいう。「私はオペラを見るのが好きです。私は踊れないけどママは昔バレエをやっていた」。演奏はしかしどうやらこのことには関係なさそうで、リは今でも演奏のインスピレーションは弾きこみから得られるものだという。あるいはこのモーツァルトのソナタは例外だろうか。

彼は感動した口調でいう。「私はモーツァルトが大好きです。彼の音楽は私に深い自然の情感を育んでくれた。彼の曲はとても純朴で聴く者をゆったりとさせる。このソナタは多くの人が様々なスタイルで弾いています。美しくしかも内容ある曲だからです。偉大な曲は自由に解釈ができ、偏った感覚に陥ることもない。この曲はまさにそうした曲で、それぞれの演奏にはそれぞれの解釈が生まれます。その時々のインスピレーションが創りだすものです」。確かなことがある。リは中国の重慶で十歳の時を過ごしながら、モーツァルトを弾いていた。賢くも弾く曲を増やす毎にある方法を発見する。「私は少なくとも七種類の異なる版を比べました。各々の版を確かめると、どれも文字の意味や譜面の数字は正確でした。それから多くの大家の演奏を聴いて、好きだったのは十九―二十世紀の音楽、特によかったピアニストはラフマニノフ。またそのころの音楽家の生活や互いに往来する様子、そうした音楽史上の知識を身につけたり、その当時の録音を探したりしました。そのころの大家の演奏を楽しみたかったからです」

リの興味の対象がどの大家の演奏かは聞けなかったが、今まさに彼が集中して取り組んでいるのはバッハだ。彼は絶えず何かに挑戦することが好きなタイプのようだ。『ゴールトベルク変奏曲』をいつ録音するかは分からないが、次のCDの予定はショパンの『ピアノ協奏曲第1番』だという。その話はこうだ。「今まさに録音したい曲です。実はこの曲はチョン・ミョンフンとロンドン交響楽団で演奏したばかりで、皆がとても楽しんでくれました」

「楽しむ」。この言葉は彼が度々口にする言葉だ。この穏やかで親しみやすいピアニストは、音楽家として「名声」を得ることがどんなに幸運なことかをよく知っている。彼のカーネギーホールでのリサイタルは成功裏に終わった。このことをある人は、ショパン国際ピアノコンクール以降の新たなピークであり、彼の生涯で最も重要なコンサートになったのではないか、という。だが本人はこの話に関心を示さなかった。そういわれたところでただいつも通り、当夜の演奏がよかったかどうかを振り返るだけだろう。

彼は私にこうもいう。「正直なところ、コンサートの会場がどこかはほとんど気にならない。もう一つのピークということも考えたことがない。大事なことは私の音楽の進歩、そのことのみだ。音楽評は私を虜にしないし私もそうはならない。今ここで価値を感じることがあるとすれば、どうすれば音楽をもう一歩上のレベルに進められるか、それを考えること」

カーネギーホールでの熱演は、ユンディ・リの二〇〇六年の春のシーズンでの北米十三都市へのコンサートツアーの幕開けとなった。巡演する都市はニューヨーク、ボストン、サンフランシスコ、トロント、モンテカルロ、バンクーバーなど。いずれも招待先の都市の主催だ。間もなくやって来る十数日に及ぶ公演の日々、その間、彼はその「驚きと喜び」を各地の音楽ファンに贈り続ける。その様子を逐一レポートすることはできないが、専門家や評者の論評が日々の熱いコンサートの様子を伝えている。

ワシントンポスト評：

リは限界を感じさせないピアニストだ。モーツァルトのK330のピアノソナタは完璧な音色だった。リを「思想家」ピアニストと呼ぶのは過ぎたいい方ではない。彼が世界一流のピアニストであることを証明するものだ。

バンクーバーのコンサート評：

ユンディ・リは音楽に力強さを出そうと中腰になって演奏していた。マズルカでは左手で指揮をとる格好をし、右手だけで演奏していた。十九世紀ロマン派の音楽では、時に嵐のように爆発させて盛り上げ、時に深く沈んだような音色で静けさや穏やかさを表現した。彼はこうした「喜怒無常（感情の起伏が激しい）」の表現を得意としているが、彼自身の趣味にも合っているようだ。もともと緊張感のある音楽が好きなこともあろう。

音楽評論家ジェームズ・Q・ウィットマン：

人々を引き寄せるコンサート。

国際的ピアニスト、ユンディ・リは、von der Mehdenv音楽ホールで彼の特別なファン向けのコンサートを行った。主催はヨグスンセンター及び芸術学院。チケットは早々と売り切れ、ファンもコンサートが始まるずっと前から会場で待っていた。天才といわれるリの音楽を実際に耳で聴いてみたかったという。誰もが「彼はとてもすばらしい」と憧れる。Shannon Townsend Massから来場した

Crowleyは「一度だけでも彼の実演を聴いてみたい」といった。

コンサートを聴きに来た人たちは、リが人気を集める最大の理由は、その年令だという。十八歳で国際的に名を知られるのは特別な才能の持ち主だけで、ほんの少数だ。Alla Nebratの話では「彼は私たちの未来に希望と努力の価値を教えてくれた」という。

リはモーツァルトとシューマンを演奏した後、ファンの反応に感動したのか休憩後の後半の曲目をすべて変更した。これにもファンは驚いたり喜んだりした。「彼の弾き方は曲目にふさわしいものだった」とJohn Pruell。「彼は私がこれまで聴いた中で最高だ」。最後の曲が終わるとファンは何度も立ち上がり、リに嵐のような拍手を送る。コンサート後、ファンの寵愛にピアニストは通路に並んだ一人ひとりにサインをしていた。

音楽評論家マシュー・エリクソンの論評：

リは二〇〇〇年にショパン国際ピアノコンクールで優勝し、いきなり世に知られた。コンクールでの成功は、当時十八歳にも満たない彼をドイツ・グラモフォンと契約させ、アルゲリッチ、ツィメルマン、ポリーニと並ぶ当代で最も歓迎される人気ピアニストにした。

火曜日の夜、彼はコネチカット大学音楽ホールでモーツァルト、シューマン、リストを弾いた。当夜の聴衆は彼の音楽のプロとしての腕前や濃厚な芸術を堪能し深い感銘を受けていた。リのコードは雷鳴の響きさながらスケールは煌めき澄みわたり、八度の跳躍の多彩さは目も眩むばかりだった。聴衆は彼がスーパーテクニックのピアニストであることを完璧に納得させられた。だが一曲目のモーツァルトでは単にテクニックばかりではないことを証明した。リはこのハ長調のソナタで大学が保有する半ば破損状態の古いスタインウェイから、オーケストラの緻密な響きにも似た美しい音色を紡ぎだした。ペダル機能は繊細さを失っていたようだが、リはこの曲を完璧に演奏した。低音部と内声部の旋律をこのように伸びやかに歌わせフレーズを心地よく響かせたのを、ピアノの状態を知る少数の人たちは奇跡でも起きたように聴いたものだ。リの感性と深い芸術性は第2楽章（アンダンテ）にも余すところなく表れ、特に中間部の転調部分には優しさと悲しげな響きが漂った。

リはピアノをドイツで学んでいる。彼はまさにこの理由からシューマンの『謝肉祭』を選択したのかもしれない。シューマンの変幻自在と顕在性を対比させた音色の処理を、彼は相当研究したようだ。曲の冒頭の有名なコードは大きな金管楽器の咆哮ともいえよう。さらに印象深かったのは夢幻の音楽のような二つの小品、愛らしい「ショパン」と優雅な「キリアーナ」だった。

リは思考型ピアニストといっても間違いないだろう。彼は作曲家の境地や作品の意図を細かく追究する。そのためアルゲリッチのような突進性はない。だが彼の音楽には火山のようなマグマが潜んでいる。最後の『カルナヴァル』には最高の演奏が待っていた。

とはいえ、リはもう一種類の突進性を発揮することがある。後半に予定したリストの『スペイン狂詩曲』とショパンの『華麗なる大ポロネーズ』を、彼はリストの『ソナタ　ロ短調』に変更した。後半の演奏には一部の隙もなかった。だが注目すべきはプログラムの変更によって聴衆は手元の楽曲資料を失ったものの、高い演奏集中度によって作品の動機の一体感や構造をしっかり聴き込んでいたことだ。中間部のフーガにもこれ以上ないほどの透明性が感じられた。

リのこのコンサートを聴けなかった音楽ファンはまだここで失望することはない。彼は来年二月に再びこの地に戻り、ライプチヒ・ゲヴァントハウス管弦楽団とイタリア人指揮者リッカルド・シャイーとの共演を入れている。

ユンディ・リのコネチカット大学でのコンサートにちょっとしたエピソードがあった。後半で彼は曲目を急遽『ピアノソナタ　ロ短調』に変更した。これは彼の直感によるものだったが、この曲がこの狭いホールに適していたことを彼はコンサート後に知ることになる。まったく絶妙なタイミングといえた。

関係者の許可を得てまで私が紹介したかったことがいくつかある。先ず彼がこのホールで弾いたスタインウェイピアノ。名器であっても長年放置された「没落貴族」の雄姿。しかしコネチカット大学にとっては「地元市民の宝」でもあり、過去にピアノの大家が演奏した特別なピアノだった。栄光の歴史を背負ったピアノとはいえ、状態はお世辞にもよいとはいえない。ユンディ・リはリハーサルでそのことに気付いたが他に選択肢はなく、このピアノと「闘う」しかなかった。彼がロ短調のソナタを弾き始めると、ホールの聴衆すべてが「ピアノの虜」となった。演奏が終わった瞬間、屋根を突き破るような激しい拍手と歓声がホールを揺るがした。

ユンディ・リが楽屋に戻ると、会場からやってきた数人の老人が彼を待っていた。そしてピアニストの傍にそっと近付き話しかけた。話の内容はこうだ。三十年前のこと、場所もこのホール、このピアノであのホロヴィッツが弾いたこと。しかも弾いた曲も同じこの曲。

「まったく不思議な巡り合わせだ」。懐旧の思いで老人たちが彼を見つめる。「三十年前の記憶が突然よみがえった。だがよく聞くといい。私たちがここに来たのは、ホロヴィッツよりずっとうまく弾いたことを伝えたかったからだ」。ユンディ・リは静かに私にこういう。

「その話を聞いて私はとてもうれしかった。最高の励ましの言葉でした。もちろんホロヴィッツの話は彼らの記憶の中のこと。それに一度の演奏では何も分かりません。ピアニストが常に最高の状態にあるとも限らない。ともかくこの偶然の出来事には本当に驚きました。わざわざ楽屋に来てくれたことにも感激です。私の聴衆だからです」

［三］

二〇〇六年七月、ユンディ・リはイスラエルフィルハーモニー管弦楽団と共演した。指揮したのはグスターボ・ドゥダメル。年令も二十五歳で新世代の最も注目される指揮者である。

ベネズエラのドゥダメルはこれまでロンドンフィル、ロサンゼルスフィルなどを指揮し、現在はエーテボリ交響楽団の首席指揮者を務める。二〇〇五年にドイツ・グラモフォンと契約している。コンサートは一歳違いの若者同士の共演となり、行き先々の音楽ホールに若さと活力めいたものがそれとなく漂った。最初のコンサートは首都エルサレム、次いでテルアビブ、その後は各地方の都市に移り、計八回のコンサートを行った後、イタリアのスポレートに移動して当地の音楽祭に参加した。スポレート音楽祭ではイタリア最大のテレビ局がヨーロッパ全土に実況中継を行った。音楽祭は野外会場で行われた。中継では古い城郭が映し出され、イタリアの歴史や建築、音楽などを絡めた絶妙な演出効果が見られた。音楽祭の映像、録画の著作権はドイツ・グラモフォンが所有していた。

中国中央テレビ局は九月三日、広西・南寧市政府、オーストリア国営テレビ局、オーストリア・ザルツブルク州、ザルツブルク市政府、さらにオーストリア連合芸術製作会社と共同で、「大地飛歌──中国・オーストリア　ザルツブルクの夜」と名付けた大規模なアートディナー・パーティを開催した。中国、オーストリア国交樹立三十五周年の記念活動である。会場となったのはザルツブルク市街の中心にある大聖堂広場。アートディナー・パーティにはヨーロッパ各国及び中国から芸術家、俳優など合計四百人余りが参加した。当夜、ユンディ・リはパーティのメイン・プログラムである、ショパンのピアノ曲やモーツァルトのセレナードを弾き、盛んな拍手と喝采を浴びた。ここでもエピソードを一つ。パーティが始まる前、演出に厳しいユンディ・リが会場の響きを確かめようと、現場担当の技師にピアノの試弾を申し出た。無論すぐに了承され、全体リハーサルの完了を待って試弾の準備に取りかかると、予定時間の遅れを理由に思いがけず試弾を打ち切られた。彼は響きが確認できなければ出演を辞退すると強い口調で告げた。ピアニストの強硬な要求に最後は技師が折れた。パーティ開始三十分前のできごとで、すでに観客が入場を開始した中での試弾だったが、本番のコンサートでは何事もなく成功裏に終えた。

十月十八日から二十一日にかけ、ユンディ・リはウィーンの黄金のホールでウィーン交響楽団とグリーグのピアノ協奏曲を共演した。指揮はイタリア人指揮者ファビオ・ルイージである。十七日の午後、ユンディ・リは黄金のホールに入った。リハーサルでは偶然にドイツのヴァイオリニスト、アンネ・ゾフィー・ムターと出会った。彼女は当夜のコンサートのリハーサルのため会場にいたのだ。ミュンヘンでの公演以来の二度目の対面だった。二人は古い友人のように語り合い、互いのコンサートの成功を祝した。

ユンディ・リはその日、グリーグの北欧の情景を深い閃きを宿した響きで描き出した。聴衆はピアニストの指先に生まれる旋律や細やかなフレーズ、幽玄な音色に身を委ねた。彼はさながら芸術の聖徒だった。黄金のホールが若いピアニストの織り成す「金色《こんじき》」の音色で満ち溢れた。聴衆の一人がコンサート後にこういった。「彼の演奏にはとても魔力がある。音に深みがあり心が揺さぶられた。テクニックにはストレートに驚かされる。彼は中国から来たピアニストということだ」。偶然に名を聞いて会場に来た人たちまで彼は自らの聴衆にした。それが彼の深い満足感ともなった。「コンサートの後で会場の人たちと交流することって、とてもお好きみたいね？」。話の途中で私はふと尋ねた。「ええ、大好きですね。話をしていて強い感銘を受けることがある。ファンとの距離も縮まりますし、それに聴いた直後の感想が聞けるというとても得難いチャンスです。びっくりするのは中にはとても専門的な言葉で話をする人がいて、音楽への知識や理解も評論家並みです。ファンとの交流では参考になる意見や提案などがたくさん聞けます」。「ヨーロッパとかアメリカやアジアなどを比べて、コンサートを聴きにくる人たちの違いって何か感じます？」。「ああ、よくぞ聞いてくれました！」。彼は笑いながらそういう。「先ずアジアの印象からいいますと、アジアの人たちは大半が若い人たちです。彼らはとても熱心で、いうことも直接的です。プレゼントもたくさんあって。ただチケット代が高くなったりすると年齢層にも影響が及んで、若いファンが減ってしまうことになる。これは残念ですね。ですからチケットの値段は上げないように願っているのですが、これは私にはどうしようもありません。そしてヨーロッパですが、聴衆は高齢者がとても多いですね。彼らは音楽の聴き方がとても専門的です。ヨーロッパのクラシック音楽はドイツが中心といえますね。ドイツでは年齢層と関係なく、音楽と切り離せない文化を強く感じます。コンサートの数もとても多いですね。聴衆の中には一年分セットになったコンサートチケットを買う人たちをよく見かけます。ドイツの聴衆の反応にはとても含みがあって、アジアの人たちのように熱っぽくストレートに迫ってくることはないですね。祝いのカードを使ったり、そこに心のこもった言葉が書いてあって、心温まる感じです。ドイツと対照的なのが、アメリカの聴衆です。ここでは中国人、イタリア人、スペイン人、日本人など、皆それぞれ違いがあります。アメリカでは週末になると各地でコンサートやオペラが上演されます。東部の都市、たとえばボストンやニューヨーク、フィラデルフィアなどは文化的雰囲気が西部より多少濃い感じがします。アメリカの聴衆の多くは音楽にとても造詣が深く、音楽を聴いて精神を浄化させたり、心に休養を与えたりしている。音楽や芸術に触れると心の中の不純物が取り除かれる、との話もよく聞きます。理性や感情が自然の愉悦感に浸れるからで、他のものに替えがたい最高の栄養素となるものですね。またアメリカの会場や施設は個人の賛助で運営されているものが少なくないですね。これは音楽への愛惜からのもので商業的な事業とは別のものです。そこでは賛助団体などがコンサート後にパーティとか懇親会を開いてくれる。ほとんどが取材形式で、ピアノは何歳から始めたかとか、外国のコンサートの様子はどうかなど、とても楽しく交流ができます。私はアメリカのコンサートがとても好きですね。アメリカだからというのではなく、聴衆、アメリカの聴衆には何かシンボリックな一面、世界の聴衆を凝縮したような多様性を感じます。振り返ってわが国の聴衆を考えてみると、クラシックファンはかなり増えてますね。ヨーロッパの人たちのような専門性ではまだまだですが、少しずつ浸透している感はあります。最近のピアノ学習熱、楽器を習う子供の数の増加などもそうです。多くの人々が精神的な充足感を求めるようになって、わが国の聴衆も近い将来には相当なものになっているのではないかと思う」

二〇〇六年の年末になり、ユンディ・リは五枚目となるCDアルバムを発表した。彼自身初めての協奏曲を収録したCDで、曲目はショパンの『ピアノ協奏曲第1番』とリストの『ピアノ協奏曲第1番』（日本盤『ショパン&リスト：ピアノ協奏曲第1番―訳注』）である。発表時のドイツ・グラモフォンのコメントがある。

この最初となる協奏曲のコンパクトディスクで、ユンディ・リは星座の如く輝いている。収録した二曲はいずれも彼の天賦の才を彷彿とさせるものがある。

このCDはユンディ・リとフィルハーモニア管弦楽団、そしてイギリスの指揮者サー・アンドリュー・デイヴィスとの共演により製作された。デイヴィスはサーの称号を持った指揮者で、彼の音楽家としての成功はオペラから始まる。一九八八年、イギリスのグラインドボーン音楽祭のオペラ音楽監督に就任し、モーツァルト、リヒャルト・シュトラウス、チャイコフスキーのオペラの指揮・演出を成功させた。さらにシカゴ・リリック・オペラの音楽監督兼首席指揮者、BBC放送交響楽団桂冠指揮者、スウェーデン・ロイヤル・ストックホルムフィルハーモニック常任客演指揮者、メトロポリタン・オペラハウス及びサンフランシスコ・オペラハウスの指揮者などを歴任した。また過去にはウィーンフィル、ボストン交響楽団、ニューヨークフィル、フィラデルフィア管弦楽団など世界の頂点に立つオーケストラを指揮し、その成功により多くの音楽賞を受賞している。その中にはイギリス・ロイヤルフィルハーモニー協会音楽賞、レコードプレーヤー最優秀ディスク賞などがある。イギリス王室は彼の長年の音楽への貢献を顕彰し、ナイトの勲位を授与した。今回の共演についてユンディ・リはこういう。デイヴィスは性格が明るく人柄も温和で、収録の演奏ではピアノパートによく合わせてくれた。オーケストラにも印象深いものがあり、これまで共演した中でも厳格なオーケストラの一つという。協奏曲アルバム完成までの様々な事情から、彼には特別な感慨がこもったものとなった。また傑出した録音効果は優れた製作チームによるものだった。前回のCD『楽興ウィーン』では製作の過程でピアニストとプロデューサーとに軋轢が生じた経緯もあり、ドイツ・グラモフォンは今回の協奏曲の製作にはことのほか入念だった。収録の半年以上前から会議を招集し、製作チームの組織や作業分担、編成の細部まで確認を怠らなかった。プロデューサーには著名なレコーディング・プロデューサーのヘルムート・ブルクを招聘した。ブルクはこれまで長期にわたりツィメルマン（要求の厳しいピアニストで知られる）とペアを組み、辛抱強いことでも知られた人物で、収録ではユンディ・リとに何ら支障は生じなかった。ドイツ・グラモフォンはブルクを五月の段階でドレスデンに派遣し、ユンディ・リのピアノリサイタルを下見させている。互いの理解と交流を深めるためで、これが二人の最初の出会いとなった。リサイタル後に用意されたプロデューサーとの楽しいディナーがユンディ・リの新しいアルバム製作への起用を決定付けた。バランス・エンジニアはDGの録音センター主任のクラウス・ヒーマンに決まった。DGとっておきのバランス・エンジニアである。ポリーニの一連の録音はすべて彼が手がけ、これまでも多くの録音賞を得ていた。原版の焼き付けも自ら処理を行い、DGの収録データはすべて彼が保管していた。ヒーマンは六月にユンディ・リのハノーファーの自宅を訪ね、録音に関する話し合いの機会を持った。ユンディ・リはその際に棚に保管していたCDコレクションを彼に見せ、そのうちでも最も気に入っていた録音を彼に参考用として手渡した。録音用のマイクロフォンは今日多くがデジタル化され、音の瑕疵の除去や切り張りなどの編集も容易になっていたが、ユンディ・リは収録に際して切り張りには関心を示さず、一つの音符のために音楽の流れを失ってはならない、との考えを変えなかった。最終的に二人が決めた収録用マイクは一九六〇年代のものだったが、期待通りの性能を発揮し、自然で透明感のある音色で収録された。DGはその他の作業を含め、さらに六名の特命スタッフをチームに加えた。

二〇〇六年七月末、ロンドンのワーフォード・コロセウムで緊迫したレコーディングが始まった。プロデューサーのクリストファー・アルダーがハンブルクからロンドン入りし、一連の作業を統括した。強力な専門スタッフ、真摯な製作態度、チーム全体に強い信頼感が保たれた。レコーディングの初日、オーケストラの充実した伴奏になぜかユンディ・リの「呼吸とリズム」の感覚が戻らず、満足のいく演奏にならなかった。翌二日目の夜、彼はジェームズ・レヴァインに電話をした。そこで自分の状態とレコーディングについて伝え、オーケストラに乗れず、順調に進むかどうかも心配だと告げた。「まあ、いいから話を聞けよ」。レヴァインの声が受話器の奥に聞こえた。「察するに気持ちが入り過ぎているのではないか。あまり考え過ぎるな、必ずうまく行くから。今すぐにも上がった録音を聴きたくらいだ！」

レヴァインの言葉を耳にして、ユンディ・リに回復の予感があった。三日目の朝、彼は生き返った気持ちでスタジオ入りし、指揮者と楽章の細部の打ち合わせを終えた後、楽章の一部のリハーサルを行った。引き続いて検査、確認、録音テープの視聴を行った後、最終的な収録スケジュールを決定した。収録の順序はリストの『ピアノ協奏曲第1番』からとなった。ユンディ・リのレコーディングの演奏は完璧だった。本番の収録は瞬く間に進行し、続いて演奏されたショパンの『ピアノ協奏曲第1番』も非の打ち所なく、録音効果も予想を上回るものだった。

収録の作業がすべて終了すると、関係者全員が立ち上って熱い労いの拍手をした。ユンディ・リやアンドリュー・デイヴィス、そしてオーケストラ団員たちにはスタジオの至る所から祝いの言葉が贈られた。バランス・エンジニアのヒーマンが言葉を発した。「コロセウムの録音スタジオでコンサートの響きを出すのはほとんど不可能と思われていたのを、ユンディ・リが見事に応えてくれた」。全員がこのCD収録を特別なものと信じて疑わなかった。それにしても不可思議なのは収録がわずか三日間で終了したことだった。

「CDについていえば、私のピアニストとしての命はこの協奏曲のアルバムに始まったといっていいものです」。話が新しいCDアルバムのことに及ぶと、彼は身を乗り出すようにして私にいう。「以前のCDはいわば模索しながらの演奏だとすれば、このCDは私が自分の感覚やスタイルを体現した最初のものです。私のすべてを表現したといっていい演奏です。しかも指揮者やオーケストラはもちろん、製作チームのすべてが一流のメンバーです。この点でもとても自信があります」。私は尋ねる。「CDの『ピアノ協奏曲第1番』は、あのショパン国際コンクールで優勝した時の曲ですね。今回あらためて録音することになったのには、何か新しい解釈や発見があったからということかしら?」。この質問はストレートに彼の心を捉えたようだ。「あの時とはまったく違うものです。コンクールで弾いた演奏はすでによく知られ、イメージが作られています。でも今回の演奏はそれとは異なるものといってもいいものです。あれから年月が経って私にも成長とか変化や様々な体験の蓄積があり、大家との交流で得たものもたくさんあります。そうした目に見えない多くの要因が重なれば大きな変化も必然的に生まれてきます」。「変化って、曲の解釈や表現だけでなくもっと幅広い意味がありそう……何かお聞きできそうなことってあります？」。「コンクールに参加した当時の演奏はどっちかといえば型通りに近い、誰もが共通に持っているイメージを追究したものです。この表現は通るかどうか、このフレーズの処理は誤って解釈されないかなど、人々が考えるショパンがどんなイメージか、あれこれ考えて音楽を作りました。でも今回の演奏では私自身の音楽的な成長や曲の理解が深まったことで、今の私の中にあるショパン像をはっきり主張できたこと、新しいイメージやスタイルを全体として表現できたこと、などですね。ゆったり落ち着いた境地の中でこれまでの思いをまとめたものです。音楽こそ私を深め、緻密にし満足させてくれる、こうした自覚も私自身の成長や変容を表すものです。音楽的にも少しずつ自分のスタイルが見通せるレベルまで来ました。もちろん十年経ってまたこの曲を弾くことになったら、きっとまた新しい曲になって、あるいはさらに違った解釈になっているかも……」。「そうした違いって、音楽の中でどんな形になって表れてくるのかしら？」。「緊張感や緻密性といったものが私の音楽を変えるのでしょうか……以前の音楽には隙間がたくさんあってやや単純で。簡単にいえば変化や色彩感があまりなくて解釈の幅も小さかった。弾き手から見ても表現に限界のようなものが感じられました。今回演奏したショパンは視界が大きく開けているだけでなく、立ち位置も高くなっている感じがします」。「一つ注目したいのは、ドイツ・グラモフォンがＣＤの中で、あなたを『若い大家』と呼んでいることです。この言葉は相当に重いものですね。クラシック音楽界では音楽家の呼称とか位置づけには慎重さや厳しさが伝わってきますが、ここでの『大家』は将来への様々な期待を込めた特別な表現にも感じとれますが?」。「あえていえば、これはピアニストとしての私への一つの評価ということでしょうが、私自身こんな言葉でいわれる音楽家とはまったく思っていません。ただ音楽に一意専心して努力を傾けるには何かを意識して活動することは大事だし、それが私に音楽への責任を自覚させる基ともなるものです。評価されることは私にとってもプラスになることですが……もしかしてこれまでの努力へのご褒美なのかな。喜びとか安堵感、また励ましともなるものですね」。

ユンディ・リは二〇〇六年十一月十日の午後、北京のロイヤル・グレナリーで行われた新しいCDアルバム『ショパン　リスト　ピアノ協奏曲第1番』の新聞発表会の会場にいた。環球レコード社の中国・香港地域総支配人も香港から会場入りし、ユンディ・リに特別な記念品を贈った。それはフランスの名家が所蔵していた赤ワインで、彼が生まれた年と同じ一九八二年製だった。ピアニストとこれを酌み交わせなくても、CDならオーディオ・セットで簡単に楽しめる。彼の熟成した協奏曲の味わいは、高級な赤ワインのように混じり気のない特別な音楽なのかもしれない。

第十六章　アンコール

［二］

ユンディ・リはまるで記録作りを生き甲斐にでもしているようだ、とある人がいう。彼が完全主義者だからということもあろう。確かに過去の記録や経歴にはあまりに多くの「初めて」がある。中国人として初めてショパン国際ピアノコンクールでゴールドメダルを獲得し、しかも歴代最年少の優勝者となった。またドイツ・クラシック音楽界の「エコー・クラシック賞」を初めて受賞した中国人音楽家であり、ドイツ・グラモフォンやコロムビア・ミュージックエンタテインメントと専属契約を結んだのも中国人ピアニストとして初めて……とはいえ記録は塗り替えられるもの。彼もまた常に自らを乗り越えていくしかない。

ユンディ・リは二〇〇七年五月、ベルリン・フィルハーモニーホールで指揮者の小澤征爾やベルリンフィルハーモニー管弦楽団と共に時を過ごした。「難曲」で知られたプロコフィエフの『ピアノ協奏曲第2番』の共演によるものだ。ドイツ・グラモフォンはこの共演をライブ収録することにしていた。ユンディ・リにとってもベルリンフィルとのコンサートライブは初めてで、ピアニストとしての人生の新たなピークを迎えていた。ベルリンでのコンサートはこれに先立つ二年余り前に企画されたもので、シーズンのベルリンフィルの重要なコンサートであるばかりか、ユンディ・リにとっても新たなアルバムの収録として、マネジメント社とレコード製作会社が共同企画したものだった。この企画の中心人物、小澤征爾の強い後押しにより実現したものだ。以前に小澤はユンディ・リに半ば冗談のように「きみのベルリンフィルとの最初の共演はライブ収録付きのコンサートになるよ。そうなったらどんなに幸せかな」といっていた。

今回のコンサートでも「初めて」は少なくない。彼がステージで初めて演奏する二十世紀に作曲された作品。ベルリンフィルとの初めての共演、初めてのライブレコーディング。一方ドイツ・グラモフォンにも似たような状況があった。ここ数年はピアニストとのライブレコーディングがなく、今回が五年ぶりだったこと。小澤もこの若いピアニストとは初めてのライブレコーディングであり、コンサートを含めた一連の映画撮影に出演するのも初めてだった。映画撮影はベルリンフィルのリハーサルの模様やオーケストラメンバーとの交流、そして本番のコンサートである。映画製作はカナダの著名なロンバス・メディア社が担当した。同社は過去にも映画『レッドヴァイオリン』やヨーヨー・マの『インスパイアド・バイ・バッハ』などを製作し世界各地にリリースして、日本のＮＨＫやアメリカのＰＰＳ、ドイツの国営ＴＶなどが放映している。

当地メディアによれば、ベルリンフィルがこれまで演奏したプロコフィエフの協奏曲はほとんどが第１番か第３番で、「２番」は長く疎遠だったという。この曲はテクニックが高難度で、ピアニストは自らの名声を安易にこの曲に賭けることはないという。

こうした作品はそう多くはない。しかもライブレコーディングということでは、ピアニストと指揮者、オーケストラの間にも厳しさが存在しよう。ユンディ・リはこの共演に備えて一年余にわたり準備を重ねた。七十二歳の小澤はスコアをすべて暗譜していたが、ベルリンフィルとのリハーサルはわずか二日間。この短時日に重量級のベルリンフィルを、同じく重量級の「2番」を、いかにドライブさせるかである。ロシアの作曲家でピアニスト、指揮者でもあったセルゲイ・プロコフィエフは、二十世紀最大の作曲家の一人である。斬新でシンプルな音楽語法で多くの作品を残し、特にピアノ曲には彼の特質が鮮明に表れている。そのメタリックな響き、粒立ち豊かでエネルギッシュな音は、彼の特徴であるピアノの「打楽器」的性格を体現したものだ。

ユンディ・リはこの間、二〇〇六年十二月一日から一月二日にかけて二度目となる中国巡演を行い、深圳交響楽団、広州交響楽団とプロコフィエフの作品を共演した。巡演は母国を離れて三年ぶりとなるもので、中山、北京、深圳、上海、広州など各地を訪れた。各会場に集まった聴衆はこの聴き慣れない「鋼鉄型」のピアノ協奏曲に戸惑ったものの、若いピアニストの一挙一動やその後の成熟したピアニズムに感銘を受けていた。巡演は彼にとって五月のベルリンコンサートの準備であり、各地のコンサートでの成功はその序幕に過ぎなかった。巡演前に行った取材で彼のその強い思いが聞けた。「2番」について触れた記憶がまだ生々しい。「今ちょうどプロコフィエフとラヴェルの作品に取り組んでます。新たな挑戦です。プロコフィエフは以前に6番と7番のソナタ、それに『ピアノ協奏曲第3番』をさらったことがあります。ラヴェルは『水の戯れ』や『夜のガスパール』。ガスパールと6番のソナタは中国国際ピアノコンクールに参加した時に弾いた曲でした。審査委員から印象派と現代作品がとてもよかった、といわれたのを覚えています。ショパンコンクールの後は誰も私をロマン派しか得意な曲がないようにしか見てくれませんが」。彼は十六歳でテクニックのピークを迎えた。鍵盤タッチが強く、周囲からダイヤの指といわれたほどだ。彼の教師は、現代作品では指先の強靱さこそが表現を可能にすると考えた。今日の彼のテクニックの基本やタッチの強さは、すべて当時の練習で身につけたものだ。一九九九年に中国国際ピアノコンクールに参加した時、ある審査委員が「すごい指の力でブラームスの協奏曲を弾いた痩せた背の高い少年」とは彼のことだった。「これから演奏する二人の作曲家の曲名は何かしら?」。「プロコフィエフの『ピアノ協奏曲第2番』とラヴェルの『ピアノ協奏曲ト短調』です。プロコフィエフはとてもしぶとく骨っぽいもので、ロマン派的要素もあるのですがスタイルがまったく違い、冷たい色調のロマンというか、揺るぎなく強靱なイメージです。打楽器的な響きが特徴で凄まじい指使いが求められます。テンポは常にアレグロが続いて、その重量は親指、人差し指、中指の三本の指にかかります」。さらに彼は続けていう。

「『ピアノ協奏曲第2番』ではタッチの完璧さが求められる以外に、強靱な精神、集中力、それにスポーツ選手のような体力が必要です。それほど熾烈な作品です。難解な上に、音がとても多い。プロコフィエフがある時ホロヴィッツに手紙を書いて、2番より3番の方を弾くことを勧めています。テクニックでも2番よりずっと容易です。作曲者本人もどこかで2番は音を多く書き過ぎたといっています。私も音楽的な3番に比べて2番は法則的に思えてしまう。無論あらゆる協奏曲の中でテクニックの難度は最高レベルです。私にとっても最も挑戦的な曲に変わりありません」。「それほどの難曲、重量級の曲をなぜ選んだのかしら?」話を聞きながら、私は尋ねずにはいられなかった。「数年前までは市場に2番のCDはほとんど出ていなかった。大半がロマン派の作品で、プロコフィエフならほとんどが3番でした。でもここ数年、2番も国際ピアノコンクールなどで徐々に弾かれるようになり、個性を表現する上であまり弾かれない曲や難曲として遠ざけられた曲を弾く傾向が強まっています。私がこの曲を選んだのも似たような理由からです。ファンに私の別の一面を見せたい思いもあります」。期待をこめて見守るだけの価値があった。ユンディ・リのベルリンでの演奏は音楽ファンの期待を裏切らなかった。

［二］

五月二十一日、ユンディ・リは空路ベルリンに向かった。指揮の大家、小澤征爾も同じ日にベルリン入りする。二人は早くも翌日ベルリンフィルハーモニーホールでの最初のリハーサルに臨んだ。ドイツのベルリンフィルハーモニー管弦楽団は、今日、世界のクラシック音楽界屈指のオーケストラとして超一流の名声を誇るトップ・ブランドである。オーケストラの歴史は一八八二年に始まり、これまでの歴代指揮者の中にはアルトゥール・ニキシュやウィルヘルム・フルトヴェングラー、ヘルベルト・フォン・カラヤン、クラウディオ・アバドなど、各時代を代表する巨匠たちばかりである。現在の音楽監督兼首席指揮者はイギリス人のサー・サイモン・ラトル。オーケストラに客演として招かれることも世界的な指揮者であることを証明するものだ。団員は約百二十名、各パートの首席奏者は独奏者としても知られ、多くがコンサートやレコーディング活動を行っている。ベルリンフィルとの共演では、楽団は早くからそれに先立ち、共演者の基礎条件や評価・確認を行っている。ユンディ・リはそのための試奏をずっと待ち望んでいた。

コンサートはドイツ時間の五月二十四日から二十六日まで、三日間行われる。チケットは半年前に完売し、追加の補助席も全席売り切れた。この歴史的な共演に人々が寄せる大きな期待がうかがえた。リハーサル初日の午後、ユンディ・リはホールでピアノの選定を行った。ステージには四台のスタインウェイが用意された。これほど豪華な手配はあまり見かけないものだ。彼が試弾を始めるとたちまち音がホールに響きわたった。自然で滑らかな指の動きとは正反対に、暴風雨のように反響するピアノの音が、挑戦への思い入れの激しさを伝えていた。短いリハーサルの時間を惜しむように、小澤とユンディ・リはピアノを前に細部の処理について話し合った。理想の演奏を求めて二人はフレーズを歌わせながら二度三度と耳を傾けた。ステージには二人の姿だけだった。一人は柔かな白髪混じりの髪に五線譜のようなしわを隠す指揮者、もう一人は今風の顔立ちの青年、眉間に知的な輝きが透けるほどだ。やがてすべての準備が整った。

コンサートの開始時刻は八時だったが、フィルハーモニーホールは六時半に聴衆を入場させた。コンサート前半はユンディ・リ独奏によるプロコフィエフの『ピアノ協奏曲第2番』、後半は小澤征爾の指揮でチャイコフスキーの『交響曲第1番』である。同じプログラムでの三日間のコンサートは一日ごとにすばらしいものとなった。最終日にはユンディ・リの新しいCDアルバム製作のライブレコーディングが待っていた。コンサートはいずれも完璧なものだった。ピアニストのタッチは力強く、八十八本の鍵盤すべてが彼の指先とつながり、音楽の優れた力を表現していた。プロコフィエフの音楽は、混乱と苛烈な楽音を響かせながら、秘めた美しい調和や言葉にできない愛や憎しみ、憂い、怒り、恐れや希望をあらん限り伝えていた。まさにあのホラティウスの名言、「不調和な世界の中の調和」を想起させるものだった。音楽を骨と血肉で包み込み、ピアノ弦の上に震える叫び声が、あの「満足した狂喜」をもたらした。中国から来た一人の音楽ファンが、会場でこのコンサートを聴いていた。彼女が残した一文の中に当夜の模様や感動の様子がうかがえる。

Oh my god!　ユンディのキータッチはまさにダイヤの指が作りだしたものだ。ベルリンフィルと小澤の演奏も簡明直截、天衣無縫そのものだった。だが昨夜のコンサートは圧倒的にユンディ・リのピアニズムである。まったく鋭く力強いものだった。カデンツァが軽快に始まると左手の3連音符と弦楽合奏は、途切れずにテーマの展開に沿って緊張感を高める。音符がいっそう増していく。右手が8分音符から16分音符、さらに32分音符（注意すべきは、テンポを落とさず、むしろアップテンポに）へと続き、左手は緩やかな7和音の3連音符からアレグロの16分音符へと変わる。中声部の旋律を発展させると、左手は右手と交差しながら弾くようになる……ユンディのカデンツァが最高潮に達し、アレグロのポルタメントが私の心を激しく揺さぶる。ピアノの表現が極限に達した感じがした。オーケストラが入るところでは、小澤の感激した様子も見て取れた。第1楽章が終わった時、私は思わず拍手をしそうになった。

続く三つの楽章も、いずれも強烈な印象を残すものだったが、私の筆力ではとても書き尽くせない。全曲が終わるとすべての聴衆が立ち上がり、ベルリンフィルのメンバー全員もイスから立ち上がった。小澤も拍手をしていた。聴衆の拍手が雷鳴のように轟き四分間も続いた。あるいはもっと長かったかもしれない。多くの人々がbravoを叫んでいた。私は感動で胸がいっぱいで、会場にいた友人たちとも言葉を交わせなかった。コンサートはドイツ・グラモフォンがライブレコーディング（ステージの至る所にマイクが立ち並んでいた）を行い、ドイツの放送局もライブ中継をしていた。客席からユンディ・リを見ていて何とも誇らしい気持ちだった！

コンサートを終えると、ユンディ・リはホール内でファンにサインをしていた。百人を超す人たちが一隅の小さなテーブルを囲んでいる。彼は普段着に着替え、首にはタオルが見えた。上衣やシャツが汗まみれだったのだろう。彼の言葉がよく分かった。「この曲を弾くにはスポーツ選手並みの体力が要る」。コンサート後、小澤征爾はユンディ・リを次のように評した。

ユンディは音楽の詩人だ。指先が才能にあふれている。普段この二曲を一緒にこなすのは至難の業だけど、彼の協力で完璧にセットで終わらせることができた。今日では彼のようなピアニストをほとんど見かけない。これが私の彼に対する第一印象だ。私がなぜ彼をこのように思い、一緒にステージで演奏したくなるのか、その理由でもある。

ビルト　ヤン・ブラフマンの評。

ユンディ・リの演奏したプロコフィエフの『ピアノ協奏曲第2番』は、ピアノがオーケストラの各パートを引き込んで、それを超えていた。もちろんこれは「いつもの手品」に違いない。小澤とベルリンフィルのチャイコフスキーの『交響曲第1番』は駆り立てるような演奏でめまいを催しかけたほどだ。

ベルリーナー・モルゲンポスト　クラウス・ガイテルの評。

ユンディは最高のテクニックと冒険的スピリチュアルを持ったピアニストだ。彼は早いころからピアノを解き明かすハイレベルな数学的原理を身につけていた。それにしても「ハンマーで叩く」ような作品はピアノをひどく痛めつける！　三日間連続して彼はこの特別な難曲を弾いた。どんな事情があろうとも熱烈な拍手はすべて彼に向けたものだ。

コンサート終了後の二日目、ユンディ・リは休むことなくフィルハーモニーホールで、小澤征爾とベルリンフィルとのラヴェルの『ピアノ協奏曲ト短調』のレコーディングに入った。そして午前九時半から十一時半過ぎまで、わずか三時間足らずで収録作業は完了した。これほど短時間にすべての作業が終わったのは息の合った同士の共演だったことや、一週間前にアルゲリッチがベルリンフィルとこの曲を演奏したこともあったようだ。コンサートを含む二曲の協奏曲の収録作業はこうして順調に終わりを告げた。

これによりユンディ・リはウィーンの黄金のホール、そしてベルリンのフィルハーモニーホールと、世界の頂点に立つこの二つのホールでＣＤ収録を行ったことになる。世界中の音楽ファンがユンディ・リと小澤征爾指揮のベルリンフィルとによる、プロコフィエフの『ピアノ協奏曲第２番』とラヴェルの『ピアノ協奏曲ト短調』のすばらしい演奏を楽しめる日がやってくるのだ。

フランスの作曲家、モーリス・ラヴェルは印象派を代表する作曲家の一人である。彼の音楽には古典的な形式感や客観性に加え、豊かな色彩感があふれている。『ピアノ協奏曲ト短調』は印象派の著名な作品であるだけでなく、フランス音楽の中でも最も重要な曲である。フランスのピアニスト、マルグリット・ロンはこの曲を、「幻想性とユーモアあふれる活気に満ちた曲で、最も心に訴えかける芸術作品の一つ」といった。ラヴェルは管弦楽法の大家でもあることから、「腕の立つスイスの時計職人」のような作曲家ともいわれる。この曲ではオーケストラの各パートの独奏楽器、特に木管楽器のオーボエ、クラリネット、フルートには彼の管弦楽法による合奏効果がはっきりと表れ、テクニック上の要求度も高く、オーケストラとしても演奏難度の高い曲である。ユンディ・リはこういう。「ラヴェルとプロコフィエフの作品は互いに両極端に位置する曲といえます。共に強力な和声と多くの不協和音でできていますが、違うのはラヴェルの曲は聴く人をゆったりさせます。独特の管弦楽法によって色彩感や抽象性を描き、ジャズ音楽の味わいもあって、旋律の美しさは一度聴いたら忘れられなくなるほどです。モネの絵を見るような感覚ですね。ピアニストとしてはそうした色彩感や味わいを表現する上で中心となる和声の構成を把握しておくことが重要です。ベルリンフィルとの共演で特に注意したのはリズムやテンポ、構成感、その上で色彩感と雰囲気をどう表現するかでした。この協奏曲の長さはおよそ二十分位ですが、第1楽章はとても色彩感あふれる音楽、第3楽章はリズム感が強烈で、聴きやすいのは第2楽章のアンダンテです。落ち着いた静かな雰囲気の音楽で、樹木に囲まれた道を散歩するような感じです。この楽章にはオーボエのとても長い独奏パートがあってピアノとオーボエが対話するかのようです」。二十世紀の六―七十年代にドイツ・グラモフォンはこの曲をCD製作していた。マルタ・アルゲリッチとクラウディオ・アバド、ベルリンフィルが共演したアルバムである。偶然とはいえアルゲリッチのこのCDも、ラヴェルの協奏曲とプロコフィエフの3番の協奏曲とのカップリングだった。今回のユンディ・リとベルリンフィルとのCDアルバムは、ドイツ・グラモフォンの「ラヴェルとプロコフィエフ」の最新盤であり、「新世紀の解釈」として期待されるものとなった。ユンディ・リはいう。「ベルリンのコンサートはとてもよかった。今回のレコーディングには最高に満足しています。ベルリンフィルとともとてもよく通じ合えました。２番を余り演奏していないといっても、彼らの演奏能力やこの作品への理解、ドライブするエネルギーはまさにスーパーオーケストラそのものです。指揮の大家の小澤征爾は誰からも尊敬される教師で大切な友人でもあります。彼はいつも音楽の細かな部分までしっかりと対処します。私の音楽や実生活にも気を遣ってくれます。今後もたくさん共演する機会が増えるといいと思っています」

［三］

久しぶりにユンディ・リと再会した。以前によく見かけたあのさっぱりした格好、白の野球帽に白ずくめのリゾートシャツという姿である。今回は彼への最後の取材となるものだ。

心魂を傾けたベルリンコンサートが終わった後、六月末になって彼は香港特区行政長官、曽蔭権《ツォン・インチュエン》の招きを受け、特首官邸での香港返還十周年の祝典に参加した。祝典の日の夜、彼は国家主席、胡錦涛《フ・チンタオ》が催すディナー・パーティで記念演奏を行った。次いで九月には日本に行き、ニューヨークフィルの音楽監督兼主席指揮者ロリン・マゼールとプロコフィエフの『ピアノ協奏曲第2番』を共演した。十月にはアメリカ・シカゴでシカゴ交響楽団とラヴェルの『ピアノ協奏曲ト短調』を共演し、十一月にはフィラデルフィア管弦楽団の主席指揮者シャルル・デュトワが指揮するロンドンフィルとロンドンのロイヤル・アルバートホールでプロコフィエフの『ピアノ協奏曲第2番』を共演した。

こうした一連の演奏活動から感じられるのは、この精気と活力にあふれた青年ピアニストが、まだ始まって間もない新たな挑戦に貪欲に取り組む姿だった。私は早速尋ねてみた。「近代音楽や印象派の作品によるコンサートを続けて成功させて、これまでのショパンやリストの作品とは一区切りという、そんな気持ちの表れもあるのかしら?」。「いえ、そうは思っていません。近代の作品の演奏には一定の評価も得られましたが、それでどうということでもありません。芸術の美は永遠なり、です。絶えず完璧さを追究していくだけで、この美には絶対も終わりもなく、世界記録も存在しませんね。ただ自分の中で乗り越えていくだけです。今の時代を生きながら私なりに二人の作曲家の作品を、私自身の語法と解釈で表現したに過ぎません。それでもこの表現に至るまで道のりは私にとって厳しく苦しいものでしたが。これからもこうしたやり方で他の作品を追究していくだけです」。「よくいわれる天分とか勤勉や気力、勇気、チャンス、思考あるいは情熱、こうした言葉の中で、今あなたが一番大切に思っている言葉って何かあります？」。いくらか罪作りな思いを胸に私は答えを待った。彼は少し考えた後でこういった。「私の考えでは、最も大切なものはインスピレーションではないかと思う。インスピレーションのない演奏に人は感動したり心を揺さぶられたりすることはないですね。インスピレーションを獲得するには鋭敏な心の働きが必要です。インスピレーションを得るプロセスには情熱のマグマや、その源泉ともいえる意志の力や勤勉さが支えとなります。ピアニストとしていえば、作品の解釈や演奏には深い思索と勇気が求められる。これらが一元的に機能した時こそ幸運に恵まれた最高の瞬間かもしれません。それらが相互補完的に働いて初めて達成されるものだからです」

私は黙ってうなずくだけだった。おそらくこれは完璧な答案なのだ。「どんなピアニストが、成功したピアニストっていえるのかしら？」。「成功したピアニストには芸術家、音楽家としての魅力と、一人の人間、個人としての魅力の両面がバランスよく備わっているように思う。個人としての魅力の中には、音楽ファンから見たピアニストへの憧れとか共感のようなものもありますね。よくいわれる音楽界にもアイドルスターが必要という、あれです。音楽文化を幅広く発展させる、いわば担い手です。ファンはいつもこうしたスターを追いかけるものです。クラシック音楽はそれぞれの時代の芸術家、音楽家によって伝承されてきたものです。絶えず掘り起こされ再創造されて。こうした伝承は音楽だけでなく、その精神や美学にも同じことがいえます。作曲家と演奏家のいわば共同作業によって生まれた精華です。それぞれの時代を画した人たちが各々の芸術的特質や時代的個性に拠る情報や暗号を焼き付け、刻印してそれを再現したもの……。伝承という作業はいってみればこうしたものです」。「この時代、いえ、もしかしたら前の時代からかしら、あなたご自身どんな歴史的影響を受けたと思います?」。「歴史はインスピレーションの源泉にあるものです。私が生まれたのは前世紀八十年代の初め。当時、わが国では急速な変化と発展が始まり、私や私と同世代の仲間は皆この特別な歴史的状況を背負っています。そうした時期の活発な変化・発展のうねりの中で、文化や芸術面では西洋のルネサンスに似た状況が起こりました。国力の上でも漢代や唐代を思わせるような盛んな時代となり、ストレートに私たちの実生活や音楽に深い影響を与えるものとなったのです。今後どうなるかは予測できないにしても、私が将来、やがて老年を迎えて過去を振り返った時、そこで目にする歴史的影響の巨大さはまさに一目瞭然のはずです」

私はためらいながら、なぜか悄然とした気持ちで、最後にあることについて尋ねた。これが取材のエピローグとなった。「あなたはご自分の将来に、どんな望みとか憧れを抱いています?」。「そうですね、国際的に活躍するわが国のピアニストはまだそう多くはいません。幸運にも私はその一人となりました。私は二十一世紀の音楽家でもあり、この時代にクラシック音楽をもっと広め、楽しめるようにする責任があります。前人が残したこの伝統音楽、誰もが共有できるこの芸術文化を継承、発展させることですね。もっといえば、人類が魂をこめてその再生のための栄養素を創りだすことです。そのためにも若い音楽ファンをもっと増やしたいし、それをリードする役目も果たしたい。新しい理念や考え方を推し進め、この革命時代の成果を次の世代に残したいと思っています。芸術は時間をかけて磨き上げることで限りなく完璧な姿に近づいていくものです」

同じ様に、彼が表現するところの芸術を味わうには、私たちも時間を要するということだろう。そこでは彼がアイドルスターかどうかを論じたり、他の誰かと比較する必要などまったくない。彼の心の深奥から湧き出た音楽に耳を傾けさえすれば、私たちは芸術に抱かれた愉悦感に浸ることができ、その幸福感をピアニストとも共有することができる。もうそれで十分なのだ。

哲学者のショーペンハウアーは、人生の成功者を流星、惑星、恒星の三種類の天体に例えている。流星はあっという間であっても、燃えて流れる光がどよめきを生む。人々は天空を仰ぎ、叫び声を上げる。「ほら、星はあそこに！」。声がするころには流星も消え去っている。一方、惑星は同じ場所に長く留まっているかに見える。けれどもその作用が及ぶ境域は同じ軌道の天体（同世代の仲間）のテリトリーを超えず、その転変や循環も概ね数年の長さである。それに対して恒星のみが、軌道上で一定の運行を持続し天体としての所在を維持している。また自ら光芒を放ち、いつも（どの時代も）その作用を反映させることが可能である。しかも他の二種類の銀河系（民族）の天体とは異なり、広い宇宙がその寝床である。

私は思う。今日のユンディ・リは「惑星」のように時代と民族の中で輝き、その光芒は人々に希望を与える。それは「恒星」の作用とも似たものだ。底知れぬ潜在能力を秘めたこの若いピアノ大家は、まだ二十五歳というゴールデン・エイジの真っ只中の音楽家である。彼はこれからもさらに大きな驚きと喜びを私たちにもたらすことだろう。

「アンコール——ユンディ、もう一曲！」

あとがき

　本書は着手から脱稿まで一年余りを要した。本書の末尾の「一枚目の協奏曲アルバムのリリース」から「ベルリンコンサートの成功」までの編纂に要した時間、とりわけユンディ・リ（李云迪《リ・ユンディ》）が熟成していく過程で繰り返し見直したのは、初期のピアノコンサートの成功後、ピアニストとして目指す挑戦の道のりを彼はどう歩んで行ったのか、そのことを総括したかったことがある。末尾のベルリンコンサートは無論、本書の締め括りに過ぎず、まさしく彼にとっては新たな出発点となるものだ。

　校正が終われば大きな達成感、高揚感が味わえそうとの期待もあったが、脱稿後も執筆していた当時とあまり変わらず、とはいえ静謐な気分や安堵感は、これまで経験したことがないものだった。

　本書の執筆には、やはり想像した以上の作業が伴った。関係者への取材や資料の収集にも半年を要した。とりわけ悩ましかったのはユンディ・リ本人への取材で、彼は普段からコンサートなどで出国機会が多く、また帰国後はアポの調整で手間取る等、顔合わせの時の得難さへの思いが、取材に向かう気持ちを大いに高揚させた。

　ここでは先ず、本書の執筆を決めた事情や背景等を説明する必要があろう。著名人の伝記を読むと、成長の過程や成功への経緯で相当なページ数を占めたものが多い。本書では当初私なりに想定した筋書きを基に書き始めたのだったが、本人を取材して分かった彼の本書に対する期待やイメージは、私が想定したものとはかなり異なるものだった。
「私は単に自分の成長過程や成功の経緯を書いただけの伝記にはしたくない。幼年時のエピソードなども不要です。私は正直これまで私自身について書かれた記事で、真実や本質に触れたものにほとんど出合ってないのです。そのことからもこの本には私のピアノとの出合いや音楽する心、またピアノの演奏を通して成長の道を歩む私の実際の姿を読者に伝えたいのです」。彼はいぶかしげな私の表情が気になったのだろう。「原稿がもうかなり書き進んでいることを私は聞いて知っています。でもこの本では音楽と向き合う私の強い気持ちをどう伝えるか、そこにこだわりがあります。どうか分かってください」

私は当初に想定した筋書きを大幅に見直すことにした。その中で新たな課題がもう一つ頭をもたげた。以前に係ったヴァイオリン書の出版経験から「音楽」を書けば、原稿もスムーズに書き進むと安易に考えていたのが災いとなった。いざ書き始めると取材で得た彼の音楽観や芸術論を、相応しい用語で表現したり記述したりする難しさを痛感させられる。それに気付いてからというもの、私は音楽の専門書と苦闘を重ねることになり、また著名なピアニストの演奏やCD録音に耳を傾ける等、音楽の世界に没頭した。そして多くの事柄や専門用語を私はそこから学ぶことができた。それ以後、音楽芸術論に日夜省察する私の人生は様変わりしたものになり、そこで得たものは言葉では語り尽くせない。

ユンディ・リへの取材では、アポを取る難しさとは別に、ある種の不安や懸念があった。彼はメディアの対応に慣れており、私の取材も現実の表面を追うばかりで、本来求めるべき彼の真実の姿を引き出せずに終わってしまうのではないか？　との不安だった。しかし取材を重ねるうちそれが思い過ごしだったことに気付く。取材への彼の説明や受け答えは実に率直で協力的だった。これは当初には思い及ばなかったことだ。私たちは心底打ち解け、心を開いて話し合えた。おびただしい資料や情報を入手する以外に、彼には感謝することが数多くある。電話やメールに追い回されながら、培われた特別な忍耐心にも。

彼の両親にもお礼をいいたい。父、李川《リ・チュワン》は私に多くの助言や記録を授けてくれた。母の張小魯《チャン・シャオル》は体調に不安を抱える中、数多くの取材に応じてくれた。電話での事情確認の際はいつも明瞭な答えが返ってきた。両親とも礼儀正しく控え目で、書きかけの原稿に目を通す際はいつも私に「ありがとう、ご苦労さま」と労われ、心温まる思いだった。

但昭義《タン・チャオイ》教授は講義で多忙の中でも、いつも時間を割いてくれた。彼は誰からも尊敬される教師である。二〇〇六年の春節四日目、特別な用件で訪ねると、驚いたことに大学の講義をすでに始めており不在だった。取材を通して教育現場での教授の誠実さやひたむきさは、私に深い印象を残した。夫人の高紅霞《カオ・ホンシア》女史にも取材を何度かお願いした。世に語られていない貴重な情報は夫人から提供されたものだ。

ユンディ・リの祖父母にも感謝したい。共に八十歳を超しており、飾り気のない性格で、私の取材の最高の支援者だった。祖父は繰り返しこういった。「本に必ず書いてください。ユンディは中国文化の歴史と伝統が育んだ音楽家。彼を育てたのはこの国です」。重慶を離れる日、二人に別れを告げると祖父は不自由な足を支えて階下まで見送ってくれた。私はとても感動した。父方の叔母や母方の叔母も私が重慶にいる間ずっと取材に付き添ってくれた。このことにも心からお礼をいいたい。

深圳芸校の李祖徳《リ・ツゥトゥ》校長にも感謝の気持ちを伝えたい。老校長は療養生活の中、度々の訪問に快く応じてくれた。芸校の教師たちにも資料提供のお礼をいいたい。そして私を支援してくれたすべての人たちにお礼をいいたい。

「映画は遺憾の芸術」といわれる。実際、文字によるこの伝記も限られたページの中では十分書き尽くせず「遺憾」が生じてしまうのは映画とも似たようなもの。ユンディ・リ、心中の思いをあまり言葉で語らない若者、普段でも同じ場所にいることが少ないこのピアニストに、重要な情報とも気付かず書き漏らしてしまうことが起きるのは、ほとんど不可避というほかない。幸いピアニストは音楽を通じて人々と交わる職業である。その指先から生まれる音楽は彼自身の内なる声であり、音楽だけが彼の真実を解説するものとなろう。

二〇〇七年夏至　深圳にて

李音《リ・イン》

訳者あとがき

贈られてきた原書を手にしたのは二〇一二年の冬のことだった。

ユンディ・リ（李云迪《リ・ユンディ》）。若くして世界の楽壇から脚光を浴び、演奏の様子を伝える報道や論評を眺めながら、原著『中国ピアノ神話　李雲迪』に認《したた》められた略歴に、あらためて彼の年令を確かめたほどだ。

読後の所感としては、普段よく廻《めぐ》り合わせる手記や評伝とはやや趣きが異なる印象とは別に、著者「あとがき」の述懐風のコメントから伝わる、まさしくユンディの願い通りの展開、文章表現の内奥に潜む秘めたる光景を随所に反映させるものがある。そこにはピアノ演奏を通して作曲者の魂に迫りつつ、新たな挑戦への道を歩む、ピアニストの視界に広がる地平を予測させようか。

著者は取材を通してユンディ・リから様々な言葉を引きだし、ＣＤやＤＶＤの音の世界や映像からも、彼の音楽家としての人生や現実の世界で動き回る姿を鮮やかに表現する。これは本書の最後で語られる「魂の栄養素」に繋がる世界ともいえよう。

本書（日本語訳）のテキストは原著の初版本を基にしているが、翻訳出版に係った関係諸氏（ユンディ・リ、マネジメント基金会等）の要望により、一部箇所の修正、削除を行った。初版本では中国国内のクラシック音楽ファン向け「啓蒙書」風の企画が多見され、楽曲の解説のほか作曲家や演奏会場、オーケストラの紹介まで多くのページが割かれている。本訳ではピアニストの評伝としての本旨を踏まえつつ、論評や解説、図版の説明等に絡めた「啓蒙書」的部分は最少にとどめた。

将来を嘱望されるピアニスト、ユンディ・リ。その天賦の才、ピアノ演奏から創出される彼の音楽の心魂、芸術への知見の深さ、若くして育まれた教養を、本書から感じ取っていただければ訳者としても心安まるところである。

最後に、本書の出版に励ましの言葉を賜ったスタインウェイ・ジャパン前社長の鈴木達也氏、我が翻訳人生の生涯の恩師、日中翻訳文化教育協会会長、東京学芸大学名誉教授の松岡榮志氏、訳出上の内なる指導者、台湾の音響学者、朱柏麟《チュ・ポリン》氏、また日本女子大講師、馮曰珍《フウ・ユエチェン》女史にも、ユンディの父君でマネジメント役、李川《リ・チュワン》氏との編集最終段階での様々な支援や調整等へのご協力に、心からお礼を申し上げたい。

訳者

著者プロフィール

著・李 音（リ・イン）／**易 运文**（イ・ユンウェン）

訳・田中 良司（たなか りょうじ）

1941年、東京生まれ。民間（楽器）会社勤務後、通訳、翻訳業に従事。台湾師範大学にて講師を歴任。日本ピアノ調律師協会会員。タナカアジアネットワーク（有）主宰。訳書に『美しい企業を求めて』（プレジデント社）、『白いスイトピー』（論創社）、『一冊まるごとヴァイオリン』（芸術現代社）等。

ユンディ・リ 李云迪：煌めくピアノ神童の軌跡

2024年10月15日 初版第1刷発行

著 李 音／易 运文
訳 田中 良司
発行者 瓜谷 綱延
発行所 株式会社文芸社
〒160-0022 東京都新宿区新宿1－10－1
電話 03-5369-3060（代表）
03-5369-2299（販売）

印刷所 株式会社フクイン

ISBN978-4-286-25778-5